日本语语言学校都在教的
日语会话课

 [日]冈田麻理　萧意谕　合著

北京理工大学出版社
BEIJING INSTITUTE OF TECHNOLOGY PRESS

使用说明

1 超拟真情境对话

本书每个情境都精心设计超拟真对话,让读者能快速融入,身临其境般学习更能提升学习成效,建构日本人的思维,说出日本人的每一天。

> 有プレ才再度感怪
> ・どうりで 难怪
>   荒濑山田さんはひどい风邪をひきました。どうりでパーティーに来なかったんですね。
> ・ぴったり 完美组合
>   健太さんと梨香さんはぴったりだと思いません

> A いらっしゃい。一か月前にこのマンションへ引っ越したばかりなの。
>   欢迎来我家。我一个月前才刚搬进这个公寓。
> B わっ!おめでとう!どうりで部屋の物が全部新品なんだね。
>   哇,恭喜!难怪你房子里的所有东西看起来都是新的。

★亮黄底的补充单词和短语,配上生活化的例句,让你一字不漏、学习更完整。

> A いらっしゃい。一か月前にこのマンションへ引っ越したばかりなの。
>   欢迎来我家。我一个月前才刚搬进这个公寓。
> B わっ!おめでとう!どうりで部屋の物が全部新品なんだね。
>   哇,恭喜!难怪你房子里的所有东西看起来都是新的。

2 超高频率使用的句子

全书收录日本人常用的句子,有效利用情境式学习法,让你学习最实用的说法,学的每一句都能轻松派上用场。

> ★ 超高频率使用的句子 | 一分钟学一句不怕不够用
>
> ・私は新しい洗濯機*1を買わなければならない。
>   我需要买一台新的洗衣机。
>
> ・私は広いリビングが好きです。リビングは友達や家族と一緒に楽しい時間が過ごせる場所だと思います。
>   我喜欢大客厅。我认为客厅是可以和朋友、家人一起享受快乐时光的地方。
>
> ・気軽にソファーに横になったり、友達や家族と一緒にテレビを見たり、これは疲れた一日の終わりの楽しみです。
>   轻松地倒在沙发上,和朋友、家人一起看电视,是疲惫的一天结束后最享受的事情。
>
> ・ベッドの上でDVDを見るのが好きです。
>   我喜欢躺在床上看DVD。
>
> ・液晶テレビはプラズマテレビよりずっと安いです。
>   液晶电视比等离子电视要便宜得多。
>
> ・電球*2がきれたから、お遣いで新しいのを買いに行ってくれませんか。
>   灯泡用完了(坏了),你可以替我跑腿去买新的吗?
>
> ・カウチポテト族のようにソファーに座って何もせず、ただ食べたりテレビを見たりしないで!
>   不要像沙发上的马铃薯(电视迷)那样坐在沙发上什么都不做,只是吃和看电视!

3 换个单词说说看

本书特地设计"换个单词说说看"单元,学会了一种句型后,再套用不同的单词,即可变换出不同的句子,用单词积累句子的丰富度,遇到再多的突发状况都不怕。

★可依照文内蓝色字旁的星星编号,依照号码对照练习!

> ★换个单词说说看 | 用单词积累句子的丰富度,让句子更漂亮!
>
> 洗濯機*1 可以替换:
> 乾燥機 烘干机 / エアコン 空调 / 食器洗い機 洗碗机
> 私はまだ新しい_____を買わなければなりません。
> 我还需要买一台新的_____。
>
> 電球*2 可以替换:
> トイレットペーパー 卷筒式卫生纸 / シャンプー 洗发水 / ゴミ袋 垃圾袋
> _____がきれました。
> 我们_____用完了。

しようせつめい

4 语言学校都在教的超实用单词

作者精心挑选出各情境都会用到的实用单词，在照片图解的辅助下，边看边学，印象更深刻，不用死背即可轻松牢记。

5 每日问答小练习

通过每日问答练习，读者可以进行自我训练，再通过不断练习，日后即可与日本人对答如流。若一开始无法上手也不用怕，就先从参考答案下手吧！

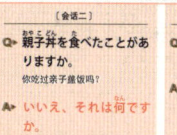

6 地道谚语与惯用语

为什么学了这么多日语单词却听不懂日本人说的日语？关键在谚语与惯用语，用有趣的方式学习最地道的用法，让日本人对你的日语能力刮目相看！

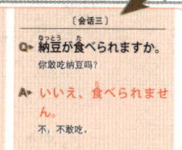

7 7天学习进度表

本书特地将语言学校课程规划了学习进度表，一个时段只要轻松读1～2个单元，就能用日语行遍全日本！

♪ 048

8 日籍老师亲录MP3

学习日语最重要的一项就是练习听力，有好的听力教材才能学习正确的发音，本书收录日籍老师最地道、标准的发音，边听边学，不仅可训练听力，同时跟读也可矫正发音，让你说出一口流利的日语！

★ 本书附赠音频为MP3格式 ★

认识日语50音

日语主要由"假名"和"汉字"构成。其中假名又分为"平假名"和"片假名"两种。平假名用来标示日语中的固有词汇或汉语发音；片假名则用来标示外来语、拟声语、拟态语或特别强调的词汇。假名分为清音、鼻音、浊音、半浊音、拗音、促音及长音。

平仮名 (ひらがな)

清音

清音原本有50个，但有些音重复了，所以实际用到的只有45个音，加上鼻音通称为五十音。以あ、い、う、え、お为母音。鼻音只有一个ん，而且必须与其他假名一起用。

	あ段	い段	う段	え段	お段
あ行	あ a	い i	う u	え e	お o
か行	か ka	き ki	く ku	け ke	こ ko
さ行	さ sa	し shi	す su	せ se	そ so
た行	た ta	ち chi	つ tsu	て te	と to
な行	な na	に ni	ぬ nu	ね ne	の no
は行	は ha	ひ hi	ふ fu	へ he	ほ ho
ま行	ま ma	み mi	む mu	め me	も mo
や行	や ya		ゆ yu		よ yo

五十音を学ぼう

ら行	ら ra	り ri	る ru	れ re	ろ ro
わ行	わ wa				を wo
鼻音	ん n				

浊音
浊音是指在**か**、**さ**、**た**、**は**这四行假名的右上方加上"゛"记号所形成的音。

が行	が ga	ぎ gi	ぐ gu	げ ge	ご go
ざ行	ざ za	じ ji	ず zu	ぜ ze	ぞ zo
だ行	だ da	ぢ ji	づ zu	で de	ど do
ば行	ば ba	び bi	ぶ bu	べ be	ぼ bo

半浊音
半浊音是指在**は**行假名的右上方加上"゜"记号所形成的音。

ぱ行	ぱ pa	ぴ pi	ぷ pu	ぺ pe	ぽ po

认识日语50音

拗音
拗音是指い段的子音，加上小写的や、ゆ、よ所形成的音。

きゃ kya	きゅ kyu	きょ kyo	ぎゃ gya	ぎゅ gyu	ぎょ gyo
しゃ sha	しゅ shu	しょ sho	じゃ ja	じゅ ju	じょ jo
ちゃ cha	ちゅ chu	ちょ cho			
にゃ nya	にゅ nyu	にょ nyo			
ひゃ hya	ひゅ hyu	ひょ hyo	びゃ bya	びゅ byu	びょ byo
			ぴゃ pya	ぴゅ pyu	ぴょ pyo
みゃ mya	みゅ myu	みょ myo			
りゃ rya	りゅ ryu	りょ ryo			

促音
促音っ，通常出现在か、さ、た、は四行假名前，读的时候要停顿一个音节。

长音
两个元音同时出现所形成的音，称为长音。读法是将前音的元音音节拉长一倍。片假名的长音标示为"－"。

片仮名
かたかな

清音

片假名是取中国汉字楷书中，符合声音的一部分简化而来，为日语中表音符号的一种，通常用于外来语（例如外国地名、人名等专有名词）、拟声语、拟态语等等。其写法不像平假名那样有较多圆滑的笔顺，反而以直线条居多。

ア行	ア a	イ i	ウ u	エ e	オ o
カ行	カ ka	キ ki	ク ku	ケ ke	コ ko
サ行	サ sa	シ shi	ス su	セ se	ソ so
タ行	タ ta	チ chi	ツ tsu	テ te	ト to
ナ行	ナ na	ニ ni	ヌ nu	ネ ne	ノ no
ハ行	ハ ha	ヒ hi	フ fu	ヘ he	ホ ho
マ行	マ ma	ミ mi	ム mu	メ me	モ mo
ヤ行	ヤ ya		ユ yu		ヨ yo
ラ行	ラ ra	リ ri	ル ru	レ re	ロ ro
ワ行	ワ wa				ヲ wo
鼻音	ン n				

认识日语50音

浊音
浊音是指在カ、サ、タ、ハ这四行假名的右上方加上"ﾞ"记号所形成的音。

ガ行	ガ ga	ギ gi	グ gu	ゲ ge	ゴ go
ザ行	ザ za	ジ ji	ズ zu	ゼ ze	ゾ zo
ダ行	ダ da	ヂ ji	ヅ zu	デ de	ド do
バ行	バ ba	ビ bi	ブ bu	ベ be	ボ bo

半浊音
半浊音是指在ハ行假名的右上方加上"ﾟ"记号所形成的音。

パ行	パ pa	ピ pi	プ pu	ペ pe	ポ po

拗音

拗音是指イ段的子音，加上小写的ャ、ュ、ョ所形成的音。

キャ kya	キュ kyu	キョ kyo	ギャ gya	ギュ gyu	ギョ gyo
シャ sha	シュ shu	ショ sho	ジャ ja	ジュ ju	ジョ jo
チャ cha	チュ chu	チョ cho			
ニャ nya	ニュ nyu	ニョ nyo			
ヒャ hya	ヒュ hyu	ヒョ hyo	ビャ bya	ビュ byu	ビョ byo
			ピャ pya	ピュ pyu	ピョ pyo
ミャ mya	ミュ myu	ミョ myo			
リャ rya	リュ ryu	リョ ryo			

认识了基础的日语50音之后，有没有觉得对日语的认识更进一步了呢？日语学习并没有你想像中的难，其实只要记好日语50音，对学习日语单词、语法或是会话，都有很大的帮助，现在，我们就开启日语学习的大门，跟着日语老师一起轻松地学习日语吧！

目录

もくじ

Chapter 1 住居&宿泊施設
一天的起点和终点

unit ❶ | 家 家 ························ 002
unit ❷ | ホテル 旅馆 ················ 008

Chapter 2 食べ物
吃美食的地方

unit ❸ | アイスクリームショップ 冰淇淋店 ········ 018
unit ❹ | パン屋 面包店 ················ 024
unit ❺ | 日本料理店 日本料理店 ········ 030
unit ❻ | ファーストフード店 快餐店 ···· 036
unit ❼ | 海鮮料理店 海鮮餐厅 ·········· 042
unit ❽ | アメリカンレストラン 美式餐厅 ···· 048
unit ❾ | 中華料理店 中国餐厅 ·········· 054
unit ❿ | コーヒーショップ 咖啡厅 ······ 060
unit ⓫ | コンビニ 便利店 ·············· 066

Chapter 3 学校&仕事，機関
办正经事的地方

unit ⓬ | 学校 学校 ···················· 076
unit ⓭ | 会社 公司 ···················· 082
unit ⓮ | 病院 医院 ···················· 088
unit ⓯ | 銀行 银行 ···················· 094
unit ⓰ | 郵便局 邮局 ·················· 100

010

Chapter 4 スポーツ 运动对身体好

- unit 17 ｜ スポーツジム 健身房 ……… 110
- unit 18 ｜ プール 游泳池 ……… 116

Chapter 5 ショッピング 逛街好心情

- unit 19 ｜ 服屋(ふくや) 服饰店 ……… 126
- unit 20 ｜ デパート 百货商店 ……… 132
- unit 21 ｜ お祭(まつ)り 庙会、庆典活动 ……… 138

Chapter 6 交通手段(こうつうしゅだん) 交通工具畅行无阻

- unit 22 ｜ 地下鉄(ちかてつ) 地铁 ……… 148
- unit 23 ｜ 鉄道(てつどう) 铁路 ……… 154
- unit 24 ｜ 空港(くうこう) 机场 ……… 160

Chapter 7 自然(しぜん)と触(ふ)れ合(あ)う 享受大自然

- unit 25 ｜ 公園(こうえん) 公园 ……… 170
- unit 26 ｜ 山登(やまのぼ)り 爬山 ……… 176
- unit 27 ｜ 農場(のうじょう) 农场 ……… 182
- unit 28 ｜ ビーチ 海边 ……… 188
- unit 29 ｜ 動物園(どうぶつえん) 动物园 ……… 194

目录

もくじ

Chapter 8 おしゃれ
打扮自己

- unit 30 | 化粧品店 化妆品店 204
- unit 31 | 美容院 理发店 210

Chapter 9 趣味, 興味
兴趣、爱好

- unit 32 | 博物館 博物馆 220
- unit 33 | 文房具屋 文具店 226
- unit 34 | ＣＤショップ 唱片店 232
- unit 35 | 本屋 书店 238

Chapter 10 エンターテインメント
放松娱乐一下

- unit 36 | 遊園地 游乐园 248
- unit 37 | 映画館 电影院 254
- unit 38 | カラオケボックス KTV 260

学习进度表

もくじ

7天学习进度表

每个时段读1～2个单元，轻松学习没有负担！
只要7天，日语口语就能不一样！

★每完成一个Unit
请在框框里打勾！

時間(じかん) / 日(ひ)にち	早上 / 午前(ごぜん)	下午 / 午後(ごご)	晚上(ばん) / 晚
一日目(いちにちめ)	Unit 1 Unit 2	Unit 3 Unit 4	Unit 5 Unit 6
二日目(ふつかめ)	Unit 7 Unit 8	Unit 9 Unit 10	Unit 11 Unit 12
三日目(みっかめ)	Unit 13 Unit 14	Unit 15 Unit 16	Unit 17 Unit 18
四日目(よっかめ)	Unit 19 Unit 20	Unit 21 Unit 22	Unit 23 Unit 24
五日目(いつかめ)	Unit 25 Unit 26	Unit 27 Unit 28	Unit 29 Unit 30
六日目(むいかめ)	Unit 31 Unit 32	Unit 33 Unit 34	Unit 35
七日目(なのかめ)	Unit 36	Unit 37	Unit 38 おめでとう！

Chapter 1

住居＆宿泊施設
一天的起点和终点

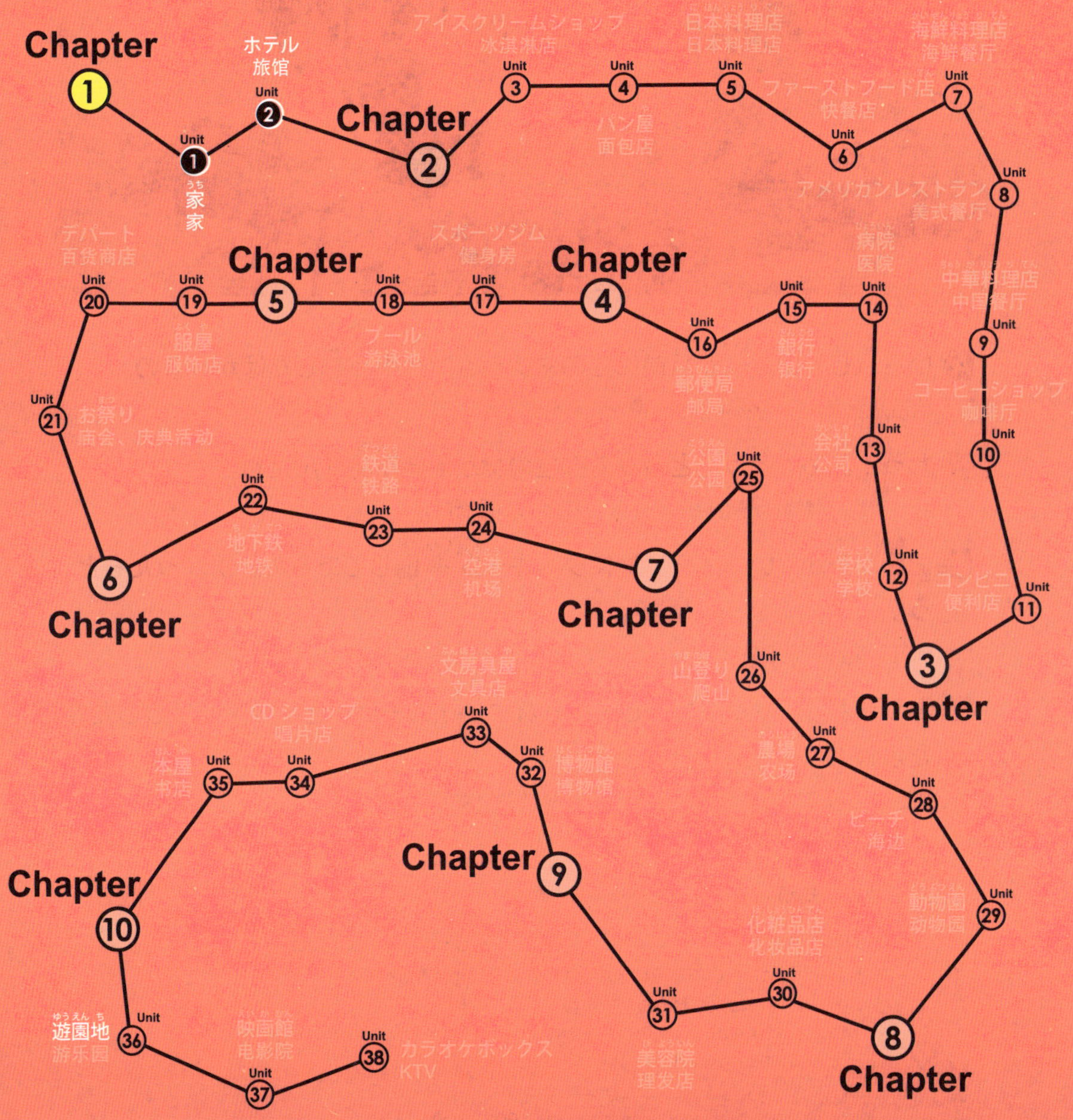

Unit 1 うち 家 | 家

日常对话 | 快速融入超拟真的日常对话

A いらっしゃい。一か月前にこのマンションへ引っ越したばかりなの。
欢迎来我家。我一个月前才刚搬进这个公寓。

B わっ！おめでとう！どうりで部屋の物が全部新品なんだね。
哇，恭喜！难怪你房子里的所有东西看起来都是新的。

A お腹が空かない？オーブンにクッキーが準備してあるの。よかったらどう？
你肚子饿吗？我准备了一些饼干在烤箱里。你想吃一些吗？

B ありがとう。ホットコーヒーも一杯いい？コーヒーとクッキーはぴったりだよね！
谢谢！我也可以来一杯热咖啡吗？咖啡和饼干很搭哦。

补充单词及短语

- どうりで 副 难怪
  先週山田さんはひどい風邪をひきました。どうりでパーティーに来なかったんですね。
  上星期山田先生得了重感冒，难怪他没有来参加派对。

- ぴったり な形 完美组合
  健太さんと梨香さんはぴったりだと思いませんか。
  你不觉得健太先生和梨香小姐是绝配吗？

超高频率使用的句子 | 一分钟学一句不怕不够用

- 私は新しい洗濯機★1を買わなければならない。
  我需要买一台新的洗衣机。

- 私は広いリビングが好きです。リビングは友達や家族と一緒に楽しい時間が過ごせる場所だと思います。
  我喜欢大客厅。我认为客厅是可以和朋友、家人一起享受快乐时光的地方。

- 気軽にソファーに横になったり、友達や家族と一緒にテレビを見たり、これは疲れた一日の終わりの楽しみです。
  轻松地倒在沙发上，和朋友、家人一起看电视，是疲惫的一天结束后最享受的事情。

- ベッドの上でＤＶＤを見るのが好きです。
  我喜欢躺在床上看DVD。

- 液晶テレビはプラズマテレビよりずっと安いです。
  液晶电视比等离子电视要便宜得多。

- 電球★2がきれたから、お遣いで新しいのを買いに行ってくれませんか。
  灯泡用完了（坏了），你可以替我跑腿去买新的吗？

- カウチポテト族のようにソファに座って何もせず、ただ食べたりテレビを見たりしないで！
  不要像沙发上的马铃薯（电视迷）那样坐在沙发上什么都不做，只是吃和看电视！

★ 换个单词说说看 | 用单词积累句子的丰富度，让句子更漂亮！

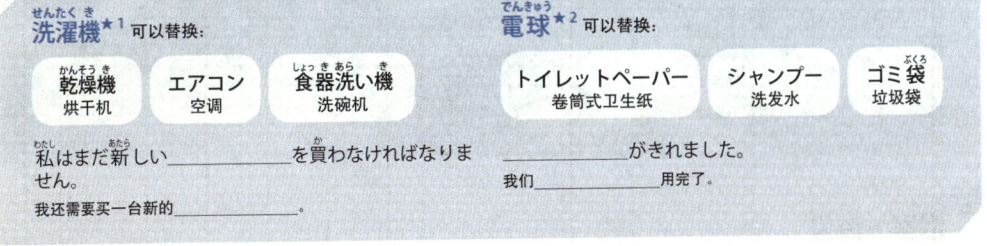

洗濯機★1 可以替换：			電球★2 可以替换：		
乾燥機 烘干机	エアコン 空调	食器洗い機 洗碗机	トイレットペーパー 卷筒式卫生纸	シャンプー 洗发水	ゴミ袋 垃圾袋

私はまだ新しい＿＿＿＿を買わなければなりません。
我还需要买一台新的＿＿＿＿。

＿＿＿＿がきれました。
我们＿＿＿＿用完了。

补充单词及短语

- 気軽 な形 轻松的
  気軽に相談できる友達がほしい。
  想要个能够轻松谈心的朋友。

- お遣い 名 跑腿、为某人办事
  佐藤さんは社長のお遣いに行きました。
  佐藤小姐替老板跑腿去了。

♪ 003

✽ 日常单词 | 语言学校都会教的超实用日常单词

① リビング ▶ 客厅

テレビ [te re bi] 名 —— 电视
ソファー [so fa a] 名 —— 沙发
いす [i su] 名 —— 椅子
テーブル [te e bu ru] 名 —— 桌子
まど [ma do] 名 —— 窗户
蛍光灯(けいこうとう) [ke i ko u to u] 名 —— 日光灯

② 寝室(しんしつ) ▶ 卧室；寝室

シングルベッド [shi n gu ru be d do] 名 —— 单人床
ダブルベッド [da bu ru be d do] 名 —— 双人床
毛布(もうふ) [mo u fu] 名 —— 毯子
まくら [ma ku ra] 名 —— 枕头
シーツ [shi i tsu] 名 —— 床单
ドレッサー [do re s sa a] 名 —— 梳妆台
ベッドランプ [be d do ra n pu] 名 —— 床头灯

③ 浴室(よくしつ) ▶ 浴室

トイレ [to i re] 名 —— 厕所；洗手间；盥洗室
バスタブ [ba su ta bu] 名 —— 浴缸
シャワー [sha wa a] 名 —— 喷头
鏡(かがみ) [ka ga mi] 名 —— 镜子
便器(べんき) [be n ki] 名 —— 马桶
蛇口(じゃぐち) [ja gu chi] 名 —— 水龙头
洗面台(せんめんだい) [se n me n da i] 名 —— 洗手台

♪ 004

④ 台所(だいどころ) ▶ 厨房

ガスレンジ	[ga su re n ji] 名	煤气灶
冷蔵庫(れいぞうこ)	[re i zo u ko] 名	冰箱
オーブン	[o o bu n] 名	烤箱
調理器具(ちょうりきぐ)	[cho u ri ki gu] 名	烹调器具
フライパン	[fu ra i pa n] 名	平底锅
鍋(なべ)	[na be] 名	锅
まな板(いた)	[ma na i ta] 名	砧板
魔法瓶(まほうびん)	[ma ho u bi n] 名	热水瓶
トースター	[to o su ta a] 名	烤面包机
電子(でんし)レンジ	[de n shi re n ji] 名	微波炉

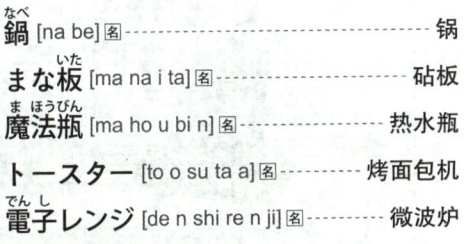

⑤ 家庭用品(かていようひん) ▶ 家庭用品

茶碗(ちゃわん)	[cha wa n] 名	碗
箸(はし)	[ha shi] 名	筷子
スプーン	[su pu u n] 名	汤匙
コップ	[ko p pu] 名	杯子
皿(さら)	[sa ra] 名	盘子
ケトル	[ke to ru] 名	热水壶

⑥ 物置場(ものおきば) ▶ 储藏室

ほうき	[ho u ki] 名	扫把
塵取(ちりと)り	[chi ri to ri] 名	簸箕
草刈(くさか)り機(き)	[ku sa ka ri ki] 名	割草机
モップ	[mo p pu] 名	拖把
ゴミ箱(ばこ)	[go mi ba ko] 名	垃圾桶
掃除機(そうじき)	[so u ji ki] 名	吸尘器

7 庭 ▶ 院子

バーベキューセット [ba a be kyu u se t to] 名 — 组合成烤肉用具
犬小屋 [i nu go ya] 名 — 狗屋
フェンス [fe n su] 名 — 篱笆
ガーデン [ga a de n] 名 — 花园
温室 [o n shi tsu] 名 — 温室
テラス [te ra su] 名 — 露台

8 書斎 ▶ 书房

電気スタンド [de n ki su ta n do] 名 — 台灯
絨毯 [ju u ta n] 名 — 地毯
暖炉 [da n ro] 名 — 壁炉
本棚 [ho n da na] 名 — 书柜
ブラインド [bu ra i n do] 名 — 百叶窗
天井 [te n jo u] 名 — 天花板
ドアノブ [do a no bu] 名 — 门把手
遊び部屋 [a so bi be ya] 名 — 游戏室
スイッチ [su i c chi] 名 — 电灯开关
マット [ma t to] 名 — 地垫

Daily Q&A

〔会话一〕
Q▶ よく電子レンジを使いますか。
你常使用微波炉吗？
A▶ はい、いつもそれを使って、温めます。
会，我通常用它来热食物。

〔会话二〕
Q▶ 部屋はいくつありますか。
你有几间房间？
A▶ 三つあります。
总共三间。

〔会话三〕
Q▶ イヤリングはどこに置きましたか。
你把耳环放在哪里？
A▶ ドレッサーに置いたと思います。
我想我把它们放在化妆台上。

地道谚语与惯用语 | 让句子锦上添花

話に花が咲く 〉谈笑风生

話に花が咲いてあっという間に時間が過ぎました。
在谈笑风生中，时间一晃而过。

ゆっくりくつろぐ 〉把这里当作自己家一般

いらっしゃい。ゆっくりくつろいでくださいね。
欢迎来到我家，当成在自己家一样吧！

腰が重い 〉懒得动；没干劲

お遣いを頼まれても腰が重くてなかなか動きません。
虽然被委托跑腿，但是动都不想动。

腕をふるう 〉大展身手

今日は友達が家へ遊びに来るので、母が料理の腕をふるいました。
今天因为朋友到家里来玩，妈妈大展身手，做了她的拿手好菜。

住めば都 〉久居则安、住惯了

三ヶ月前に転勤で田舎へ引越したけれど、住めば都で毎日が楽しいです。
三个月前因为调职搬到乡下，住惯了之后每天都很快乐。

心を許す 〉交心；知心

心を許せる友達と、家でのんびりおしゃべりするのが週末の楽しみです。
和知心朋友在家悠闲地聊天是周末的乐趣。

根を下ろす 〉落地生根

結婚をきっかけに、この港町に根を下ろすことになりました。
我因为结婚而在这个城市落地生根，住了下来。

猫の額 〉比喻地方很狭小；巴掌大

私の家には猫の額ほどの小さい庭があります。
我家有个狭小的院子。

Unit 2 ホテル｜旅馆

✻ 日常对话 ｜ 快速融入超拟真的日常对话

A 先日ネットでツインルームを予約した小林ですが、今チェックインできますか。

我是前几天在网上预订双人房的小林，请问现在可以办理入住吗？

B はい、確かにご予約いただいております。こちらがルームキーでございます。お部屋は709号室で、7階の階段の隣になっております。

是的，我看到您的预约了。这是房间钥匙，您的房间是709号房，在七楼的楼梯旁。

A わかりました。ところで、6時にモーニングコールをお願いできますか。明日は重要な会議があって、朝早く起きなければならないので。

我了解了。另外，我想请你们六点给我叫醒服务，我明天需要一大早起床参加一个非常重要的会议。

B かしこまりました。

没问题。

补充单词及短语

- 予約します 动 预定、预约
  佐藤さんはもう九州から東京への飛行機のチケットを予約しました。
  佐藤先生已经预约好从九州到东京的机票了。

- モーニングコール 名 晨间唤醒服务
  このホテルでは全てのお客様にモーニングコールのサービスを行っております。
  这间饭店给每位房客提供晨间唤醒服务。

超高频率使用的句了 | 一分钟学一句不怕不够用

- ホテルのホームページでお部屋を予約することができます。
  你可以登陆我们旅馆的网站订房间。

- この階に自動販売機がありますか。
  这层有自动售货机吗？

- タクシーを呼んでもらえますか。朝4時に空港へ行かなければならないんです。
  可以请你帮我叫出租车吗？明天早上四点前我要到机场。

- チェックアウトは何時ですか。
  几点必须退房？

- ベルボーイがお荷物をお部屋までお持ちいたしましょうか。
  请行李员帮您把行李拿到房间好吗？

- すみません。ちょっと問題が…。ドライヤー*1から変な音がするんですが。
  不好意思，我的房间有些问题。吹风机一直发出奇怪的声音。

- 浴室の洗面台が詰まっているんです。
  淋浴间的洗手台堵住了。

- もし同じ部屋で二泊するなら、朝テーブルの上にチップを置きます。
  如果我们在同一个房间住上两晚的话，早上需要在桌上放一些小费。

- このホテルは割引券付きの無料マップが置いてあります。
  这家饭店提供带有优惠券的免费地图。

★ 换个单词说说看 | 用单词积累句子的丰富度，让句子更漂亮！

ドライヤー*1 可以替换：

テレビ	エアコン	便器	＿＿＿から変な音がするんですが。
电视	空调	马桶	一直发出奇怪的声音。

补充单词及短语

- ベルボーイ 图 行李员
  ベルボーイに荷物を渡したらいいですよ。
  你可以把你的行李拿给行李员。

- 割引券 图 折价券
  お土産を買う時、割引券が使えます。
  买纪念品时可以使用优惠券。

♪ 009

日常单词 | 语言学校都会教的超实用日常单词

① ロビー ▶ 大厅

尋ねます [ta zu ne ma su] 动 ·············· 咨询
紹介します [syo u ka i shi ma su] 动 ·············· 介绍
手荷物 [te ni mo tsu] 名 ·············· 随身行李
待ちます [ma chi ma su] 动 ·············· 等待
打ち合わせます [u chi a wa se ma su] 动 ·· 安排、交涉
ガードマン [ga a do ma n] 名 ·············· 守卫
チェックイン [che k ku i n] 名 ······ 到达并登记、报到
チェックアウト [che k ku a u to] 名 ·········· 结账离开

② アメニティグッズ ▶ 盥洗用具

歯ブラシ [ha bu ra shi] 名 ·············· 牙刷
歯磨き粉 [ha mi ga ki ko] 名 ·············· 牙膏
タオル [ta o ru] 名 ·············· 毛巾
入浴セット [nyu u yo ku se t to] 名 ····· 沐浴套装
バスローブ [ba su ro o bu] 名 ·············· 浴袍

③ 客室の中 ▶ 客房内

家具 [ka gu] 名 ·············· 家具
金庫 [ki n ko] 名 ·············· 保险箱
エアコン [e a ko n] 名 ·············· 空调
浴室 [yo ku shi tsu] 名 ·············· 淋浴间、浴室
ミニバー [mi ni ba a] 名 ·············· 迷你酒吧

4 施設 ▶ 设施

宴会場 [e n ka i jo u] 名 -------------- 宴会厅
会議室 [ka i gi shi tsu] 名 ----------- 会议室
ジム [ji mu] 名 ---------------------- 健身房
駐車場 [chu u sha jo u] 名 ----------- 停车场
レストラン [re su to ra n] 名 -------- 餐厅
バー [ba a] 名 ----------------------- 酒吧

5 ルームサービス ▶ 客房服务

チップ [chi p pu] 名 ----------------------------- 小费
ランドリーサービス [ra n do ri i sa a bi su] 名 -- 洗衣服务
ハウスキーパー [ha u su ki i pa a] 名 ----------- 房务人员
ドアマン [do a ma n] 名 -------------------------- 饭店门房
ベルボーイ [be ru bo o i] 名 --------------------- 行李员

6 宿泊施設 ▶ 住宿

ホテル [ho te ru] 名 -------------------- 饭店
民宿 [mi n shu ku] 名 ------------------- 民宿
ゲストハウス [ge su to ha u su] 名 ----- 小型家庭旅馆
ユースホステル [yu u su ho su te ru] 名 - 青年旅社
キャンプ場 [kya n pu jo u] 名 ---------- 露营地

7 客室の種類 ▶ 客房的种类

シングルルーム [shi n gu ru ru u mu] 名 ---- 单人房
ダブルルーム [da bu ru ru u mu] 名 ---- 单床双人房
ツインルーム [tsu i n ru u mu] 名 ------ 双床双人房
トリプルルーム [to ri pu ru ru u mu] 名 ----- 三人房
スイートルーム [su i i to ru u mu] 名 --------- 套房

8 ギフトショップ ▶ 礼品店

お土産 [o mi ya ge] 名 ------------ 纪念品
両替所 [ryo u ga e jo] 名 ------------ 兑币处
新聞雑誌売り場 [shi n bu n za s shi u ri ba] 名
------------ 报刊售卖摊

自動販売機 [ji do u ha n ba i ki] 名 -- 自动售货机
案内所 [a n na i jyo] 名 ------------ 问询处
パンフレット [pa n fu re t to] 名
------------ 指南、小册子

Daily Q&A

〔会話一〕
Q▶ このホテルはどんな客室がありますか。
这家旅馆有什么样的房型?
A▶ シングル、ツインそしてスイートがあります。
有单人房、双人房和套房。

〔会話二〕
Q▶ エレベーターはどこにありますか。
电梯在哪里?
A▶ ロビーの真ん中にあります。
在大厅的中间。

〔会話三〕
Q▶ すみませんが、テレビがつかないんです。
不好意思，电视没有办法打开了。
A▶ かしこまりました。お伺いします。
好，我会请人去查看问题。

♪ 012

地道谚语与惯用语 | 让句子更锦上添花

足を延ばす 〉 延长行程

せっかく京都まで観光に来たから明日は奈良まで足を延ばしてみよう。
难得来到京都旅游，明天想顺道到奈良看看。

うってつけ 〉 合适

温泉に入りたいなら、九州にうってつけの場所があるよ。
如果要泡温泉，九州有非常合适的地方。

けちをつける 〉 挑剔；挑毛病；吹毛求疵

ホテルの設備がネットの写真と違うので、けちをつける。
因为饭店的设施和网上的照片不同而挑毛病。

目と鼻の先 〉 近在咫尺

ガイドマップで見ると、すし屋は目と鼻の先らしい。
从旅游地图上看来，寿司店好像近在咫尺。

手が込む 〉 精巧；费工

このホテルの料理はどれも手が込んでいて珍しい物ばかりだ。
这家饭店的菜色都是很费工的珍奇佳肴。

大は小を兼ねる 〉 大兼小用

大は小を兼ねると言うから、大きいほうの旅行かばんを持って行こう。
因为大的可当小的用，所以带大的旅行袋去吧。

百聞は一見にしかず 〉 百闻不如一见

あのホテルはサービスが良いという噂はよく耳にするが、百聞は一見にしかず、一度行ってみるといい。
常常听说那家饭店的服务很好，百闻不如一见，应该去一次看看。

愛想がいい 〉 和蔼可亲

先日泊まった民宿の人は愛想がよくて優しい人だった。
前些日子去住的那间民宿，服务人员是和蔼可亲又温柔的人。

超高频率会话句 | 语言学校独家传授必备实用好句子

- インターネットで部屋の予約ができますか。
  我可以在网上订房吗?

- 手荷物の中に割れ物があります。気をつけてください。
  我的行李中有易碎物品。请你们小心一点。

- ホテルのホームページに入って、お部屋予約のアイコンをクリックし、表を記入すれば完了です。
  进入旅馆网页后选择订房按钮,然后填完表格就可以了。

- 何かお手伝いいたしましょうか。
  有什么可以为您服务的吗?

- 荷物を部屋に置いてから近くを散策したいのですが、フリーマップがありますか。
  我把行李放到房间后,想要在附近走走。你们提供免费的地图吗?

- 近くにお薦めのレストランがありますか。
  你可以推荐一间附近的餐厅吗?

- 地下街のすし屋はいかがですか。大勢のお客様から評判がいいです。
  地下美食街的日本寿司店如何?很多客人都给予很好的评价哦!

- バーテンダーは各種のカクテルを作ることができます。とてもおいしいですよ。
  我们的调酒师可以调出各种口味的鸡尾酒,它们喝起来都很棒。

- コーヒーはもう売り切れました。代わりにミルクはいかがですか。
  咖啡已经没有了,改喝牛奶好吗?

- シャワーを浴びてすっきりしたいです。
  想去冲个澡让自己清醒一下。

- タクシーを呼びます。
  我来叫出租车。

- 時間がないのでもう少し急いでもらえませんか。
  我在赶时间，能请你再开快一点吗？

- これらの魚はなんて新鮮なんでしょう！
  这些鱼怎么那么新鲜！

- あのホテルのスタッフは親切です。
  那家饭店的服务人员都很亲切。

- 飛行機の時間に急がなくちゃ！
  再不快点就赶不上飞机了。

- 287番のバス乗り場はどこですか。
  287路公交车站在哪里？

- 私は大きい庭がある家を買いたいです。
  我想买带有大庭院的房子。

- 降りる駅に着きました。
  我要下车的站点到了。

- 一番近い地下鉄の駅はどこですか。
  最近的地铁站在哪里？

- どこで地下鉄の切符が買えますか。
  在哪里能买地铁票？

- 観光の場所について何かアドバイスがありますか。
  关于旅游景点你有什么建议呢？

- 本日のスペシャルメニューは何ですか。
  今天的特餐是什么？

- 本日のスープは何ですか。
  今天的汤是什么？

- 何線の地下鉄に乗りますか。
  我们要搭乘地铁几号线呢？

- おいしそうな香りですね。
  这闻起来好香哦！

- 砂糖はけっこうです。どうも。
  不要糖，谢谢。

- コーヒーは飲みません。他の飲み物がありますか。
  我不喝咖啡。你们有其他饮料吗？

- デザートがありますか。
  你们有甜点吗？

- このホテルの客室は Wifi がありますか。
  这家饭店的房间有 Wifi（无线网络）吗？

- 私はカフェでコーヒーを飲みながら本を読みます。
  我在咖啡店里边喝咖啡边看书。

- このコーヒーは苦いですね。砂糖をもらえますか。
  这杯咖啡好苦。可以给我一些糖吗？

- カプチーノにミルクをお願いします。
  请在我的卡布奇诺里加些鲜奶。

MEMO

Chapter 2

食べ物
吃美食的地方

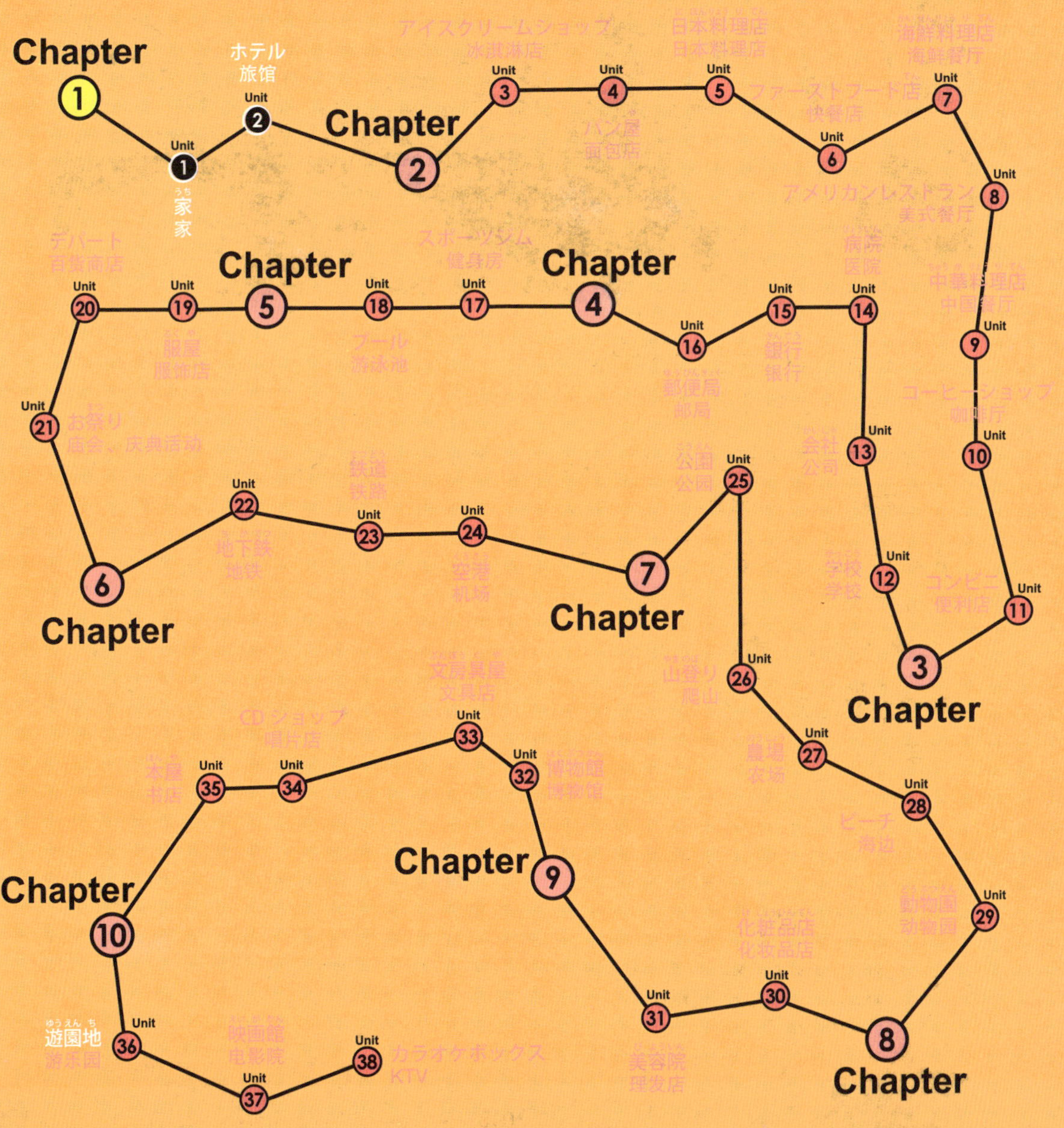

Unit 3 アイスクリームショップ | 冰淇淋店

❋ 日常对话 | 快速融入超拟真的日常对话

A いらっしゃいませ。ご注文は？
欢迎光临。您要点什么？

B 私はスイスチョコレートとラムレーズンを注文するわ。大好きな味なの。
我要瑞士巧克力和朗姆葡萄干，它们是我最爱的口味。

C 私はバニラとマンゴーの味で上にナッツがトッピングしてあるのを、カップで。
我想要香草和芒果口味的，上面加坚果，（我要）用杯子装。

A ご注文のアイスクリームができました。カウンターでお会計をお願いします。
您的冰淇淋做好了。请到柜台结账。

补充单词及短语

- 注文します 動 订购、点（餐、菜、饮料等）
  ハンバーガーを二つ注文したいんですが。
  我想点两份汉堡。

- カウンター 名 款台、柜台
  あちらのカウンターでお支払いができます。
  你可以在那边的柜台结账。

超高频率使用的句了 | 一分钟学一句不怕不够用

- 今日は暑くて解けそう。アイスクリームを食べて体を冷やそう。
  今天好热，我快融化了。去吃一点冰淇淋凉爽一下。

- クーポン券がある？
  你有赠券吗？

- 低カロリーのお薦めアイスクリームがありますか。
  你能推荐一些低卡路里的冰淇淋吗？

- 順子さん、どんなアイスクリームが好き？
  顺子小姐，你喜欢什么口味的冰淇淋？

- バナナスプリットをチョコレートソースとヘーゼルナッツのトッピングで、一つください。
  我要一个加巧克力酱和榛果的香蕉船。

- バニラ*1のアイスをシングル、コーンでください。
  我要一个香草冰淇淋球，请用甜筒装。

- アイスクリームの上にシロップをトッピングしますか。
  要在你的冰淇淋上淋上糖浆吗？

- これはおいしそうな香りがするわ。
  这味道闻起来好香哦！

★ 换个单词说说看 | 用单词积累句子的丰富度，让句子更漂亮！

バニラ*1 可以替换：

メロン	野イチゴ	キャラメル
香瓜	野莓	焦糖

＿＿＿＿のアイスをシングルでください。
我想要一球＿＿＿＿（口味）冰淇淋。

补充单词及短语

- 溶けます [动] 融化
  氷がすごいスピードで溶けている。
  冰块正在快速地融化。

- クーポン券 [名] 折价券、优惠券
  クーポン券を持っていますか。
  你有折扣券吗？

日常单词 | 语言学校都会教的超实用日常单词

1 フルーツ味 ▶ 水果口味

苺 [i chi go] 名	草莓
さくらんぼ [sa ku ra n bo] 名	樱桃
メロン [me ro n] 名	香瓜
マンゴー [ma n go o] 名	芒果
バナナ [ba na na] 名	香蕉
クランベリー [ku ra n be ri i] 名	蔓越莓

2 味 ▶ 口味、味道

コーヒー [ko o hi i] 名	咖啡
ブラウニー [bu ra u ni i] 名	布朗尼
バニラ [ba ni ra] 名	香草
ミントチョコレート [mi n to cho ko re e to] 名	薄荷巧克力
スイスチョコレート [su i su cho ko re e to] 名	瑞士巧克力
抹茶 [ma c cha] 名	抹茶
ラムレーズン [ra mu re e zu n] 名	朗姆葡萄干

3 トッピングソース ▶ 淋酱

シロップ [shi ro p pu] 名	糖浆	キャラメルソース [kya ra me ru so o su] 名	焦糖
トフィーソース [to fi i so o su] 名	太妃糖浆	生クリーム [na ma ku ri i mu] 名	鲜奶油
シナモン [shi na mo n] 名	肉桂		

♪ 020

④ その他のアイス類 ▶ 其他冰淇淋种类

アイスクリームサンド [a i su ku ri i mu sa n do] 名 ……… 冰淇淋三明治
アイスキャンデイー [a i su kya n dhi i] 名 ……… 冰棒
ソフトクリーム [so fu to ku ri i mu] 名 ……… 霜淇淋
デイッシャー [dhi s sha a] 名 ……… 冰淇淋勺
コーン [ko o n] 名 ……… 冰淇淋甜筒

⑤ デザート ▶ 甜点

サンデー [sa n de e] 名 ……… 圣代冰淇淋
苺サンデー [i chi go sa n de e] 名 ……… 草莓圣代
シャーベット [sha a be t to] 名 ……… 雪酪
バナナミルクセーキ [ba na na mi ru ku se e ki] 名 ……… 香蕉奶昔
ジェラート [je ra a to] 名 ……… 意式冰淇淋
フローズンヨーグルト [fu ro o zu n yo o gu ru to] 名 ……… 霜冻优格
ワッフル [wa f fu ru] 名 ……… 松饼

6 ナッツ類 ▶ 坚果类

胡桃 [ku ru mi] 名 ················ 美国薄壳胡桃
アーモンド [a a mo n do] 名 ············ 杏仁
カシューナッツ [ka shu u na t tsu] 名 ··· 腰果
ヘーゼルナッツ [he e ze ru na t tsu] 名 ·· 榛果
ピーナッツ [pi i na t tsu] 名 ············ 花生
松の実 [ma tsu no mi] 名 ··············· 松子

7 トッピング ▶ 配料

シングルアイスクリーム
[shi n gu ru a i su ku ri i mu] 名 ············ 单球冰淇淋
シリアル [shi ri a ru] 名 ················ 谷片
ココナッツ [ko ko na t tsu] 名 ··········· 椰子
チョコスプレー [cho ko su pu re e] 名 ··· 巧克力米
熊型のグミ [ku ma ga ta no gu mi] 名 ····· 小熊软糖

Daily Q&A

〔会话一〕
Q▶ アイスクリームはどんな味がありますか。
你们的冰淇淋有哪些口味？
A▶ 20種類以上の味がありますよ。
我们有超过二十种不同的口味。

〔会话二〕
Q▶ すみませんが、ブラックチェリースムージーが試食できますか。
请问，我可以试吃一些黑樱桃冰沙吗？
A▶ いいですよ。
没问题。

〔会话三〕
Q▶ シングルのアイスクリームはいくらですか。
一个冰淇淋球多少钱？
A▶ コーンなら300円で、カップなら250円です。
用甜筒装的是三百日元，杯装的是两百五十日元。

地道谚语与惯用语 | 让句子更锦上添花

どういう風の吹き回し 〉 吹的是什么风

いつもはアイスキャンディーばかり食べているのに、今日はどういう風の吹き回しか、ソフトクリームを食べている。

一直都是吃冰棒的人，今天是吹什么风在吃霜淇淋。

頬が落ちる 〉 非常好吃；好吃到极点

ワッフルに、生クリームとシロップの組合せは頬が落ちるほどおいしい。

松饼加上鲜奶油及糖浆，真是好吃到极点。

夢中になる 〉 入迷、热衷、投入、醉心

最近できたジェラートショップのメニューを全部制覇する事に夢中になっている。

我热衷于吃遍最近新开张的那家意式冰淇淋店的所有产品。

灯台下暗し 〉 丈八灯台，照远不照近

家の近くに、こんなかわいいアイスクリームショップがあったなんて灯台下暗しとはこの事だなあ。

家附近有这么可爱的冰淇淋店都不知道，所谓"丈八灯台，照远不照近"指的就是这样的情况吧。

本末転倒 〉 本末倒置

いつもダイエット中だと言っているのに、サンデーやシャーベットを次々に注文してまさに本末転倒だ。

一直说在减肥，却不断地点一些圣代冰淇淋、雪酪等甜点，根本就是本末倒置！

目がない 〉 非常喜欢；对某事物无法抗拒；没有判断力

私は甘いものが大好きで、特にチョコレートに目がない。

我很喜欢甜食，特别是对巧克力没有抵抗能力。

暴飲暴食 〉 大吃大喝

夏休みは友達と約束で外食が多くて、暴飲暴食がちだから気をつけよう。

暑假和朋友相约外出吃饭的机会很多，容易大吃大喝，所以要注意哦！

Unit 4 パン屋 | 面包店

日常对话 | 快速融入超拟真的日常对话

A カップケーキは焼きたてですよ。五つ６００円です。

杯子蛋糕刚出炉！五个售价六百日元。

B お買い得だね。十買おうかな。

听起来很划算，我要十个。

A ロールケーキを見て！おいしそう。一つ買いたいなあ。

看看那边的瑞士卷，看起来很好吃，我好想买一个。

B 買う前に試食ができるよ。カウンターに試食コーナーがあるよ。

你可以先试吃再买，柜台那边提供试吃。

补充单词及短语

- **お買い得（品）** 名 特价商品、便宜货
  これらの服は本当にお買い得です。
  这些衣服真的很划算。

- **試食** 名 试吃
  このスーパーは週末になるとたくさんの試食ができます。
  这家超市一到周末的时候就有很多试吃。

✱ 超高频率使用的句子 | 一分钟学一句不怕不够用

- ケーキの横のパイナップルロール★1をください。
  请给我蛋糕旁的凤梨卷。

- このパン屋で一番人気があるパンはどれですか。
  这家面包店最受欢迎的面包是哪一种？

- ジンジャークッキー★2を売っていますか。
  你们卖姜饼吗？

- 私はロールケーキの誘惑に勝てない。
  我无法抗拒瑞士卷的诱惑。

- クッキーやパンは2時間毎に焼き立てを窯出しします。
  饼干和面包每两小时新鲜出炉。

- そのパン屋のチーズケーキは町でも人気があります。
  这家面包店的芝士蛋糕在镇上很受欢迎。

- そのパン屋は日本から有名なパン職人を招いています。パイを作るのが得意です。
  那家面包店邀请了一位来自日本的有名的面包师傅，他很擅长制作派。

- お腹が空きました。シュークリームを買いましょう。
  我现在好饿哦！我们去买些泡芙吧。

★ 换个单词说说看 | 用单词积累句子的丰富度，让句子更漂亮！

パイナップルロール★1 可以替换：

フランスパン	キッシュ	シュークリーム
法式长棍面包	咸派	泡芙

ケーキの横の_____をください。
请给我蛋糕旁的_____。

ジンジャークッキー★2 可以替换：

マカロン	カップケーキ	ティラミス
马卡龙	杯子蛋糕	提拉米苏

_____を売っていますか。
你们有卖_____吗？

补充单词及短语

- **誘惑** 名 诱惑
  かれは今までずっと誘惑に打ち勝っている。
  他一直以来都能够抗拒诱惑。

- **得意** な形 擅长于
  彼女はピアノを弾くのが得意です。
  她很擅长弹钢琴。

✱ 日常单词 | 语言学校都会教的超实用日常单词

① ケーキ ▶ 蛋糕

チーズケーキ [chi i zu ke e ki] 名 — 芝士蛋糕
ロールケーキ [ro o ru ke e ki] 名 — 瑞士卷
チョコレートケーキ [cho ko re e to ke e ki] 名 — 巧克力蛋糕
キャロットケーキ [kya ro t to ke e ki] 名 — 胡萝卜蛋糕
ティラミス [ti ra mi su] 名 — 提拉米苏
マンゴームース [ma n go o mu u su] 名 — 芒果慕斯

② パン ▶ 面包

トースト [to o su to] 名 — 吐司、烤面包片
バターロール [ba ta a ro o ru] 名 — 黄油卷
フランスパン [fu ra n su pa n] 名 — 法式长棍面包
クロワッサン [ku ro wa s sa n] 名 — 可颂

③ ペストリー ▶ 酥皮点心

パイ [pa i] 名 — 有馅的派
苺タルト [i chi go ta ru to] 名 — 草莓塔
キッシュ [ki s shu] 名 — 咸派
シュークリーム [shu u ku ri i mu] 名 — 泡芙
アーモンドフレーク [a a mo n do fu re e ku] 名 — 杏仁酥片
エッグロール [e g gu ro o ru] 名 — 蛋卷

4 器具 ▶ 器具

ベーキングペーパー [be e ki n gu pe e pa a] 名 —— 烘焙纸

アルミ箔 [a ru mi ha ku] 名 —— 铝箔纸

ミキシングボウル [mi ki shi n gu bo u ru] 名 —— 搅拌盆

スケール [su ke e ru] 名 —— 磅秤

計量スプーン [ke i ryo u su pu u n] 名 —— 量匙

麺棒 [me n bo u] 名 —— 擀面杖

5 原料 ▶ 原料

クリームチーズ [ku ri i mu chi i zu] 名 —— 奶油奶酪

ホイップクリーム [ho i p pu ku ri i mu] 名 —— 淡奶油

無塩バター [mu e n ba ta a] 名 —— 无盐黄油

重曹 [ju u so u] 名 —— 苏打粉

ゼラチン [ze ra chi n] 名 —— 吉利丁（用于果冻凝胶类）

ベーキングパウダー [be e ki n gu pa u da a] 名 —— 泡打粉

ココアパウダー [ko ko a pa u da a] 名 —— 可可粉

6 クッキー ▶ 饼干，曲奇饼

バターショートブレッド [ba ta a sho o to bu re d do] 名 —— 牛油酥饼

ジンジャークッキー [ji n ja a ku k ki i] 名 —— 姜饼

ココナッツクッキー [ko ko na t tsu ku k ki i] 名 —— 椰丝酥饼

オートミールクッキー [o o to mi i ru ku k ki i] 名 —— 燕麦酥饼

ごまクッキー [go ma ku k ki i] 名 —— 芝麻酥饼

7 小型のケーキ類 ▶ 小型蛋糕类

カップケーキ [ka p pu ke e ki] 名 ······ 杯子蛋糕
スコーン [su ko o n] 名 ······ 司康
ワッフル [wa f fu ru] 名 ······ 松饼
マカロン [ma ka ro n] 名 ······ 马卡龙
ドーナツ [do o na tsu] 名 ······ 甜甜圈

8 パン職人 ▶ 面包（糕点）师傅

焼きます [ya ki ma su] 動 ······ 烘、烤
加熱します [ka ne tsu shi ma su] 動 ······ 加热
煮ます [ni ma su] 動 ······ 烹煮
混ぜます [ma ze ma su] 動 ······ 混合
冷凍します [re i to u shi ma su] 動 ······ 冷冻

溶けます [to ke ma su] 動 ······ 溶化
注ぎます [so so gi ma su] 動 ······ 倒入
塗ります [nu ri ma su] 動 ······ 涂……在上面
予熱します [yo ne tsu shi ma su] 動 ······ 预热

Daily Q&A

〔会话一〕
Q▶ ケーキはどうでしたか。
你觉得蛋糕怎么样？

A▶ おいしかったです。
很可口。

〔会话二〕
Q▶ クッキーはいくらですか。
饼干多少钱？

A▶ 六つ300円です。
六个三百日元。

〔会话三〕
Q▶ 試食できますか。
你们有试吃吗？

A▶ できますよ。あちらにあります。
有，在那边。

♪ 028

地道谚语与惯用语 | 让句子更锦上添花

名を上げる 　成名

このパン屋の職人はコンテストで賞を獲って名を上げた。
这家面包店的师傅在烘焙大赛中获得大奖后一举成名。

足が向く 　漫步；信步所至；不自觉地移动脚步

おいしそうなクッキーの匂いがすると自然に足が向いてしまう。
闻到烤饼干的香味，很自然地就被吸引过去了。

鰻上り 　直线上升

新商品の売り上げが好調で利益も鰻上りだ。
因为新商品卖得很好，净利润也直线上升。

手を広げる 　扩大事业

この店のオーナーは、パン屋だけでなくカフェも経営して、新しい分野に手を広げている。
这家店的老板，不只开面包店，也经营咖啡店，在新领域不断地扩大事业版图。

三日坊主 　三分钟热度

娘は最近お菓子作りが趣味だけど、三日坊主ですぐに飽きてしまうだろう。
女儿最近迷上做点心，但只是三分钟热度，很快就会厌倦了吧。

耳が早い 　消息灵通

来月新しいケーキ屋がオープンする事を知っているなんて、本当に耳が早いなあ。
你连下个月有新的蛋糕店要开张这件事都知道，真是消息灵通啊。

猫の手も借りたい 　忙得不可开交

お客さんが多い時間帯は猫の手も借りたいほど忙しい。
客人多的时间段，真是忙得不可开交。

Unit 5 日本料理店 | 日本料理店

日常对话 | 快速融入超拟真的日常对话

A この定食屋さんは会社からも近いし安くておいしいから、いつも込んでいるね。

这家套餐店因为离公司近，便宜又好吃，所以店里总是很多人。

B そうだね。私はカツ丼も食べたいけど、今日は天婦羅定食にするね。

就是啊。虽然也想吃猪排盖饭，但今天还是吃天妇罗套餐好了。

A 私は朝仕事をしながらお昼は焼肉定食にしようと考えていたよ。

我今天早上一边工作一边想着午餐要吃烧肉套餐。

B 定食と丼物は味噌汁と茶碗蒸しがついているよ。これで800円はお得だね。

套餐和盖饭附带味噌汤和蒸鸡蛋羹。这样才八百日元，很划算吧。

补充单词及短语

- 込みます 动 拥挤
  道路工事の関係で、今日は道が込んでいます。
  因为道路施工的原因，今天路上很拥挤。

- 考えます 动 思考
  今日は何も考えたくない気分です。
  今天有种什么都不想思考的感觉。

🌸 超高频率使用的句子 | 一分钟学一句不怕不够用

- この定食は味噌汁★¹がついていますか。

  这个套餐附带味噌汤吗？

- この回転寿司のお店は全て一皿100円です。

  这家回转寿司店的寿司每盘都是一百日元。

- 冬はおでんやすき焼きなどの鍋物が食べたくなる<mark>季節</mark>だ。

  冬天是个会变得想吃关东煮或寿喜烧等火锅类食物的季节。

- 天婦羅セットの麺はそばかうどんかを選ぶことができます。

  天妇罗套餐中的面可以选荞麦面或乌冬面。

- 大阪へ行ったらぜひお好み焼きやたこ焼きを食べてみたい。

  如果去大阪的话，我一定要尝尝大阪烧和章鱼烧。

- 日本のラーメンは塩辛いね。

  日本拉面很咸吧。

- 日本のおにぎりは鮭や梅干などの<mark>伝統的</mark>な味だけでなく、ツナマヨネーズやベーコンチーズなど斬新な味も豊富です。

  日本的饭团不仅有传统的鲑鱼和梅干等口味，还有金枪鱼蛋黄酱、培根奶酪等新奇的口味，口味非常丰富。

- 巻き寿司の作り方が分かりますか。

  你知道寿司卷的做法吗？

★ 换个单词说说看 | 用单词积累句子的丰富度，让句子更漂亮！

味噌汁★¹可以替换：

茶碗蒸し	漬物	揚げ出し豆腐
蒸鸡蛋羹	酱菜	炸豆腐

この定食は＿＿＿＿＿＿がついていますか。
这个套餐附带＿＿＿＿＿＿吗？

补充单词及短语

- **季節** 图 季节

  日本は季節の変化がはっきりしています。

  日本的四季分明。

- **伝統的** な形 传统的

  田舎では今でも伝統的な習慣が残っている。

  乡下还保留着一些传统的风俗习惯。

♪ 031

日常单词 | 语言学校都会教的超实用日常单词

1 回転寿司(かいてんずし) ▶ 回转寿司

たまご	[ta ma go] 名	鸡蛋
イクラ	[i ku ra] 名	鲑鱼卵
うなぎ	[u na gi] 名	鳗鱼
エビ	[e bi] 名	虾
ウニ	[u ni] 名	海胆
わさび	[wa sa bi] 名	芥末

2 寿司(すし) ▶ 寿司

巻き寿司(まきずし)	[ma ki zu shi] 名	寿司卷
ちらし寿司(ずし)	[chi ra shi zu shi] 名	散寿司
いなり寿司(ずし)	[i na ri zu shi] 名	豆皮寿司
かっぱ巻(ま)き	[ka p pa ma ki] 名	黄瓜寿司卷
鉄火巻(てっかま)き	[te k ka ma ki] 名	金枪鱼紫菜寿司卷
手巻(てま)き寿司(ずし)	[te ma ki zu shi] 名	手卷

3 刺身(さしみ) ▶ 生鱼片

トロ	[to ro] 名	金枪鱼鱼肚	ぶり	[bu ri] 名	鰤鱼
まぐろ	[ma gu ro] 名	金枪鱼	さば	[sa ba] 名	青花鱼
はまち	[ha ma chi] 名	幼鰤鱼	鯛(たい)	[ta i] 名	鲷鱼
イカ	[i ka] 名	鱿鱼	ふぐ	[fu gu] 名	河豚

♬ 032

④ 鍋物 ▶ 火锅类

- すき焼き [su ki ya ki] 名 ········· 寿喜烧
- おでん [o de n] 名 ········· 关东煮
- ちゃんこ鍋 [cha n ko na be] 名 ········· 相扑锅
- しゃぶしゃぶ [sha bu sha bu] 名 ········· 涮涮锅
- 石狩鍋 [i shi ka ri na be] 名 ········· 石狩锅（以鲑鱼为主食材的味噌火锅）
- 水炊き [mi zu ta ki] 名 ········· 清炖鸡汤火锅

⑤ お吸い物 ▶ 汤品

- 味噌汁 [mi so shi ru] 名 ········· 味噌汤
- 豚汁 [to n ji ru] 名 ········· 日式猪肉味噌汤
- 土瓶蒸し [do bi n mu shi] 名 ········· 土瓶蒸
- あさりのお澄まし [a sa ri no o su ma shi] 名 ·· 蛤蜊清汤

⑥ 味 ▶ 味道

- 甘い [a ma i] い形 ········· 甜的
- 酸っぱい [su p pa i] い形 ········· 酸的
- 苦い [ni ga i] い形 ········· 苦的
- 辛い [ka ra i] い形 ········· 辣的
- 塩辛い [shi o ka ra i] い形 ········· 咸的

7 定食/丼物 ▶ 套餐/盖饭

焼肉定食 [ya ki ni ku te i sho ku] 名 -------- 烧肉套餐
とんかつ定食 [to n ka tsu te i sho ku] 名 --- 猪排套餐
焼き魚定食 [ya ki za ka na te i sho ku] 名 -- 烤鱼套餐
カツ丼 [ka tsu do n] 名 -------------------- 猪排盖饭
親子丼 [o ya ko do n] 名 ------------------- 亲子盖饭
牛丼 [gyu u do n] 名 ---------------------- 牛肉盖饭
海鮮丼 [ka i se n do n] 名 ----------------- 海鲜盖饭

8 その他の日本料理 ▶ 其他日本料理

茶碗蒸し [cha wa n mu shi] 名 --------- 鸡蛋羹	お好み焼き [o ko no mi ya ki] 名 ------ 大阪烧
天婦羅 [te n pu ra] 名 ------------------ 天妇罗	そば [so ba] 名 ----------------------- 荞麦面
揚げ出し豆腐 [a ge da shi do u fu] 名 -- 炸豆腐	うどん [u do n] 名 --------------------- 乌冬面
納豆 [na tto u] 名 ---------------------- 纳豆	おにぎり [o ni gi ri] 名 --------------- 饭团
ラーメン [ra a me n] 名 ----------------- 拉面	お茶漬け [o cha zu ke] 名 ------------- 茶泡饭

Daily Q&A

〔会话一〕
Q▶ 刺身の中で何が一番好き？
生鱼片中最喜欢什么？

A▶ まぐろが一番好き。
最喜欢金枪鱼。

〔会话二〕
Q▶ 親子丼を食べたことがありますか。
你吃过亲子盖饭吗？

A▶ いいえ、それは何ですか。
没有，那是什么？

〔会话三〕
Q▶ 納豆が食べられますか。
你敢吃纳豆吗？

A▶ いいえ、食べられません。
不，不敢吃。

地道谚语与惯用语 | 让句子更锦上添花

わさびが利(き)く　很辣很入味

このマグロの握(にぎ)り寿(ず)司(し)はわさびが利(き)いていておいしい。
这个金枪鱼手握寿司很辣很入味，很好吃。

腕(うで)を上(あ)げる　技艺进步；提升技艺

3年前(ねんまえ)から修業(しゅぎょう)している寿司職人(すししょくにん)さんは、今(いま)では腕(うで)を上(あ)げて今度(こんど)新(あたら)しい支店(してん)を任(まか)されるそうだ。
三年前开始学艺的寿司师傅，技艺进步了，如今好像要被委任掌管新分店。

食(た)べ放題(ほうだい)　吃到饱

当店(とうてん)は今日(きょう)は特別(とくべつ)に制限時間(せいげんじかん)一時間(いちじかん)、1,800円(えん)で回転寿司(かいてんずし)が食(た)べ放題(ほうだい)となっております。
本店今日特别限时一个小时，可以用一千八百日元回转寿司吃到饱。

ほっぺたが落(お)ちそう　好吃极了

すき焼(や)きを初(はじ)めて食(た)べたが、予想以上(よそういじょう)のおいしさにほっぺたが落(お)ちそうになった。
第一次吃寿喜烧，出乎预期的美味，好吃极了。

一流(いちりゅう)の料理人(りょうりにん)　一流的厨师

秋山徳蔵(あきやまとくぞう)は一流(いちりゅう)の料理人(りょうりにん)としての腕(うで)を認(みと)められ、、1915年(ねん)から1972年(ねん)まで宮内省(ないしょう)で主厨長(しゅちょう)を務(つと)めた。この人(ひと)を天皇(てんのう)の料理番(りょうりばん)と言(い)う。
秋山德藏以一流的厨师之名受到肯定，从1915年到1972年间在宫内省担任主厨。这个人被称为天皇的御厨。

出汁(だし)を取(と)る　煮高汤

味噌汁(みそしる)を作(つく)る時(とき)、鰹節(かつおぶし)や昆布(こんぶ)から出汁(だし)を取(と)って調理(ちょうり)する。
做味噌汤时，要先用柴鱼或昆布熬煮高汤。

恵方巻(えほうま)き　惠方卷（长寿司）

二月三日(にがつみっか)の節分(せつぶん)の日(ひ)は、その年(とし)のよい方角(ほうがく)を向(む)いて、恵方巻(えほうま)きをまるかぶりする習慣(しゅうかん)がある。
二月三日立春那天，在日本有一个习惯，就是要朝着那一年最好的方位，吃整条长寿司。

Unit 6 ファーストフード店 | 快餐店

日常対話 | 快速融入超拟真的日常对话

A あの行列を見て！いつも大勢の人が並んでチーズバーガーを買っているわ。きっとおいしいんでしょうね。

看那一排长长的队伍！总是有很多人在那里排队买芝士汉堡，一定很好吃。

B そうだね。でも要するに私たちも注文するのに待たなくちゃいけないってことね。

是啊，但也就是说，我们必须等候才能点餐。

A もう！待つ価値があるのよ。この店のチーズバーガーは人気があって、一度食べたら虜になるわよ。

拜托，这是值得等的。这家店的芝士汉堡真的很受欢迎，一旦吃过，你就会爱上。

B 魅力的ね。この前はバニラシェイクしか飲まなかったけど、本当においしかったわ。

嗯，听起来很吸引人。我之前只喝过他们的香草奶昔，真的很好喝。

补充单词及短语

- 価値があります【動】值得、有价值
  あのひどい映画は見る価値がない。
  那部糟糕的电影不值得看。

- 魅力的【な形】有吸引力的、引人注目的
  あの美しい女の人は本当に魅力的だ。
  那位美丽的女人真的很有吸引力。

✱ 超高频率使用的句子 | 一分钟学一句不怕不够用

- いくつのセットがありますか。どんなセットがありますか。
  你们有几种套餐？什么套餐？

- 私（わたし）の<mark>セット</mark>はどんな飲（の）み物（もの）が選（えら）べますか。
  我的套餐可以选什么饮料？

- 100円（えんいか）以下の飲（の）み物（もの）から一（ひと）つ選（えら）べます。
  你可以选一个一百日元以下的饮料。

- 飲（の）み物（もの）とポテトを<mark>サイズ変更（へんこう）</mark>したいんですが。
  我想要升级我的饮料和薯条。

- チーズバーガー*¹の中身（なかみ）は何（なん）ですか。
  芝士汉堡里有什么？

- 各（かく）セットは一品（ひとしな）だけサイズ変更（へんこう）できます。
  每一种套餐只能升级一样东西。

- コーラのLサイズ*²をください。
  请给我一杯大杯可乐。

- フライドチキンは腿肉（ももにく）だけを選（えら）べますか？
  炸鸡可以只选鸡腿吗？

★ 换个单词说说看 | 用单词积累句子的丰富度，让句子更漂亮！

チーズバーガー*¹ 可以替换：

ブリート	チキンラップ	シーザーサラダ
墨西哥卷饼	鸡肉卷	恺撒沙拉

_____の中身（なかみ）は何（なん）ですか？
_____里有什么？

コーラのLサイズ*² 可以替换：

ダイエットコーラ	アイスティーのSサイズ	オレンジジュースのMサイズ
低卡可乐	小杯冰茶	中杯橙汁

_____をください。
请给我一杯_____。

补充单词及短语

- セット 名 套餐
  ライスバーガーのセットをください。
  我想要米汉堡套餐。

- サイズ変更（へんこう）します 動 升级
  ドリンクをサイズ変更（へんこう）する場合（ばあい）は50円（えん）プラスになります。
  升级饮料时，要加五十日元。

日常单词 | 语言学校都会教的超实用日常单词

1 ファーストフード ▶ 速食

速い [ha ya i] い形	快速的
便利 [be n ri] な形	便利的、方便的
チェーンレストラン [che e n re su to ra n] 名	连锁餐厅
セット [se t to] 名	套餐
一食 [i s sho ku] 名	一餐

2 ハンバーガー ▶ 汉堡

チーズバーガー [chi i zu ba a ga a] 名	芝士汉堡
ライスバーガー [ra i su ba a ga a] 名	米汉堡
チキンバーガー [chi ki n ba a ga a] 名	香鸡堡
フィッシュバーガー [fi s shu ba a ga a] 名	香鱼堡
ベジタブルバーガー [be ji ta bu ru ba a ga a] 名	蔬菜堡

3 サイドメニュー ▶ 副餐

フライドチキン [fu ra i do chi ki n] 名	炸鸡
チキンナゲット [chi ki n na ge t to] 名	鸡块
フライドポテト [fu ra i do po te to] 名	薯条
オニオンリング [o ni o n ri n gu] 名	洋葱圈
ハッシュブラウン [ha s shu bu ra u n] 名	马铃薯饼
チーズスティック [chi i zu su thi k ku] 名	芝士条

④ デザート ▶ 点心

アイスクリーム [a i su ku ri i mu] 名	冰淇淋
アップルパイ [a p pu ru pa i] 名	苹果派
サラダ [sa ra da] 名	沙拉
コーンスープ [ko o n su u pu] 名	玉米浓汤
ヨーグルト [yo o gu ru to] 名	酸奶

⑤ 加工肉(かこうにく) ▶ 加工肉类食品

ベーコン [be e ko n] 名	培根
ハム [ha mu] 名	火腿
ソーセージ [so o se e ji] 名	香肠
ペパロニ [pe pa ro ni] 名	意式辣味香肠
サラミ [sa ra mi] 名	意式香肠

⑥ 飲(の)み物(もの) ▶ 饮料

コーラ [ko o ra] 名	可乐
アイスティー [a i su thi i] 名	冰红茶
コーヒー [ko o hi i] 名	咖啡
ミルクシェイク [mi ru ku she i ku] 名	奶昔
ココア [ko ko a] 名	可可
ジュース [ju u su] 名	果汁
ミルク [mi ru ku] 名	牛奶

7 要求 ▶ 需求

ストロー [su to ro o] 名 -------- 吸管
ナプキン [na pu ki n] 名 -------- 纸巾
おかわり [o ka wa ri] 名 -------- 续杯
熱い [a tsu i] い形 -------- 热的
冷たい [tsu me ta i] い形 -------- 冰的

8 ソース / 調味料 ▶ 调味酱 / 调味料

ケチャップ [ke cha p pu] 名 -------- 番茄酱
マスタード [ma su ta a do] 名 -------- 黄芥末
バーベキューソース [ba a be kyu u so o su] 名 -------- 烤肉酱
マヨネーズ [ma yo ne e zu] 名 -------- 蛋黄酱
スイートサワーソース [su i i to sa wa a so o su] 名 -------- 糖醋酱
チリソース [chi ri so o su] 名 -------- 辣酱
ピクルスソース [pi ku ru su so o su] 名 -------- 酸黄瓜酱
胡椒 [ko sho u] 名 -------- 胡椒
塩 [shi o] 名 -------- 盐
砂糖 [sa to u] 名 -------- 糖

Daily Q&A

[会话一]

Q▶ ご注文は？
你想要点什么？

A▶ チーズバーガーを一つお願いします。
我要一个芝士汉堡。

[会话二]

Q▶ こちらでお召し上がりですか。お持ち帰りですか。
你要堂食还是外带？

A▶ 持ち帰りでお願いします。
要外带。

[会话三]

Q▶ すみませんが、ストローとマヨネーズをもらえませんか。
不好意思，可以给我吸管和蛋黄酱吗？

A▶ はい、どうぞ。
没问题，在这里。

地道谚语与惯用语 | 让句子更锦上添花

腰が低い 谦恭有礼；对人非常客气

このファーストフード店の店長は腰が低いと評判だ。
这家快餐店的店长得到了谦恭有礼的好评。

頭に来る 气昏；恼火

店員の態度の悪さに気が長い私も頭に来た。
连个性温和的我都被店员恶劣的态度气昏了。

足が棒になる 两腿累得僵硬

アルバイトで八時間も立ち仕事をしているので、足が棒になりそうです。
打工时都连续八小时站着工作，两腿累得好像棍子一样硬。

身につける 吸收；养成

研修期間に接客マナーを身につけてお客様に良いサービスをしたいと思います。
想在研修期间学习待客礼仪，为顾客提供良好的服务。

油を売る 浑水摸鱼；偷懒

お客さんがいないからといって、油を売っていてはいけません。
不能因为没有客人就偷懒。

息が合う 合得来；彼此配合得很好

この店の店員はみんな息が合っていて、お互い助け合いながら働いている
这家店的店员们之间很默契，在工作时都互相帮忙。

早いばかりが能ではない 快不一定就是本事

早いばかりが能ではなくて、仕事の正確さも大切である。
快速完成工作不一定是本事，工作做得正确也很重要。

聞くは一時の恥、聞かぬは一生の恥 问乃一时之耻，不问乃一生之耻

聞くは一時の恥、聞かぬは一生の恥。分からない事があったら、すぐに先輩に質問するべきだよ。
问乃一时之耻，不问乃一生之耻。所以如果有不懂的事情，应该要马上问前辈才是。

Unit 7 海鮮料理店 | 海鮮餐厅

日常对话 | 快速融入超拟真的日常对话

A あの透明なショーケースには、いろいろなシーフードが並んでいるよ。新鮮でおいしそうだよ。

在那清澈透明的展示箱中，有各式各样的海鲜，看起来都很新鲜、可口。

B 本当ね。私は鮭の刺身と焼き鯖を食べたいわ。

真的！我想要吃一些鲑鱼生鱼片和烤青花鱼。

A シーフードの専門家みたいだなあ。私はいかの炒め物と蒸しえびを食べたいな。

听来像个海鲜专家一样。我想要一些炒墨鱼和清蒸虾。

B それもいいね。それから蒸し伊勢海老も注文しよう。この上ないおいしさだろうね。

那听起来也不错。我还想点一只清蒸龙虾，没有比那更美味的了。

补充单词及短语

- 専門家 [名] 专家
  彼女はお菓子作りの専門家です。
  她是点心专家。

- 蒸します [动] 蒸
  晩ごはんに蒸し餃子を食べたい。
  晚餐我想吃蒸饺。

超高频率使用的句子 | 一分钟学一句不怕不够用

- 鮪はおいしいですね。それにとても栄養があります。
  金枪鱼很好吃，而且很有营养。

- 私は海鮮アレルギーがあります。それに味も好きじゃありません。毎回海鮮を食べると下痢をします（お腹を壊します）。
  我对海鲜过敏，而且我也不喜欢那个味道。每次吃海鲜我都会拉肚子。

- 鮭★¹でスープを作りたい。
  我想用鲑鱼煮汤。

- 牡蠣は肌にいいですよ。牡蠣は「海のミルク」という別称があるんですよ。
  吃牡蛎对皮肤很好哦！牡蛎有一个别称叫作"海中牛奶"。

- 色から海鮮を選ぶといいですよ。もし色が透明だったら新鮮です。
  你可以从颜色上来挑海鲜。如果颜色看起来透明就是新鲜的。

- ウニ★²を食べたことがありますか。
  你吃过海胆吗？

- あさりのチャウダーを飲みたいです。クラッカーと一緒に食べるとおいしいんです。
  我想要喝一些蛤蜊浓汤，配着苏打饼干一起吃很好吃。

★ 换个单词说说看 | 用单词积累句子的丰富度，让句子更漂亮！

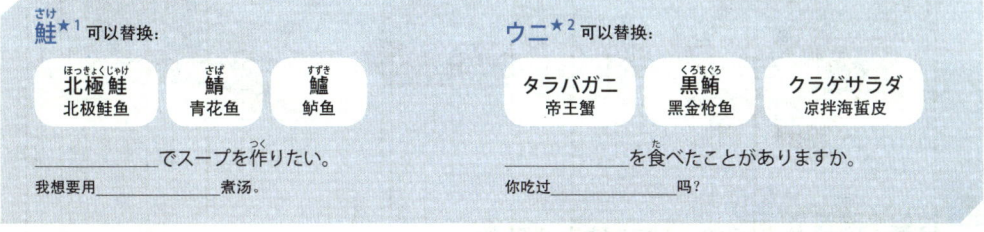

鮭★¹ 可以替换：
- 北極鮭 北极鲑鱼
- 鯖 青花鱼
- 鱸 鲈鱼

_____でスープを作りたい。
我想要用_____煮汤。

ウニ★² 可以替换：
- タラバガニ 帝王蟹
- 黒鮪 黑金枪鱼
- クラゲサラダ 凉拌海蜇皮

_____を食べたことがありますか。
你吃过_____吗？

补充单词及短语

- 栄養 [名] 营养、滋养
  魚には多くの栄養が含まれている。
  鱼有很多营养。

- 下痢をします / お腹を壊します [动] 腹泻
  彼は牛乳を飲んで、下痢をしました（お腹を壊しました）。
  他因为喝了牛奶而腹泻了。

✱ **日常单词** | 语言学校都会教的超实用日常单词

1 海洋生物（かいようせいぶつ）▶ 海洋生物

たこ [ta ko] 名 -------- 章鱼
いか [i ka] 名 -------- 乌贼、鱿鱼
ウニ [u ni] 名 -------- 海胆
クラゲ [ku ra ge] 名 -------- 水母
ナマコ [na ma ko] 名 -------- 海参

2 魚（さかな）▶ 鱼

アンチョビ [a n cho bi] 名 -------- 凤尾鱼
鮭（さけ）[sa ke] 名 -------- 鲑鱼
鱸（すずき）[su zu ki] 名 -------- 鲈鱼
鱈（たら）[ta ra] 名 -------- 鳕鱼
鮪（まぐろ）[ma gu ro] 名 -------- 金枪鱼

3 貝類（かいるい）/ 甲殻類（こうかくるい）▶ 贝类、有壳的水生动物

牡蠣（かき）[ka ki] 名 -------- 牡蛎
蟹（かに）[ka ni] 名 -------- 螃蟹
えび [e bi] 名 -------- 虾
伊勢海老（いせえび）[i se e bi] 名 -------- 龙虾
あさり [a sa ri] 名 -------- 蛤蜊
ホタテ貝（がい）[ho ta te ga i] 名 -------- 扇贝

♫ 044

④ 外見(がいけん) ▶ 外观、外显

活き活きします [i ki i ki shi ma su] 動	鲜活
死にます [shi ni ma su] 動	死
透明(とうめい) [to u me i] な形	透明的
新鮮(しんせん) [shi n se n] な形	新鲜的

⑤ マイナス面(めん) ▶ 负面的

影響(えいきょう) [e i kyo u] 名	作用、影响
有毒(ゆうどく) [yu u do ku] な形	有毒的
下痢(げり) [ge ri] 名	腹泻
臭い(くさい) [ku sa i] い形	臭的
気持ち悪い(きもちわるい) [ki mo chi wa ru i] い形	令人作呕的
脱水(だっすい) [da s su i] 名	脱水
古い(ふるい) [fu ru i] い形	不新鲜的
腐ります(くさります) [ku sa ri ma su] 動	发臭、腐败
賞味期限が切れます(しょうみきげんがきれます) [sho u mi ki ge n ga ki re ma su] 動	过期

6 料理 ▶ 烹饪

さばきます [sa ba ki ma su] 动 ········ 处理、杀鱼
炒めます [i ta me ma su] 动 ············ 煎（或炒）
焼きます [ya ki ma su] 动 ············· 烤、炙、烘
刺身 [sa shi mi] 名 ····················· 生鱼片

7 魚の体 ▶ 鱼的身体部位

魚の尾 [sa ka na no o] 名 ············ 鱼尾
魚の目 [sa ka na no me] 名 ·········· 鱼眼
魚の口 [sa ka na no ku chi] 名 ······ 鱼嘴
鰓 [e ra] 名 ··························· 鳃
鰭 [hi re] 名 ·························· 鱼鳍

Daily Q&A

〔会话一〕
Q▶ 蟹はどんな調理方法がいいですか。
螃蟹怎么烹调比较好？
A▶ 蒸すのがいいです。
蒸的很好吃。

〔会话二〕
Q▶ 海鮮が好きですか。
你喜欢海鲜吗？
A▶ まあまあです。
还好。

〔会话三〕
Q▶ この魚の味はどうでしたか。
这条鱼尝起来如何？
A▶ おいしかったです。
非常美味！

地道谚语与惯用语 | 让句子更锦上添花

口に合う 〉食物合胃口
この店のさっぱりした料理の味が日本人の口に合う。
这家店料理的口味很清淡，很合日本人的胃口。

舌鼓を打つ 〉大快朵颐、吃得心满意足
海辺の民宿でその日に獲れた海鮮の料理に舌鼓を打つのは最高だ。
住在海边的民宿大快朵颐当天现捞的海鲜料理，真的是最棒的事情！

喉が鳴る 〉令人垂涎三尺
刺身の写真を見ているだけで、喉が鳴りそうです。
光是看生鱼片的照片，就令人垂涎三尺。

顔が広い 〉交际广
この店の店主は顔が広くて毎日常連客で賑わっています。
这家店的主人交友很广泛，店里每天都高朋满座。

瓜二つ 〉一模一样
あの海鮮料理店は親子で経営しているが、顔が瓜二つで初めはびっくりした。
那家海鲜店是一对父子在经营的，父子俩有着一模一样的脸，第一次看到时吓了一跳。

蛙の子は蛙 〉有其父必有其子
蛙の子は蛙、料理の腕前もお父さんと同じく一流だ。
真是有其父必有其子，做菜的手艺跟父亲一样都是一流的。

善は急げ 〉好事不宜迟
新しい支店をオープンする場所を善は急げと探している。
好事不宜迟，我正在积极寻找开新分店的地点。

頭に入る 〉记得住
魚の名前は種類も多くて複雑なので何度覚えても頭に入らない。
鱼类的名称种类又多又复杂，记多少次也记不住。

Unit 8 アメリカンレストラン | 美式餐厅

日常对话 | 快速融入超拟真的日常对话

A いらっしゃいませ。ご予約は？
欢迎光临。请问有预订位置吗？

B はい、山田で二名です。
有，用山田的名字订了两个位置。

A こちらがメニューでございます。ご注文はお決まりですか。
这是菜单。两位想要点什么？

B セットを二つお願いします。
我们想要两份套餐。

A かしこまりました。すぐお持ちいたします。
好的。马上帮你们送来。

补充单词及短语

- 予約 名 预定
  もうあのレストランを一テーブル予約した。
  我已经在那家餐厅订了一桌。

- メニュー 名 菜单
  メニューを持って来てもらえませんか。
  你能帮我们送一下菜单吗？

超高频率使用的句子 | 一分钟学一句不怕不够用

- メインディッシュにはスープとサラダ★1がついていますか。
  主餐附带汤和沙拉吗?

- 胡椒（こしょう）と塩（しお）★2をください。
  请给我胡椒和盐。

- 前菜（ぜんさい）★3は何（なに）にしますか。
  开胃菜要吃什么?

- サラダを二（ふた）つお願（ねが）いします。
  我要两份沙拉。

- ローストチキンを一（ひと）つとステーキを一（ひと）つお願（ねが）いします。
  我要一份烤鸡腿和一份牛排。

- ステーキはミディアムレアでお願（ねが）いします。
  我的牛排要五分熟。

- 飲（の）み物（もの）は何（なに）になさいますか。
  请问要点什么饮料吗?

- 飲（の）み物（もの）はコーヒー★4にします。
  我们的饮品要咖啡。

★ 换个单词说说看 | 用单词积累句子的丰富度，让句子更漂亮!

スープとサラダ★1 可以替换：

前菜（ぜんさい）	デザートと飲（の）み物（もの）	食前酒（しょくぜんしゅ）
开胃菜	甜点和饮料	餐前酒

メインディッシュは_____がついていますか。
主附带_____吗?

胡椒（こしょう）と塩（しお）★2 可以替换：

ナプキン	チリソース	水（みず）
餐巾纸	辣酱	水

_____をください。
请给我_____。

前菜（ぜんさい）★3 可以替换：

サラダ	メインディッシュ	スープ
沙拉	主餐	汤

_____は何（なに）にしますか。
你的_____想吃什么?

コーヒー★4 可以替换：

レモネード	ミネラルウォーター	アイスティー
柠檬汁	矿泉水	冰红茶

飲（の）み物（もの）は_____にします。
我们的饮料要_____。

日常单词 | 语言学校都会教的超实用日常单词

1. 雰囲気（ふんいき）▶ 气氛

楽しい [ta no shi i] い形 ------- 兴高采烈的
騒がしい [sa wa ga shi i] い形 ------- 嘈杂的
静か [si zu ka] な形 ------- 安静的
優雅 [yu u ga] な形 ------- 典雅的、优雅的
リラックス [ri ra k ku su] 名 ------- 轻松的
快適 [ka i te ki] な形 ------- 舒适的

2. テーブルマナー ▶ 餐桌礼仪

礼儀正しい [re i gi ta da shi i] い形 ------- 有礼貌的
啜ります [su su ri ma su] 動 ------- 出声地吃（或喝）
渡します [wa ta shi ma su] 動 ------- 传递
オーダー [o o da a] 名 ------- 点（餐）

3. カトラリー ▶ 餐具

銀食器 [gi n sho k ki] 名 ------- 银器
フォーク [fo o ku] 名 ------- 叉子
スプーン [su pu u n] 名 ------- 汤匙
ステーキナイフ [su te e ki na i fu] 名 ------- 牛排刀
バターナイフ [ba ta a na i fu] 名 ------- 黄油刀
ペストリーフォーク [pe su to ri i fo o ku] 名 ------- 甜点叉

♪ 050

④ サイドメニュー ▶ 副餐

前菜 [ze n sa i] 名	开胃菜
食前酒 [sho ku ze n shu] 名	开胃酒
サラダ [sa ra da] 名	沙拉
スープ [su u pu] 名	汤
ライス [ra i su] 名	米饭

⑤ メインディッシュ ▶ 主菜

ステーキ [su te e ki] 名	牛排
豚肉 [bu ta ni ku] 名	猪肉
鶏肉 [to ri ni ku] 名	鸡肉
牛肉 [gyu u ni ku] 名	牛肉
ラムチョップ [ra mu cho p pu] 名	羊小排
バーベキュー [ba a be kyu u] 名	烤肉

⑥ パスタ ▶ 意大利面

ラザニア [ra za ni a] 名	千层面
スパゲッティ [su pa ge t thi] 名	意大利面条
リガトーニ [ri ga to o ni] 名	通心粉
カッペリーニ [ka p pe ri i ni] 名	天使面
ラビオリ [ra bi o ri] 名	意大利饺子

7 果物 ▶ 水果

ドラゴンフルーツ [do ra go n fu ru u tsu] 名 ········ 火龙果
メロン [me ro n] 名 ································· 哈密瓜
レンブ [re n bu] 名 ································· 莲雾
スターフルーツ [su ta a fu ru u tsu] 名 ············ 杨桃
キウイ [ki u i] 名 ································· 奇异果

8 デザート ▶ 甜点

エクレア [e ku re a] 名 ····························· 闪电泡芙
スフレ [su fu re] 名 ······························· 舒芙蕾
パンナコッタ [pa n na ko t ta] 名 ·················· 鲜奶冻
チョコレートフォンデュ [cho ko re e to fo n dhu] 名 ··· 巧克力锅
クレームブリュレ [ku re e mu bu ryu re] 名 ········· 烤布蕾

Daily Q&A

〔会话一〕
Q▶ 何を食べたいですか。
你想吃什么？
A▶ ステーキを食べたいです。
我想吃牛排。

〔会话二〕
Q▶ どんなパスタが好きですか。
你最喜欢哪种意大利面？
A▶ ラビオリが好きです。
我最喜欢意大利饺子。

〔会话三〕
Q▶ デザートは何がいいですか。
甜点要点什么好呢？
A▶ パンナコッタがいいです。
点鲜奶冻好了。

地道谚语与惯用语 | 让句子更锦上添花

口にする 吃；喝；说；提到

こんな珍しいデザートは口にしたことがない。
我没吃过这么特别的甜点。

舌が肥える 讲究吃

いつも高級料理店のコースを食べている人は舌が肥えているだろう。
总是到高级餐厅用餐的人应该都对吃很讲究吧！

目を丸くする 瞪大眼睛；感到吃惊；不可置信；目瞪口呆

会計の時、予想以上の金額に驚いて、目を丸くしてしまった。
结账时看到费用比预期中的还要高，吓得我目瞪口呆。

一から十まで 自始至终、全部

テーブルマナーを一から十まで習ったが、なかなか覚えられないものだ。
餐桌礼仪全部都学了，但是很难记得住！

一朝一夕 一朝一夕

ステーキのレストランをオープンしたが、一朝一夕で有名な人気店になるのは不可能だ。
牛排馆刚开张，要在一朝一夕成为众所皆知的人气餐厅是不可能的。

頭を絞る 绞尽脑汁

毎日頭を絞っているが、メインディッシュの新メニューのアイディアが思い浮かばない。
每天绞尽脑汁，但还是想不出主菜的新菜单。

棒に振る 白费；断送

彼は高齢の両親のために、料理の海外留学を棒に振って地元でパスタ料理のレストランをしている。
他因为年老的双亲放弃了出国学习做菜的机会，选择在家乡开家意大利面餐厅。

Unit 9 ちゅうかりょうりてん 中華料理店 | 中国餐厅

 | 快速融入超拟真的日常对话

A お昼ごはんは、肉そぼろ丼を食べましょうか。
今天的午餐就吃卤肉饭吧！

B 私は牡蠣入り素麺のほうが興味があるわ。
我对蚵仔面比较有兴趣。

A じゃ、私は肉そぼろ丼。飲み物はライスミルクにするね。
那么，我要点卤肉饭，至于喝的，我要点米浆。

B いいね。私の飲み物は豆乳にするわ。
好，我要豆浆。

A じゃあ、注文しよう。
那我们点餐吧！

补充单词及短语

- のほうが 文法 比较
  牛乳より豆乳のほうが好きです。
  和牛奶相比，我比较喜欢豆浆。

- ～に興味があります 団 对……有兴趣
  私はこの映画にとても興味があります。
  我对这部电影非常感兴趣。

超高频率使用的句子 | 一分钟学一句不怕不够用

- 箸でご飯を食べてもいいですか。
  可以用筷子吃饭吗?

- 何かお薦めの料理がありますか。
  你可以推荐我一些好吃的菜肴吗?

- メニューに北京ダック*1がありますか。
  你们的菜单上有北京烤鸭吗?

- レストランのメニューの中で人気がある料理はどれですか。
  你们餐厅里受欢迎的菜肴有什么?

- 相席をしてもいいですか。
  我可以和别人共用桌子吗?

- 円卓を囲んでいると、しゃべりやすいです。
  围着圆桌坐的话,比较好聊天。

- お腹がグーグー鳴っている。ツォンユーピン*2を食べたいな。
  我的肚子饿得咕噜咕噜叫。我想吃葱油饼。

- レストラン内は人が多い。ほかの店に行こう。でないと一生席が回って来ないわ。
  餐厅里面真的好多人,我们换家餐厅吧!要不然我们要花上一辈子等座位。

★ 换个单词说说看 | 用单词积累句子的丰富度,让句子更漂亮!

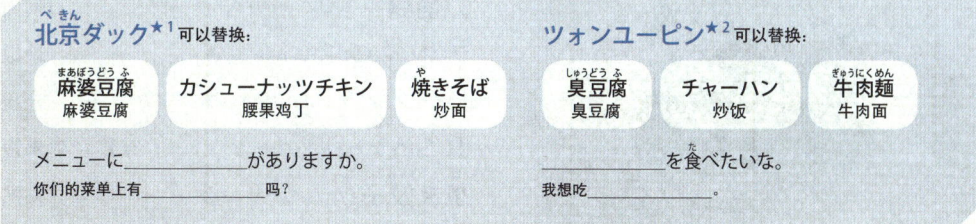

北京ダック*1 可以替换:
- 麻婆豆腐 麻婆豆腐
- カシューナッツチキン 腰果鸡丁
- 焼きそば 炒面

ツォンユーピン*2 可以替换:
- 臭豆腐 臭豆腐
- チャーハン 炒饭
- 牛肉麺 牛肉面

メニューに＿＿＿＿＿＿がありますか。
你们的菜单上有＿＿＿＿＿＿吗?

＿＿＿＿＿＿を食べたいな。
我想吃＿＿＿＿＿＿。

补充单词及短语

- お薦め 名 推荐
  日本でお薦めの観光地はどこですか。
  日本这个国家你推荐哪些旅游景点呢?

- でないと 文法 否则
  早く寝よう。でないと明日疲れるよ。
  你要早点上床睡觉,否则你明天会很累。

日常单词 | 语言学校都会教的超实用日常单词

① テーブル ▶ 餐桌

丸い [ma ru i] い形 ——————— 圆的
正方形 [se i ho u ke i] 名 ——————— 正方形
長方形 [cho u ho u ke i] 名 ——————— 长方形
回転します [ka i te n shi ma su] 動 ——— 旋转
一緒に [i s sho ni] 副 ——————— 一起、共同
メニュー [me nyu u] 名 ——————— 菜单

② お茶 ▶ 茶

ウーロン茶 [u u ro n cha] 名 ————— 乌龙茶
桂花茶 [ke i ka cha] 名 ——————— 桂花茶
プーアル茶 [pu u a ru cha] 名 ———— 普洱茶
ジャスミンティー [ja su mi n thi i] 名 — 茉莉花茶
龍井茶 [ro n ji n cha] 名 ——————— 龙井茶
鉄観音 [te tsu ka n no n] 名 ————— 铁观音

③ 主食 ▶ 主食

ご飯 [go ha n] 名 ——————— 米饭
麺 [me n] 名 ——————— 面
刀削麺 [to u sho u me n] 名 ————— 刀削面
チャーハン [cha a ha n] 名 ————— 炒饭
ビーフン [bi i fu n] 名 ——————— 米粉
おこわ [o ko wa] 名 ——————— 米糕、糯米饭
焼き餃子 [ya ki gyo u za] 名 ————— 锅贴
粽 [chi ma ki] 名 ——————— 粽子

♪ 056

4 飲茶(ヤムチャ) ▶ 港式飲茶

水餃子(すいぎょうざ) [su i gyo u za] 名	水饺
シュウマイ [shu u ma i] 名	烧卖
春巻き(はるまき) [ha ru ma ki] 名	春卷
チャーシューパイ [cha a shu u pa i] 名	叉烧酥
ごま団子(だんご) [go ma da n go] 名	芝麻球

5 デザート ▶ 甜点

タピオカミルクティー [ta pi o ka mi ru ku thi i] 名	珍珠奶茶
豆花(トウファ) [to u fa a] 名	豆花
ぜんざい [ze n za i] 名	红豆汤
緑豆(りょくとう)ぜんざい [ryo ku to u ze n za i] 名	绿豆汤
サゴ [sa go] 名	西米露

6 鍋料理(なべりょうり) ▶ 火锅

スープの出汁(だし) [su u pu no da shi] 名	汤头
春雨(はるさめ) [ha ru sa me] 名	粉丝
豆腐(とうふ) [to u fu] 名	豆腐
肉団子(にくだんご) [ni ku da n go] 名	贡丸
麻辣火鍋(マーラーフオグオ) [ma a ra a fuo guo] 名	麻辣火锅

7 屋台料理 ▶ 小吃

カキ入りオムレツ [ka ki i ri o mu re tsu] 名 ------ 蚵仔煎
ツオンユーピン [tso n yu u pi n] 名 ------------- 葱油饼
カキ入り素麺 [ka ki i ri so u me n] 名 ---------- 蚵仔面线
豚の血の餅 [bu ta no chi no mo chi] 名 ---------- 猪血糕
臭豆腐 [shu u do u fu] 名 ---------------------- 臭豆腐

8 朝食 ▶ 早餐

ダンピン [da n pi n] 名 ---------------------- 蛋饼
小籠包 [sho u ro n po u] 名 ------------------- 小笼包
饅頭 [ta i wa n shi ki ma n ju u] 名 ----------- 馒头
蒸し餃子 [mu shi gyo u za] 名 ----------------- 蒸饺
おにぎり [ta i wa n shi ki o ni gi ri] 名 -------- 饭团

お粥 [o ka yu] 名 ---------------------------- 粥
ヨウティアオ [yo u thi a o] 名 ----------------- 油条
シャオピン [sha o pi n] 名 --------------------- 烧饼
豆乳 [to u nyu u] 名 -------------------------- 豆浆
ライスミルク [ra i su mi ru ku] 名 -------------- 米浆

Daily Q&A

〔会话一〕
Q ▶ ウーロン茶をお願いします。
我要点一壶乌龙茶。
A ▶ かしこまりました。
好的，没有问题。

〔会话二〕
Q ▶ 小籠包はいかがですか。
你要吃小笼包吗？
A ▶ はい、一つください。
好的，请给我一份。

〔会话三〕
Q ▶ 朝食は何にしますか。
早餐要吃什么呢？
A ▶ 卵入りのツオンユーピンと豆乳にします。
我要葱油饼加蛋和一杯豆浆。

地道谚语与惯用语 | 让句子更锦上添花

腕を磨く　増强本领；锻炼技艺
彼は有名な水餃子の店で修業して腕を磨き、去年独立して店を出した。
他在有名的饺子馆学习、磨炼技艺后，去年自己独立出来开店了。

一念発起　决心做一件事
父は一念発起して会社を辞め、朝食の店を経営することにした。
爸爸下定决心辞掉公司的工作，经营早餐店。

目移りする　犹豫不决
ナイトマーケットでは牡蠣入りオムレツや臭豆腐や豚の血の餅などおいしい食べ物がたくさんあって、目移りしてしまう。
夜市里有蚵仔煎、臭豆腐、猪血糕等好吃的食物，要吃什么真让人犹豫不决。

口から火が出る　辣到喷火的程度
麻辣火鍋は口から火が出るほど辛いので、気をつけてください。
麻辣火锅可是会辣到喷火的，请小心。

待ちに待った　等了又等
待ちに待った今年のウーロン茶が販売される季節になりました。
等了又等，终于到了今年乌龙茶上市的季节。

脚光を浴びる　登上舞台；受到瞩目
韓国へ観光に来る日本人が年々増え、韓国料理も脚光を浴びている。
来韩国旅游的日本人逐年增加，韩国料理也因而受到瞩目。

キャンセル待ち　候补
有名な小籠包のお店は予約が取れないほどの人気で、キャンセル待ち状態だ。
有名的小笼包店很难订到位，一般都要等位。

Unit 10 コーヒーショップ | 咖啡厅

🌸 **日常対話** | 快速融入超拟真的日常对话

A 私は席を探してくるから、アイスカフェラテと蜂蜜ワッフルを注文しておいてくれる？

我去找我们的座位。你可以帮我点一杯冰拿铁和蜂蜜松饼吗？

B 了解！私はカプチーノとパンケーキを注文するわ。

好的，那我点一杯卡布奇诺和美式松饼。

A 早かったね。雑誌か新聞を読む？

食物送来得真快。你想看杂志或报纸吗？

B もちろん。最新ニュースを知っておきたいし。さあコーヒーと読書の時間を楽しみましょう。

当然。我想要了解一些最新的消息。让我们好好享受我们的咖啡和阅读时光吧！

补充单词及短语

- 蜂蜜 名 蜂蜜
  蜂蜜入りの熱いお茶を飲みたい。
  我想要喝些热茶加蜂蜜。

- 楽しみます 动 享受
  学生達は青春時代を楽しんでいるようだ。
  学生们好像都很享受他们的青春时光。

❋ 超高频率使用的句子 | 一分钟学一句不怕不够用

- このコーヒーショップはセルフサービスですか。または店員さんが接客してくれるんですか。
  这家咖啡店是自助式的吗？还是店员会服务客人的呢？

- コーヒーに砂糖★1を入れますか。
  您的咖啡要加糖吗？

- ビーフベーグルセットとツナベーグルセットがあります。全てのセットにゆで卵とコーヒー★2がついています。
  我们有牛肉百吉饼套餐、金枪鱼百吉饼套餐。所有的套餐都附有一颗水煮蛋和一杯咖啡。

- 薄目のコーヒーより濃い目のコーヒーのほうが好きです。
  我喜欢浓咖啡胜于淡咖啡。

- ケーキはコーヒーと一緒に食べたほうがもっとおいしい。
  蛋糕配咖啡会更好吃。

- 店内で飲むのが好きですか。またはオープンカフェが好きですか。
  你喜欢坐在咖啡店里面还是外面？

- コーヒーの香りには永遠に勝てない。
  我永远无法抗拒咖啡的香味。

★ 换个单词说说看 | 用单词积累句子的丰富度，让句子更漂亮！

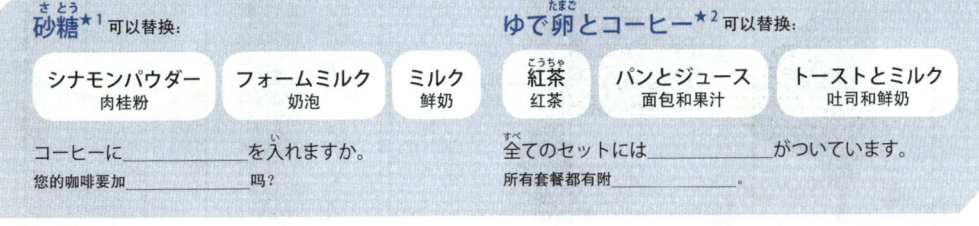

砂糖★1 可以替换：
- シナモンパウダー 肉桂粉
- フォームミルク 奶泡
- ミルク 鲜奶

ゆで卵とコーヒー★2 可以替换：
- 紅茶 红茶
- パンとジュース 面包和果汁
- トーストとミルク 吐司和鲜奶

コーヒーに_____を入れますか。
您的咖啡要加_____吗？

全てのセットには_____がついています。
所有套餐都有附_____。

补充单词及短语

- セルフサービス 图 自助式
  このレストランはセルフサービス形式です。
  这家餐厅是自助式的。

- （打ち）勝ちます 动 抗拒、拒绝
  私はチョコレートの誘惑に打ち勝てない。
  我无法抗拒巧克力的诱惑。

 **日常单词** | 语言学校都会教的超实用日常单词

1 コーヒー ▶ 咖啡

カフェラテ [ka fe ra te] 名 ———————— 拿铁
カプチーノ [ka pu chi i no] 名 ——————— 卡布奇诺
モカ [mo ka] 名 ——————————————— 摩卡咖啡
エスプレッソ [e su pu re s so] 名 ——— 浓缩咖啡
アイスコーヒー [a i su ko o hi i] 名 ———— 冰咖啡

2 コーヒーミル ▶ 咖啡豆研磨机

エスプレッソマシン [e su pu re s so ma shi n] 名
———————————————————————— 意式咖啡机
入(い)れます [i re ma su] 动 ———————— 煮（咖啡）
挽(ひ)きます [hi ki ma su] 动 ————— 磨（碎）、磨（成）
ダッチコーヒーマシン [da c chi ko o hi i ma shi n] 名
———————————————————————— 冰滴咖啡机
コーヒープレス [ko o hi i pu re su] 名 ——— 咖啡滤压壶

3 味(あじ)わい ▶ 品尝

香(かお)り [ka o ri] 名 ———————— 香味　　濃(のう)度(ど) [no u do] 名 ———————— 浓度
酸(さん)味(み) [sa n mi] 名 ———————— 酸味　　苦(にが)味(み) [ni ga mi] 名 ———————— 苦味

4 コーヒー豆 ▶ 咖啡豆

ローストスペクトル [ro o su to su pe ku to ru] 名 ……………… 烘焙色谱
浅煎り [a sa i ri] 名 …………………………………………………… 轻度浅焙
中煎り [chu u i ri] 名 ………………………………………………… 中度烘焙
深煎り [fu ka i ri] 名 ………………………………………………… 深度烘焙

5 好み ▶ 偏爱

カフェイン [ka fe i n] 名 …………………………………… 咖啡因
ノンカフェイン [no n ka fe i n] 名 ……………… 无咖啡因
低脂肪乳 [te i shi bo u nyu u] 名 ………………… 低脂牛奶
ホイップクリーム [ho i p pu ku ri i mu] 名 … 鲜奶油
フォームミルク [fo o mu mi ru ku] 名 …………… 奶泡
ミント [mi n to] 名 ………………………………………… 薄荷

6 味 ▶ 味道

シロップ [shi ro p pu] 名 ……………… 糖浆
キャラメル [kya ra me ru] 名 ………… 焦糖
シナモン [shi na mo n] 名 ……………… 肉桂
バニラ [ba ni ra] 名 ……………………… 香草
ココア [ko ko a] 名 ……………………… 可可

♪ 063

7 軽食 ▶ 轻食

サンドイッチ [sa n do i c chi] 名 -------- 三明治
ベーグル [be e gu ru] 名 ---------------- 百吉饼
クロワッサンサンド [ku ro wa s sa n sa n do] 名
-------------------------------------- 可颂三明治
サブサンド [sa bu sa n do] 名 ---------- 潜艇堡
ハンバーガー [ha n ba a ga a] 名 ------ 汉堡
ピザ [pi za] 名 ------------------------ 披萨

8 ケーキセット ▶ 蛋糕套餐

ティラミス [thi ra mi su] 名 ---------- 提拉米苏
ドーナツ [do o na tsu] 名 -------------- 甜甜圈
マフィン [ma fi n] 名 ------------------ 玛芬
マドレーヌ [ma do re e nu] 名 -------- 玛德琳蛋糕
シナモンロール [shi na mo n ro o ru] 名 -- 肉桂卷

ワッフル [wa f fu ru] 名 --------------- 松饼
シュークリーム [shu u ku ri i mu] 名 --- 泡芙
ムース [mu u su] 名 ---- 慕斯（乳脂状甜点）
プリン [pu ri n] 名 -------------------- 布丁
パンケーキ [pa n ke e ki] 名 ---------- 煎饼

Daily Q&A

〔会话一〕
Q▶ どんなコーヒーにしますか。
您要喝哪一种咖啡？
A▶ エスプレッソをください。
请给我一杯浓缩咖啡。

〔会话二〕
Q▶ おかわりはいかがですか。
要续杯吗？
A▶ はい、お願いします。
好的，麻烦了。

〔会话三〕
Q▶ コーヒーに砂糖を入れますか。
您的咖啡要加糖吗？
A▶ いいえ、結構です。ブラックコーヒーが好きですから。
不，谢谢，我喜欢黑咖啡，不加糖。

地道谚语与惯用语 | 让句子更锦上添花

筋金入り（すじがねいり） 大家公认的；众所周知

彼は筋金入りのカプチーノ好きで、毎日カプチーノを三杯以上飲むそうだ。
他喜欢卡布奇诺是众所周知的，听说每天都会喝三杯以上的卡布奇诺。

玉に疵（たまにきず） 美中不足

このコーヒーショップは建物が古いのが玉に疵だが、静かだし、おいしいし、お気に入りだ。
这家咖啡店安静，咖啡又好喝，让人很喜欢，唯一美中不足的就是建筑物老旧了点。

波に乗る（なみにのる） 跟上流行

あの店は「似顔絵ラテ」を始めて、最近流行の波に乗っている。
那家店推出了画像拿铁，正好跟上最近的流行趋势。

水入らず（みずいらず） 只有自家人

週末は夫婦水入らずで、コーヒーを飲みながら本を読むのが習慣になっている。
已经习惯周末只有夫妇俩，一边喝咖啡一边看书。

一息入れる（ひといきいれる） 喘一口气；稍做休息

三時ですね。おいしいワッフルをもらったから、ちょっと一息入れましょう。
三点了！正好有好吃的松饼，我们稍微休息一下吧！

鼻が効く（はながきく） 嗅觉灵敏

彼女は鼻が効くので、コーヒー豆を香りで嗅ぎ分けることができる。
她的嗅觉很灵敏，所以能够靠香味来分辨咖啡豆的种类。

猫舌（ねこじた） 怕被热的食物烫到

猫舌なので、時間がない時はアイスコーヒーを飲むようにしています。
因为怕烫，所以时间不够的时候，我都喝冰咖啡。

心が弾む（こころがはずむ） 心情愉快

ケーキセットを注文して、たくさんの中からケーキを選ぶ時は心が弾む。
点蛋糕套餐，然后从众多蛋糕中选择自己喜欢的，是件令人心情愉快的事。

Unit 11 コンビニ | 便利店

日常对话 | 快速融入超拟真的日常对话

A お腹が空いたなあ。でも私の家には食べ物がないし、コンビニで何か探そう。

我好饿，但是家里没有食物，我们到便利商店找一些东西吃吧。

B 私も文房具を買いたいの。紙とボールペンがもう なくなった から。

我也想买一些文具。我的纸和圆珠笔都用完了。

A 私は出来合いコーナーへ行くね。ホットドッグとおでんを買いたいから。それからコーラも。

我要去熟食区。我想买一份热狗和一些关东煮。还要买一瓶可乐。

B 了解！コーラは私が取ってくる。ちょうど 文房具は飲み物コーナーの隣だから。

好！我帮你拿可乐。刚好文具区就在饮品区旁边。

补充单词及短语

- なくなります 动 用完、耗尽
  トイレットペーパーがなくなりました。
  我们的卫生纸用完了。

- ちょうど 副 刚好
  ちょうど今からコーヒーを入れるところです。一緒にどうぞ。
  我刚好要冲咖啡，一起来吧。

超高频率使用的句子 | 一分钟学一句不怕不够用

- 今どんな物がセール中ですか。
  有哪些东西正在特价呢？

- このコンビニには新聞、のり、修正液、クリップ、はさみなどがあります。
  这家便利店有报纸、胶水、修正液、曲别针，还有剪刀等。

- インターネットで買い物して、コンビニでこれらの品物を受け取りたい。
  我想在网上买一些东西，然后在便利店取货。

- お名前と商品番号を教えてください。
  请你把名字和商品编号给我。

- 私は普段よくコンビニで食料品を買います。
  我通常会在便利店买食品杂货。

- 一部の飲み物は、二つ買うと二つ目が半額になります。
  部分饮料买两件，第二件半价。

- たばこ★1を一箱ください。
  请给我一包香烟。

- 電話代★2を払いたい。
  我想缴电话费。

★ 换个单词说说看 | 用单词积累句子的丰富度，让句子更漂亮！

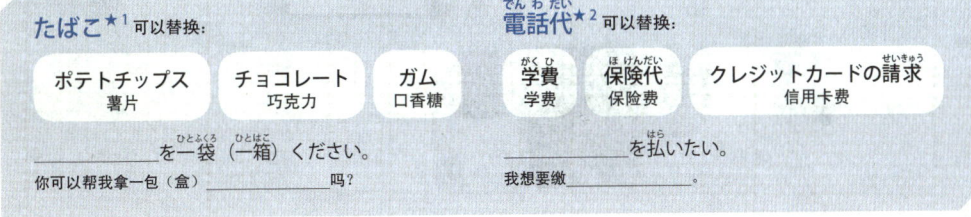

补充单词及短语

- 受け取ります 动 领取、收到
  今朝書留を受け取りました。
  今天早上收到了挂号信。

- 半額 名 半价
  明日まで、この棚の商品は全て半額です。
  到明天为止，这架上的商品都是半价。

日常单词 | 语言学校都会教的超实用日常单词

1 日用品 ▶ 日常必需品

ティッシュペーパー [thi s shu pe e pa a] 名 —— 抽取式卫生纸
石鹸 [se k ke n] 名 —— 肥皂
ハンドクリーム [ha n do ku ri i mu] 名 —— 护手霜
洗顔フォーム [se n ga n fo o mu] 名 —— 洗面乳
ボディーソープ [bo dhi i so o pu] 名 —— 沐浴乳
シャンプー [sha n pu u] 名 —— 洗发露

2 食料品 ▶ 食品杂货

缶詰 [ka n zu me] 名 —— 罐头食品
ポテトチップス [po te to chi p pu su] 名 —— 薯片
酢 [su] 名 —— 醋
醤油 [sho u yu] 名 —— 酱油
インスタントラーメン [i n su ta n to ra a me n] 名 —— 方便面
賞味期限 [sho u mi ki ge n] 名 —— 保存期限

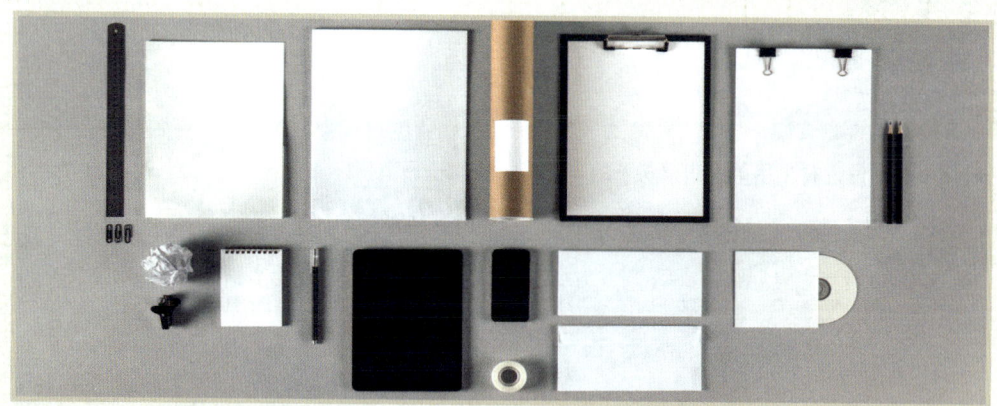

3 文房具 ▶ 文具

カッターナイフ [ka t ta a na i fu] 名 —— 刀片
サインペン [sa i n pe n] 名 —— 签字笔
はさみ [ha sa mi] 名 —— 剪刀
のり [no ri] 名 —— 胶水
封筒 [fu u to u] 名 —— 信封
修正液 [shu u se i e ki] 名 —— 修正液

❹ 出来合い食品 ▶ 熟食

おでん [o de n] 名	----	关东煮
ホットドッグ [ho t to do g gu] 名	----	热狗
お弁当 [o be n to u] 名	----	便当
おにぎり [o ni gi ri] 名	----	饭团
肉まん [ni ku ma n] 名	----	肉包子
寿司 [su shi] 名	----	寿司
からあげ [ka ra a ge] 名	----	炸鸡

❺ カウンター ▶ 柜台、柜台式长桌

レジ係 [re ji ga ka ri] 名	----	收银员
電話代 [de n wa da i] 名	----	电话费
ガス代 [ga su da i] 名	----	燃气费
電気代 [de n ki da i] 名	----	电费
水道代 [su i do u da i] 名	----	水费

❻ 嗜好品 ▶ 喜好品

たばこ [ta ba ko] 名	----	香烟
ビール [bi i ru] 名	----	啤酒
ワイン [wa i n] 名	----	红酒
チューハイ [chu u ha i] 名	----	碳酸水果酒
梅酒 [u me shu] 名	----	梅酒

7 飲み物 ▶ 饮料

ジュース [ju u su] 名	………………	果汁
ミルク [mi ru ku] 名	………………	牛奶
緑茶 [ryo ku cha] 名	………………	绿茶
ソーダ [so o da] 名	………………	汽水
ミネラルウォーター [mi ne ra ru wo o ta a] 名	………………	矿泉水
ペットボトル [pe t to bo to ru] 名	………………	宝特瓶

8 刊行物／出版物 ▶ 刊物

雑誌 [za s shi] 名	………………	杂志
新聞 [shi n bu n] 名	………………	报纸
漫画 [ma n ga] 名	………………	漫画
周刊志 [shu u ka n shi] 名	………………	周刊
カタログ [ka ta ro gu] 名	………………	目录
チラシ [chi ra shi] 名	………………	广告传单

Daily Q&A

〔会话一〕

Q▶ ここで電話代が払えますか。
我可以在这里付电话费吗？

A▶ できますよ。
可以。

〔会话二〕

Q▶ お弁当を温めますか。
便当要加热吗？

A▶ お願いします。
好，麻烦你了。

〔会话三〕

Q▶ すみませんが、お湯をもらえませんか。
不好意思我可以要些热水吗？

A▶ はい、どうぞ。
好的，给你。

地道谚语与惯用语 ｜ 让句子更锦上添花

手を替え品を替え 用尽一切方法；手段

コンビニ業界は手を替え品を替え、新商品を打ち出してくる。

在便利店领域，大家都用尽一切方法不断推出新商品。

とりあえず 且先；首先

喉が渇いたのでとりあえずお茶でも買おう。

口渴了，先去买瓶饮料吧。

退屈しのぎ 消遣；解闷

退屈しのぎに雑誌の立ち読みをしようと思って本屋へ行った。

为了解闷到书店去看杂志。

誠心誠意 全心全意

モットーは誠心誠意お客様にサービスをすることです。

我的座右铭是要全心全意为顾客提供服务。

四六時中 无时无刻、时时刻刻

最近は四六時中開いている店が増えてきたので、夜でもにぎやかだ。

最近因为二十四小时都开着的店变多了，所以到了夜晚也很热闹。

桁が違う 相差悬殊

韓国と日本では同じ物でも値段の桁が違う。

虽然是相同的东西，在韩国和在日本的价格却相差悬殊。

群を抜く 出众

あのコンビニは他のコンビニより群を抜いて客が多い。

那家便利店的客人比其他家便利店多很多。

興味津々 兴致盎然；感觉有趣的

最近の文房具は便利で洗練されている物がどんどん増えているので、興味津々だ。

最近方便又精致的文具越来越多了，让人感到新奇有趣。

超高频率会话句 | 语言学校独家传授必备实用好句

- コピーをしたいんですが、電源を入れてもらえませんか。
  我想要复印,可以帮我把复印机的电源打开吗?

- コンビニは弁当の種類が豊富です。それにいろんな出来合い食品も売っています。例えば、おでんやおにぎり、寿司、サンドイッチなどです。
  便利店的便当种类很丰富。而且还有许多种熟食,例如:关东煮、饭团、寿司、三明治等。

- 私は「BK」というコンビニへよく行きます。
  我经常去那家叫 BK 的便利商店。

- ネットで購入した商品をコンビニで受け取ることができます。
  网购的商品可以在便利店取货。

- いらっしゃいませ。
  欢迎光临。

- お菓子コーナーの隣の通路へ行くと、簡単な文房具があります。あなたがほしい文房具があるかな。
  你可以去零食区旁边的走道,那里有一些基础的文具。看看有没有你想要的文具。

- カウンターへ会計に行く時、ついでにタバコを買ってあげるよ。
  我去柜台结账的时候会顺便帮你买包烟。

- 朝ご飯は何にしますか。
  你早餐要吃什么?

- カフェラテのLサイズを一つください。
  我要一杯大杯拿铁。

- ケチャップをくれませんか。
  能给我一些番茄酱吗?

- 気を付けて。このコーヒーは熱いですよ。
  小心!这杯咖啡很烫哦!

- 水餃子の餡はどんな種類がありますか。
  水饺都有哪种馅？

- あまり辛い物は食べたくないです。
  我不想吃太辣的食物。

- 納豆は注文するのをやめましょうか。
  我想我们不要点纳豆了。

- 豚の血はおいしいですか。
  猪血好吃吗？

- タピオカミルクティーを売っていますか。
  这卖珍珠奶茶吗？

- ここは「家庭料理」を提供している。
  这里提供"家庭式"的菜肴。

- 箸の使い方を知っていますか。
  你知道怎么用筷子吗？

- 私は箸を使うことができないので、フォークがありますか。
  我不会用筷子，请问有叉子吗？

- ファーストフードばかり食べるのは体に悪いです。
  光吃快餐对身体不好。

- このハンバーガーは肉汁がたっぷりです。
  这个汉堡肉汁好多！

- このファーストフード店はドライブスルーがありますか。
  这家快餐店有汽车穿梭餐厅吗？

- 私は今ダイエット中なので、ファーストフードが食べられません。
  我在减肥，所以不能吃快餐。

- 今コーヒーを飲むと夜眠れなくなります。

  我现在喝咖啡的话，晚上会睡不着觉。

- 日本料理は好きですが、刺身は食べられません。

  我很喜欢日本料理，但不敢吃生鱼片。

- 今コンビニで晩御飯を買っているところです。

  我正在便利店买晚餐。

- あれを食べたら、胃の調子が悪くなってしまった。

  吃完那个东西之后，我的胃不太舒服。

- あれ？さっき何を食べたっけ？

  咦？我刚刚吃了什么？

- この飲み物は何で作りましたか。

  这饮料是用什么做的？

- 駅の近くに新しい日本料理屋ができたそうです。一緒に食べに行きませんか。

  听说车站附近开了一家新的日本料理店。要不要一起去吃呢？

- あの店の料理は有名でいつも人がいっぱいなので、先に予約したほうがいいですよ。

  那家店的菜肴很出名，总是爆满，所以最好先预约。

- 最近この辺にいくつかのレストランができて、友達との集まりが楽しみになりました。

  最近这附近开了不少家餐厅，好期待跟朋友在这里聚餐。

MEMO

Chapter 3

学校&仕事、機関
办正经事的地方

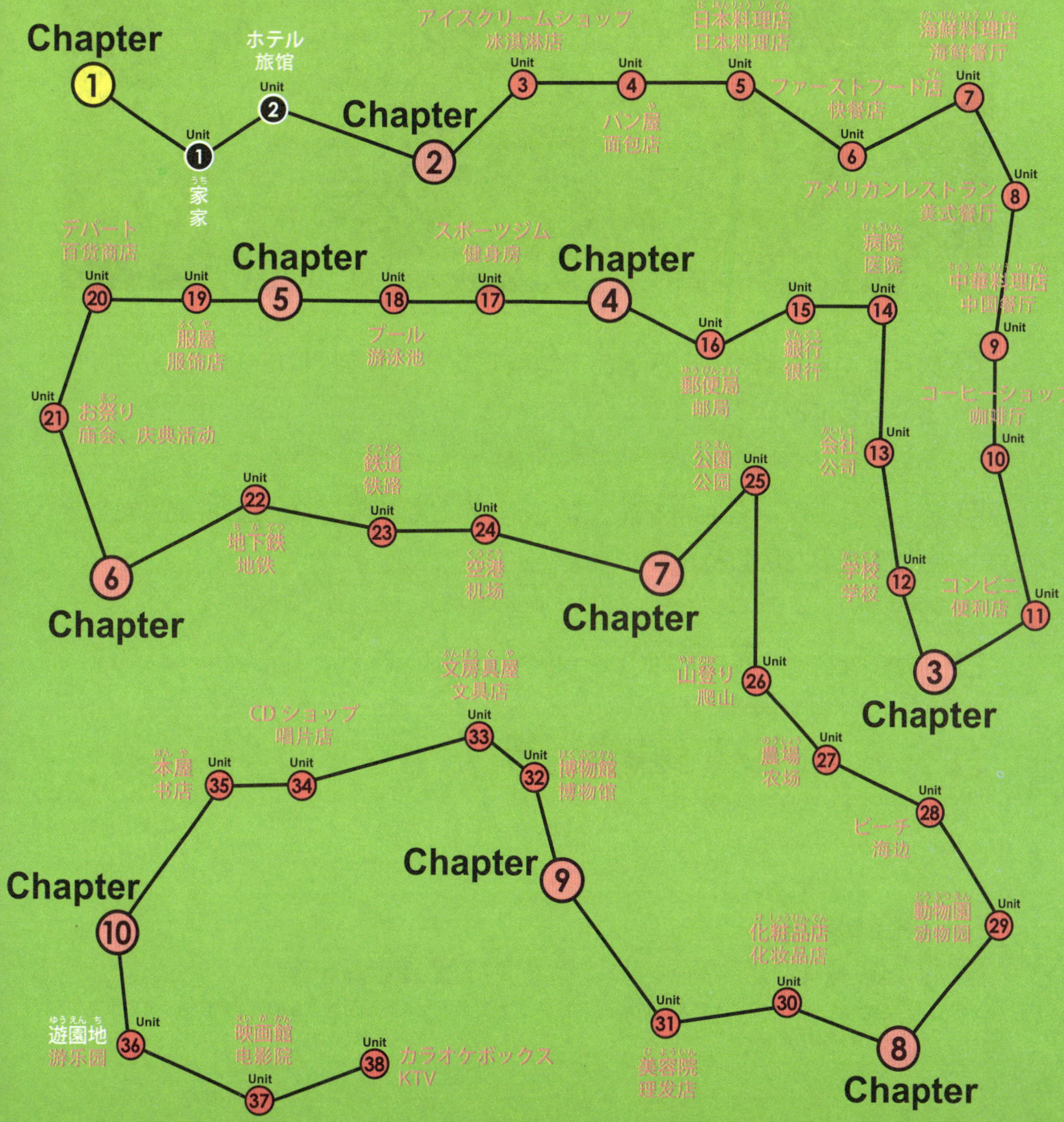

Chapter 1

- Unit 1 家 うち
- Unit 2 ホテル 旅馆

Chapter 2

- Unit 3 アイスクリームショップ 冰淇淋店
- Unit 4 パン屋 面包店
- Unit 5 日本料理店 日本料理店
- Unit 6 ファストフード店 快餐店
- Unit 7 海鮮料理店 海鲜餐厅
- Unit 8 アメリカンレストラン 美式餐厅
- Unit 9 中華料理店 中国餐厅
- Unit 10 コーヒーショップ 咖啡厅
- Unit 11 コンビニ 便利店

Chapter 3

- Unit 12 学校 学校
- Unit 13 会社 公司
- Unit 14 病院 医院
- Unit 15 銀行 银行
- Unit 16 郵便局 邮局

Chapter 4

- Unit 17 プール 游泳池
- Unit 18 スポーツジム 健身房

Chapter 5

- Unit 19 服屋 服饰店
- Unit 20 デパート 百货商店
- Unit 21 お祭り 庙会、庆典活动

Chapter 6

- Unit 22 地下鉄 地铁
- Unit 23 鉄道 铁路
- Unit 24 空港 机场

Chapter 7

- Unit 25 公園 公园
- Unit 26 山登り 爬山
- Unit 27 農場 农场
- Unit 28 ビーチ 海边
- Unit 29 動物園 动物园

Chapter 8

- Unit 30 化粧品店 化妆品店
- Unit 31 美容院 理发店

Chapter 9

- Unit 32 博物館 博物馆
- Unit 33 文房具屋 文具店
- Unit 34 CDショップ 唱片店
- Unit 35 本屋 书店

Chapter 10

- Unit 36 遊園地 游乐园
- Unit 37 映画館 电影院
- Unit 38 カラオケボックス KTV

Unit 12 がっこう 学校 | 学校

日常对话 | 快速融入超拟真的日常对话

A 来月は中間試験だね。図書館で勉強したり、本を探したりしたいんだけど、一緒にどう？

下个月要期中考试了。我想在图书馆读书并找一些书。你要一起来吗？

B うん、いいよ！私も本を返さないと。今日が<mark>期限</mark>なの。週刊誌や雑誌、新聞も読みたいしね。

好啊！我也要还书。我借的书今天到期。而且我也想读一些周刊、杂志和报纸。

A よかった。その後体育館のプールへ行かない？

太好了。那之后要不要去体育馆游泳？

B いいね。この夏の暑さを<mark>解消</mark>しよう。

好啊。我们可以在炎炎夏日中消暑。

补充单词及短语

- 期限 [名] 期限
  このレポートの期限は来週の月曜日です。
  这份报告的期限是下周一。

- 解消します [动] 消除、解除
  ストレスを解消するためにヨガに通っています。
  我为了排解压力而去上瑜伽课。

🌸 超高频率使用的句子 | 一分钟学一句不怕不够用

- 主専攻は何ですか。
  你主修什么？

- この学校の校長★1はどなたですか。
  这所学校的校长是哪一位？

- すみません。どこでどうやって図書館カードを申し込むことができますか。本を借りたいんです。
  不好意思。我可以在哪里申请借书证呢？我想借一些书。

- 本の貸し出し期間はいつまでですか。期限までに返さなくちゃ…でないと罰金を払わなければならない。
  这些书几号到期？我要在到期前还书，不然我就得付罚金。

- 学校では校則を守らなければならない。校則違反してはいけません。でないと罰を受けることになります。
  在学校我们要遵守校规。不能违规，不然会被处罚记过。

- 私の主専攻は化学★2です。
  我主修化学。

- 毎日ちゃんと宿題を出してください。
  请每天准时交作业。

★ 换个单词说说看 | 用单词积累句子的丰富度，让句子更漂亮！

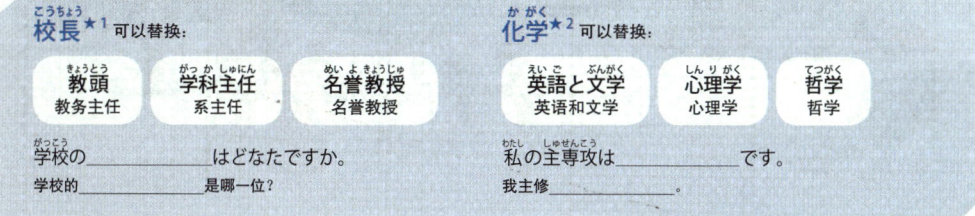

补充单词及短语

- 申し込みます【動】申请
  私は緑山大学の修士課程を申し込もうと思っています。
  我想申请绿山大学的硕士课程。

- 罰金【名】罚金、罚款
  私は3千円の罰金を払わなければならない。
  我必须交一笔三千日元的罚金。

日常単词 | 语言学校都会教的超实用日常单词

1 教室 ▶ 教室

黒板 [ko ku ba n] 名 ——— 黑板
ホワイトボード [ho wa i to bo o do] 名 ——— 白板
黒板消し [ko ku ba n ke shi] 名 ——— 板擦
チョーク [cho o ku] 名 ——— 粉笔
机 [tsu ku e] 名 ——— 桌子
椅子 [i su] 名 ——— 椅子
回収箱 [ka i shu u ba ko] 名 ——— 回收箱

2 運動場 ▶ 操场

陸上競技 [ri ku jo u kyo u gi] 名 ——— 田径
バドミントン [ba do mi n to n] 名 ——— 羽毛球
ドッジボール [do jji bo o ru] 名 ——— 躲避球
サッカー [sa k ka a] 名 ——— 足球
野球 [ya kyu u] 名 ——— 棒球
トラック [to ra k ku] 名 ——— 运动跑道

3 遊具 ▶ 游乐设施

ブランコ [bu ra n ko] 名 ——— 秋千
シーソー [shi i so o] 名 ——— 跷跷板
鉄棒 [te tsu bo u] 名 ——— 单杠
ジャングルジム [ja n gu ru ji mu] 名 ——— 攀爬架
砂場 [su na ba] 名 ——— 沙坑
滑り台 [su be ri da i] 名 ——— 滑梯

④ 図書館 ▶ 图书馆

本棚 (ほんだな)	[ho n da na] 名	书架
図書館カード (としょかん)	[to sho ka n ka a do] 名	借书证
延滞します (えんたい)	[e n ta i shi ma su] 動	延期
静かにします (しず)	[shi zu ka ni shi ma su] 動	保持肃静
小説 (しょうせつ)	[sho u se tsu] 名	小说
辞書 (じしょ)	[ji sho] 名	辞典
季刊誌 (きかんし)	[ki ka n shi] 名	季刊
週刊誌 (しゅうかんし)	[shu u ka n shi] 名	周刊
月刊誌 (げっかんし)	[ge k ka n shi] 名	月刊
新聞 (しんぶん)	[shi n bu n] 名	报纸

⑤ カリキュラム ▶ 学校课程

数学 (すうがく)	[su u ga ku] 名	数学
英語 (えいご)	[e i go] 名	英语
国語 (こくご)	[ko ku go] 名	语文
化学 (かがく)	[ka ga ku] 名	化学
物理学 (ぶつりがく)	[bu tsu ri ga ku] 名	物理
科学 (かがく)	[ka ga ku] 名	科学
生物学 (せいぶつがく)	[se i bu tsu ga ku] 名	生物
歴史 (れきし)	[re ki shi] 名	历史
地理 (ちり)	[chi ri] 名	地理
美術 (びじゅつ)	[bi ju tsu] 名	美术
音楽 (おんがく)	[o n ga ku] 名	音乐
体育 (たいいく)	[ta i i ku] 名	体育

⑥ 学校施設 ▶ 学校设施

体育館 [ta i i ku ka n] 名	体育馆
プール [pu u ru] 名	游泳池
バスケットボールコート [ba su ke t to bo o ru ko o to] 名	篮球场
テニスコート [te ni su ko o to] 名	网球场
野球場 [ya kyu u jo u] 名	棒球场
サッカー場 [sa k ka a jo u] 名	足球场
道場 [do u jo u] 名	（剑）道场

⑦ 教職員 ▶ 教职员

事務職員 [ji mu sho ku i n] 名	行政人员
教授 [kyo u ju] 名	教授
副教授 [fu ku kyo u ju] 名	副教授
助教授 [jo kyo u ju] 名	助理教授
講師 [ko u shi] 名	讲师
助手 [jo shu] 名	助教
名誉教授 [me i yo kyo u ju] 名	名誉教授
学科主任 [ga k ka shu ni n] 名	系主任

Daily Q&A

〔会话一〕
Q▶ 陸上競技が得意ですか。
你擅长田径吗？
A▶ はい、得意です。
是的，我很擅长。

〔会话二〕
Q▶ 学校は何時に始まりますか。
学校几点开始上课？
A▶ 朝8時に始まります。
早上八点开始。

〔会话三〕
Q▶ どの科目が一番好きですか。
你最喜欢哪一科？
A▶ 英語が一番好きです。
我最喜欢英文。

地道谚语与惯用语 | 让句子更锦上添花

授業をサボる ▶ 翘课

高木君と斎藤君は授業をサボって川で釣りをしていて、罰を受けたらしいよ。
高木同学和斎藤同学好像因逃课去河边钓鱼而被处罚了。

高得点で合格する ▶ 高分通过

日本語能力試験に 180 点中、160 点の高得点で合格したクラスメートがいる。
我有同学在总分一百八十分的日语测试中得到了一百六十分的高分。

五十歩百歩 ▶ 五十步笑百步；半斤八两

試験で 65 点の学生が 60 点の学生を笑っているが、それは五十歩百歩だ。
考六十五分的同学笑考六十分的同学,那真是五十步笑百步。

十人十色 ▶ 十个人十个样；人各有异

生徒の性格は十人十色、その個性を育てるのが教師の仕事です。
学生的性格十个人十个样，培育个性是老师的工作。

一生懸命 ▶ 拼命地

目標の大学に合格できるように、全力を尽くして一生懸命勉強しよう。
为了能考上自己理想的大学，尽全力拼命地念书吧。

耳にたこができる ▶ 听腻；听到耳朵长茧

高校 3 年生になってから両親や先生にいつも「勉強しろ」と言われて、耳にたこができそうだ。
上了高三之后，父母及老师总是说"快念书"，听到耳朵都快长茧了。

七転び八起き ▶ 人世浮沉不定；变化多端；不屈不挠

人生は七転び八起きだから、一度試験に失敗したからといって落ち込まないでください。
人生浮沉不定，请不要因为一次考试失败而气馁。

Unit 13 会社 | 公司

✱ **日常対話** | 快速融入超拟真的日常对话

A 今日のスケジュールは？

今天的行程是什么呢？

B 会議が二つあります。10時からと2時からです。会議の後は取引先の森本様と日本料理のレストランでお食事の予定です。

您今天有两个会议。一个在十点，另一个在两点。会议之后，要和客户森本先生到日本料理店用餐。

A 了解。会議室で会議に必要な物を用意しておいてくれない？

好的。你可以替我在会议室准备好会议所需要的物品吗？

B かしこまりました。

了解。

补充单词及短语

- スケジュール 名 行程表、课程表
  旅行のスケジュールはどうですか。
  你的旅游行程是怎样的？

- 用意します 動 准备
  お姉さんにりんごジュースを用意してあげて。
  你能帮你姐姐准备一些苹果汁吗？

🌟 超高频率使用的句子 | 一分钟学一句不怕不够用

- 9時までにこの書類を山下さんにファクスしてもらえますか。
  你可以在九点前把这份文件传真给山下先生吗?

- 小西さんに電話して会議の時間を決めてもらえますか。
  你可以打电话给小西先生并订下会议时间吗?

- 9時にBMYと契約についての会議が行われる。
  我们将在九点和BMY召开关于合约的会议。

- すみません。コピー機★1がどこにあるか教えてもらえませんか。
  不好意思,请问复印机在哪里?

- それらは全部使用済みの資料です。資料に重要な情報が含まれているから、シュレッダーにかけてください。
  那些都是用过的资料。因为那些资料中含有重要信息,所以请用碎纸机销毁。

- BMYはとても大きな会社です。二十万人もの従業員がいます。
  BMY是一家很大的公司。这家公司里有二十万名员工。

- この会議で、プロジェクターを使って私のアイディアを紹介したい。
  在这次会议中,我想用投影仪展示我的想法。

- これらの資料★2をあそこの棚に置いてもらえませんか。
  可以请你将这些文件放到那边的柜子上吗?

- 受付案内係に受付で大切なお客様をお待ちするように言ってください。
  请叫接待员在服务台等候重要的贵宾。

★ 换个单词说说看 | 用单词积累句子的丰富度,让句子更漂亮!

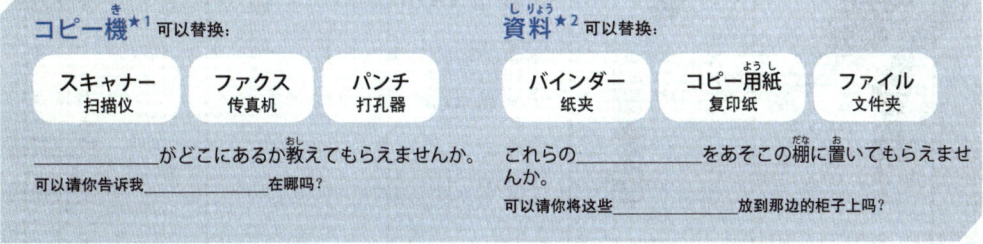

コピー機★1 可以替换:
- スキャナー 扫描仪
- ファクス 传真机
- パンチ 打孔器

_____がどこにあるか教えてもらえませんか。
可以请你告诉我_____在哪吗?

資料★2 可以替换:
- バインダー 纸夹
- コピー用紙 复印纸
- ファイル 文件夹

これらの_____をあそこの棚に置いてもらえませんか。
可以请你将这些_____放到那边的柜子上吗?

日常单词 | 语言学校都会教的超实用日常单词

① 社内 ▶ 公司内

事務室 [ji mu shi tsu] 名 ———— 办公室
受付 [u ke tsu ke] 名 ———— 服务台
会議室 [ka i gi shi tsu] 名 ———— 会议室
応接室 [o u se tsu shi tsu] 名 ———— 会客室
ミーティングテーブル [mi i thi n gu te e bu ru] 名 ———— 会议桌
オフィスキュービクル [o fi su kyu u bi ku ru] 名 ———— 办公室隔间

② 社内外の人 ▶ 公司内外的人员

社長 [sha cho u] 名 ———— 老板
秘書 [hi sho] 名 ———— 秘书
アシスタント [a shi su ta n to] 名 ———— 助手
従業員 [ju u gyo u i n] 名 ———— 员工
受付案内係 [u ke tsu ke a n na i ga ka ri] 名 ———— 接待员
顧客 [ko kya ku] 名 ———— 顾客
取引先 [to ri hi ki sa ki] 名 ———— 客户

③ ファクス ▶ 传真机

停止 [te i shi] 名 ———— 停止
キャンセル [kya n se ru] 名 ———— 取消
検索 [ke n sa ku] 名 ———— 寻找
短縮ダイヤル [ta n shu ku da i ya ru] 名 ———— 快速拨号
保留 [ho ryu u] 名 ———— 暂停
使用者ID [shi yo u sha ID] 名 ———— 使用者身份
クイックスキャン [ku i k ku su kya n] 名 ———— 快速扫描
受信モード [ju shi n mo o do] 名 ———— 接收模式

❹ ＯＡ機器 ▶ 办公自动化设备

コピー機 [ko pi i ki] 名	复印机
タイムレコーダー [ta i mu re ko o da a] 名	打卡机
裁断機 [sa i da n ki] 名	裁纸机
シュレッダー [shu re d da a] 名	碎纸机
電話 [de n wa] 名	电话
ラミネーター [ra mi ne e ta a] 名	层压机
スキャナー [su kya na a] 名	扫描仪
プロジェクター [pu ro je ku ta a] 名	投影仪

❺ ファイリングキャビネット ▶ 资料柜

ホッチキス [ho c chi ki su] 名	订书机
ファイル [fa i ru] 名	资料夹
バインダー [ba i n da a] 名	纸夹
ゼムクリップ [ze mu ku ri p pu] 名	曲别针
のり [no ri] 名	胶水
パンチ [pa n chi] 名	打孔器

❻ 休憩時間 ▶ 休息时间

給水機 [kyu u su i ki] 名	饮水机
ドリンクディスペンサー [do ri n ku dhi su pe n sa a] 名	饮料机
コーヒーマシン [ko o hi i ma shi n] 名	咖啡机
自動販売機 [ji do u ha n ba i ki] 名	自动售货机
昼休み [hi ru ya su mi] 名	午餐休息时间

❼ 評価 ▶ 评价

給料 [kyu u ryo u] 名 —— 薪水
ボーナス [bo o na su] 名 —— 奖金
昇格 [sho u ka ku] 名 —— 升职
昇給 [sho u kyu u] 名 —— 加薪
欠勤 [ke k ki n] 名 —— 缺勤
病気休暇 [byo u ki kyu u ka] 名 —— 病假
リストラ [ri su to ra] 名 —— 裁员

❽ コンピューター ▶ 电脑

マウス [ma u su] 名 —— 鼠标
プリンター [pu ri n ta a] 名 —— 打印机
コンピューターウイルス [ko n pyu u ta a u i ru su] 名 —— 电脑病毒
メモリーディスク [me mo ri i dhi su ku] 名 —— U盘
CD バーナー [CD ba a na a] 名 —— 刻录机
インターネット [i n ta a ne t to] 名 —— 网络
無線 LAN [mu se n LAN] 名 —— 无线网
モデム [mo de mu] 名 —— 调制解调器
ソフト [so fu to] 名 —— 电脑软件

Daily Q&A

〔会话一〕
Q▶ 会議は何時からですか。
会议是几点开始呢?
A▶ 10時からです。
十点开始。

〔会话二〕
Q▶ 今回は何についての会議ですか。
这是关于什么的会议呢?
A▶ 新しい最高経営責任者についての会議です。
是关于我们新执行长的会议。

〔会话三〕
Q▶ 会議の時、プロジェクターを使いますか。
你开会时要用到投影仪吗?
A▶ はい、使います。
是的, 要使用。

♪ 086

地道谚语与惯用语 | 让句子更锦上添花

仕事の鬼 ＞ 工作狂
来年結婚するので、結婚資金を貯めるために今月から仕事の鬼になる。
因为明年要结婚，所以为了储蓄结婚基金，这个月要开始拼命工作。

肩を並べる ＞ 并驾齐驱
我が社とXYZ社は同じ業界でライバルとして肩を並べている。
我们公司和同业的竞争对手XYZ公司实力相当。

一期一会 ＞ 一生只遇一次
仕事で取引をするお客様とは一期一会の大切な縁だと思っています。
我觉得和在工作上遇到的客户是一生只能遇到一次的重要的缘分。

一を聞いて十を知る ＞ 闻一知十；触类旁通
現代の会社が求めている人材は、一を聞いて十を知るような頭の回転が早い社員だ。
现今的公司所要寻找的人才是能闻一知十、反应灵敏的员工。

首になる ＞ 被解雇
会社の経営不振により大幅なリストラが行われ、首になってしまった。
因为公司经营不善，我在大规模裁员中被解雇了。

肩書き ＞ 头衔；职称
先日営業員と一緒に我が社へ来た人の肩書きは営業部長だそうです。
听说前几天和营业员一起来我们公司的那个人的头衔是营业部长。

あごで使う ＞ 高傲
あの上司はよく部下をあごで使うので、部下から嫌われている。
那位上司经常对下属颐指气使，所以让下属很厌恶。

足をひっぱる ＞ 扯后腿
同期入社の同僚同士出世の競争が激しくて、お互いに仕事の足をひっぱっている。
同期进公司的同事，因为激烈地晋升竞争，在工作上都互相扯后腿。

Unit 14 びょういん 病院 | 医院

❋ 日常対話 | 快速融入超拟真的日常对话

A 症状は腹痛ということですが…昨日何か古い物を食べましたか。
症状是肚子痛……昨天有没有吃什么不新鲜的东西？

B うーん。心当たりがありませんが…。それに熱が38度もあるんです。
嗯……应该没有。还有，我发烧到三十八度。

A 体温を測りますね。聴診器で心拍音と呼吸音を聞きますね。
好，量一下体温。我听一下心跳和呼吸声。

はい、ではまず薬を処方します。もし痛みがひかなかったら、検査に来てください。
我先开药给你吃。如果还是痛，请再来检查。

B はい、分かりました。ありがとうございました。
好的，我知道了，谢谢您。

补充单词及短语

- 聴診器 图 听诊器
  ほとんどの医者はみんな聴診器を持っている。
  几乎每个医生都有听诊器。

- 処方します 动 为……开药方、开医嘱
  医者が痛み止めの薬を処方してくれました。
  医生开了一些止痛药给我。

❋ 超高频率使用的句子 | 一分钟学一句不怕不够用

- 診察の予約ができますか。
  我可以预约门诊吗？

- 血圧★1を測らせてください。
  请让我帮你量血压。

- お医者さんが薬★2を処方してくれた。
  医生开了一些药给我。

- 頭痛と胃痛、鼻水、鼻詰まり、そして熱もあります。
  我有头痛、胃痛、流鼻涕、鼻塞和发烧的症状。

- 気分が悪くて、しかもずっとめまいがする。
  我不太舒服，而且一直觉得头晕。

- 喉が痛いです。それに筋肉がだるいです。
  我喉咙痛，还有肌肉酸痛。

- 昨日何か腐った食べ物を食べましたか。または風邪に近い症状だと思いますか。
  你昨天吃什么不新鲜的食物吗？或者有没有比较像感冒的症状？

- 先生、ここで健康診断が受けられますか。
  医生，我可以在这里做健康检查吗？

★ 换个单词说说看 | 用单词积累句子的丰富度，让句子更漂亮！

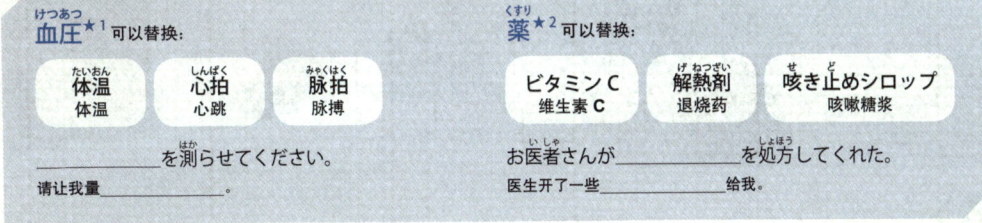

补充单词及短语

- めまい 图 头晕目眩的
  ちょっとめまいがする。
  我觉得有点头晕。

- 症状 图 症状
  肺癌はどんな症状が出ますか。
  肺癌会有些什么症状？

✳ 日常单词 | 语言学校都会教的超实用日常单词

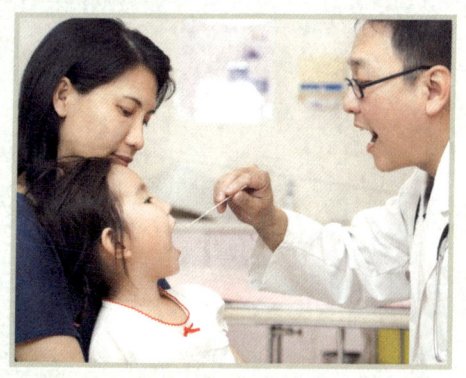

① びょういん 病院 ▶ 医院

びょうしつ
病室 [byo u shi tsu] 名 ———————— 病房

きゅうきゅうきゅうめいしつ
救急救命室 [kyu u kyu u kyu u me i shi tsu] 名
———————————————— 急诊室

しゅうちゅうちりょうしつ
集中治療室 [shu u chu u chi ryo u shi tsu] 名
———————————— 加护病房、ICU

きゅうきゅうしゃ
救急車 [kyu u kyu u sha] 名 ———— 救护车

やっきょく
薬局 [ya k kyo ku] 名 ———————— 药房

② しょうじょう 症状 ▶ 症状

ねつ
熱 [ne tsu] 名 ———————————— 发烧

せき
咳 [se ki] 名 ———————————— 咳嗽

かぜ
風邪 [ka ze] 名 ———————————— 感冒

めまい [me ma i] 名 ———————— 头晕

ふくつう
腹痛 [fu ku tsu u] 名 ———————— 腹痛

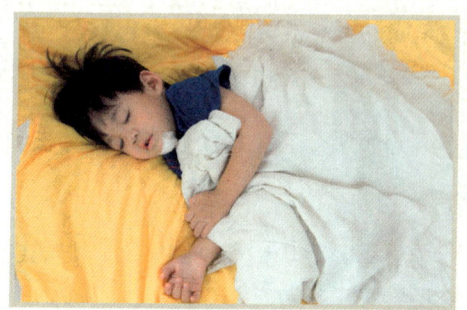

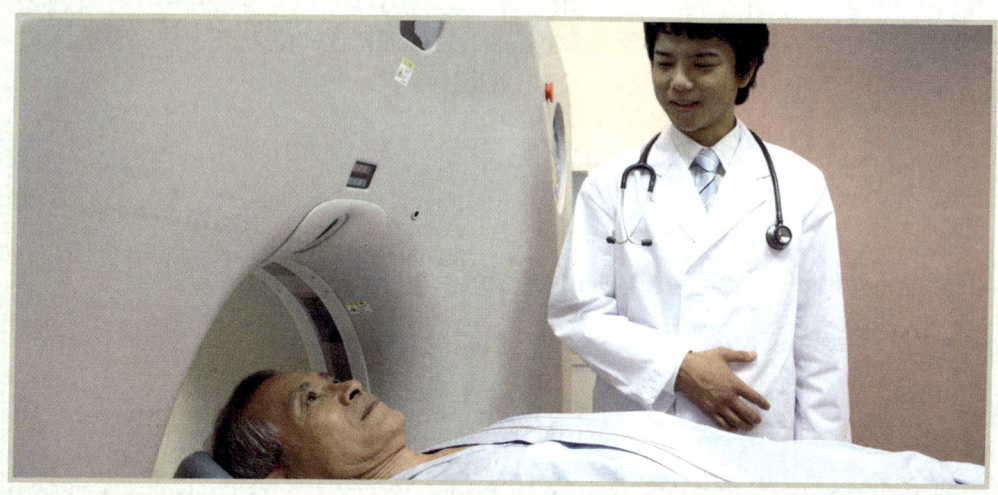

③ がん 癌 ▶ 癌症

しゅよう
腫瘍 [shu yo u] 名 ———————— 肿瘤

かがくりょうほう
化学療法 [ka ga ku ryo u ho u] 名 ——— 化疗

しんだん
診断します [shi n da n shi ma su] 動 ——— 诊断

いた
痛み [i ta mi] 名 ———————————— 疼痛

レントゲン [re n to ge n] 名 ———— X光

❹ 医者 ▶ 医生

歯科医 [shi ka i] 名	牙科医師	眼科医 [ga n ka i] 名	眼科医師
小児科医 [sho u ni ka i] 名	儿科医師	内科医 [na i ka i] 名	内科医師
産婦人科医 [sa n fu ji n ka i] 名	妇产科医師	外科医 [ge ka i] 名	外科医師

❺ 手術室 ▶ 手术室

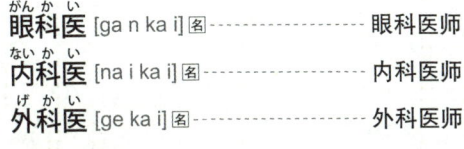

- ピンセット [pi n se t to] 名 —— 镊子
- マスク [ma su ku] 名 —— 口罩
- 注射器 [chu u sha ki] 名 —— 注射器
- コットン球 [ko t to n kyu u] 名 —— 棉球
- 包帯 [ho u ta i] 名 —— 绷带
- 輸血 [yu ke tsu] 名 —— 输血

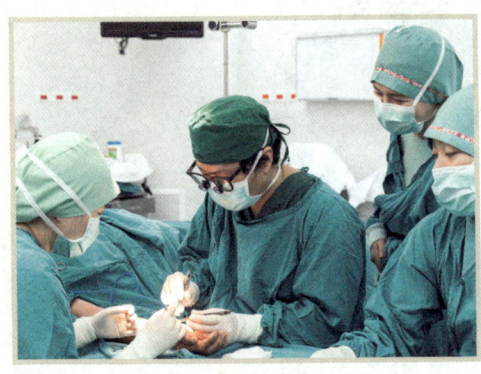

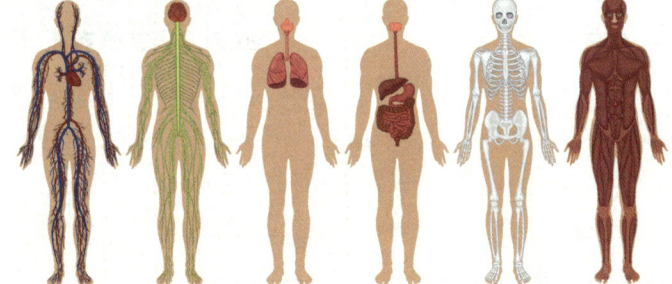

❻ 体 ▶ 身体

頭 [a ta ma] 名	头	胃 [i] 名	胃
胸 [mu ne] 名	胸部	腸 [cho u] 名	肠
腹部 [fu ku bu] 名	腹部	肝臓 [ka n zo u] 名	肝
心臓 [shi n zo u] 名	心脏	肺 [ha i] 名	肺

7 薬 ▶ 药

錠剤 [jo u za i] 名 -------- 药片
糖衣錠 [to u i jo u] 名 -------- 糖衣药片
カプセル [ka pu se ru] 名 -------- 胶囊
目薬 [me gu su ri] 名 -------- 眼药水
咳き止めシロップ [se ki do me shi ro p pu] 名 -------- 止咳糖浆
解熱剤 [ge ne tsu za i] 名 -------- 退烧药

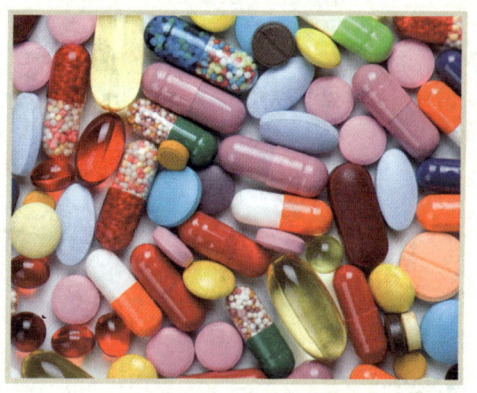

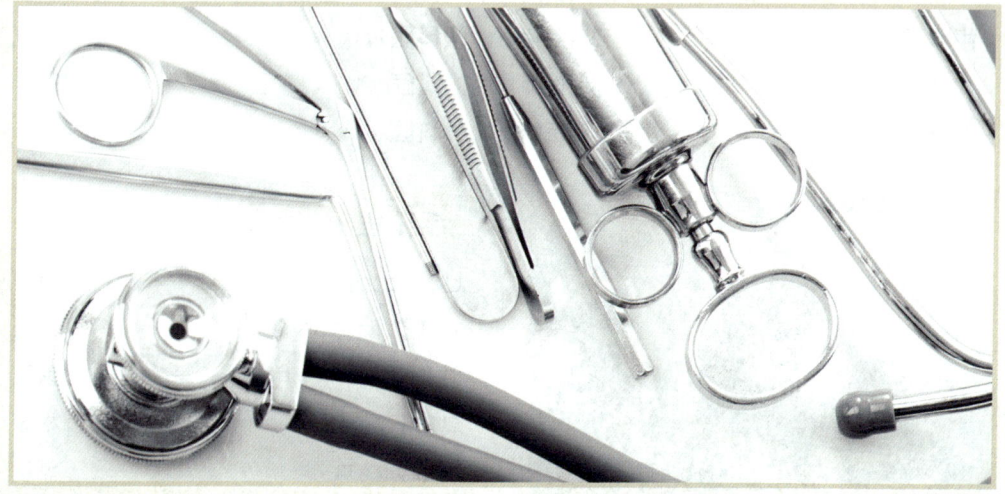

8 医学、医療 ▶ 医学、医疗

担架 [ta n ka] 名 -------- 担架
松葉杖 [ma tsu ba du e] 名 -------- 拐杖
耳式体温計 [mi mi shi ki ta i o n ke i] 名 -------- 耳温枪
車椅子 [ku ru ma i su] 名 -------- 轮椅
聴診器 [cho u shi n ki] 名 -------- 听诊器
胃カメラ [i ka me ra] 名 -------- 胃镜

Daily Q&A

〔会话一〕
Q▶ どんな症状がありますか。
你有什么症状？
A▶ 喉が痛いんです。
我喉咙痛。

〔会话二〕
Q▶ 頭痛ですか。風邪ですか。
你是头痛还是感冒？
A▶ 頭痛です。
我是头痛。

〔会话三〕
Q▶ 体温を測ってもいいですか。
我可以量一下你的体温吗？
A▶ はい、どうぞ。
当然！

♪ 092

地道谚语与惯用语 | 让句子更锦上添花

良薬は口に苦し 良药苦口

良薬は口に苦しと言うから、ちゃんとお医者さんが言ったとおりに薬を飲んでくださいね。

所谓"良药苦口"，所以请好好按照医生的指示服药。

五体満足 身体健康没有缺陷

五体満足で生まれてくれたらそれ以外に望む事はない。

小孩出生只要身体健康没有缺陷就好，其他别无所求了。

藪医者 庸医

あの医者は藪医者だと評判だから、他の病院を探したほうがいいよ。

那个医生被评价为庸医，所以最好找其他家医院比较好。

病は気から 心情影响疾病

病は気から！いつも心配していたら本当に病気になってしまうよ。

心情影响疾病！总是担心的话，这样会真的生病。

腹八分に医者要らず 吃八分饱不用看医生

昔の人は腹八分に医者要らずと、常に食べ過ぎないように自分でコントロールしていた。

以前的人都以吃八分饱就不用看医生的这个想法，时常提醒自己不要过量饮食。

歯を食いしばる 咬紧牙关

転んで怪我をしたが、歯を食いしばって痛みを我慢した。

跌倒受伤了很痛，但也只能咬紧牙关，忍受疼痛。

念のために 慎重起见

年齢的にはまだ若いが、念のために毎年健康診断を受けている。

从年龄上来说还很年轻，但为了慎重起见，每年还是接受健康检查。

Unit 15 銀行 | 银行

日常对话 | 快速融入超拟真的日常对话

A 来週の火曜日、日本へ出張に行くの。だから銀行へ行って日本円に両替したいの。

我下星期二要去日本出差。所以我想去银行换一些日元。

B わかった。じゃあ私も一緒に行こう。たくさんお金を換えて持っていくの？

我了解了。那我也一起去银行吧。你要换很多钱吗？

A ううん。現金は少しにして、買い物はクレジットカードで支払うつもりよ。

不会。我打算带少量现金，买东西用信用卡。

B なるほどね。

原来是这样啊！

补充单词及短语

- 両替します [動] 交换、兑换
  私はタイバーツをドルに両替したいです。
  我想要把泰铢换成美金。

- つもり [文法] 计划、打算
  来週の月曜日、ニューヨークへ行くつもりです。
  我打算下星期一去一趟纽约。

✻ 超高频率使用的句子 | 一分钟学一句不怕不够用

- 口座を作る時、印鑑と身分証明書とお金が必要です。
  开户时，需要印章、身份证和一些钱。

- クレジットカードを申し込む時、最近三か月の収入証明が必要です。
  申请信用卡的时候，需要最近三个月的收入证明。

- 銀行の貸金庫を借りて貴重品を預けたいんです。
  我想租一个你们银行的保险箱来存放贵重物品。

- 家を買いたいので、ローンを組みたいです。
  我想买一栋房子，所以我想申请贷款。

- 息子の日本の口座に送金できますか。
  我可以汇款到我儿子日本的账户吗？

- 今1,000円はドル★¹でいくらですか。
  现在一千日元换成美元是多少？

- この警備員は現金輸送車を厳重に監視している。
  这位警卫正全神贯注地监视着这辆运钞车。

- 日本でキャッシュカード★²を持っていますか。
  你在日本有提款卡吗？

★ 换个单词说说看 | 用单词积累句子的丰富度，让句子更漂亮！

ドル★¹ 可以替换：

ユーロ	ウォン	フィリピンペソ
欧元	韩元	菲律宾比索

今1,000円は_____でいくらですか。
现在一千日元换成_____是多少？

キャッシュカード★² 可以替换：

デビットカード	クレジットカード	ポイントカード
现金卡	信用卡	集点卡

日本で_____を持っていますか。
你在日本有_____吗？

补充单词及短语

- 身分証明 图 身份证明、认出
  彼女は健康保険証を身分証明として使っている。
  她用保健卡（医保卡）当作身份证明。

- 収入 图 收入、所得
  彼女は収入がまったくありません。
  她没有任何收入。

✳ 日常单词 | 语言学校都会教的超实用日常单词

1 銀行員 ▶ 银行员工

テラー [te ra a] 名 ------- 银行柜台人员
出納員 [su i to u i n] 名 ------- 出纳员
渉外 [sho u ga i] 名 ------- 公关
支店長 [shi te n cho u] 名 ------- 分行经理
警備員 [ke i bi i n] 名 ------- 警卫

2 ビル ▶ 汇票、单据

現金 [ge n ki n] 名 ------- 现金
為替 [ka wa se] 名 ------- 汇兑
資金 [shi ki n] 名 ------- 资金
小切手 [ko gi t te] 名 ------- 支票
外貨 [ga i ka] 名 ------- 外币

3 口座 ▶ 账户

貯金します [cho ki n shi ma su] 动 ------- 存钱
残高 [za n da ka] 名 ------- 银行账户余额
通帳 [tsu u cho u] 名 ------- 存折
キャッシュカード [kya s shu ka a do] 名 ------- 提款卡
現金自動預け払い機 [ge n ki n ji do u a zu ke ba ra i ki] 名 ------- ATM 自动柜员机
小切手帳 [ko gi t te cho u] 名 ------- 支票簿

♪ 096

④ クレジットカード ▶ 信用卡

判子/印鑑 [ha n ko / i n ka n] 名 — 图章、印章
身分証明書 [mi bu n sho u me i sho] 名 — 身份证件
健康保険証 [ke n ko u ho ke n sho u] 名 — 医保卡
サイン [sa i n] 名 — 签名
暗証番号 [a n sho u ba n go u] 名 — 密码

⑤ 事務手続き ▶ 银行业务

引き出します [hi ki da shi ma su] 動 — 取款
貯蓄します [cho chi ku shi ma su] 動 — 储蓄
融資を頼みます [yu u shi wo ta no mi ma su] 動 — 借款
ローン [ro o n] 名 — 贷款
送金します [so u ki n shi ma su] 動 — 汇款

⑥ 信用金庫 ▶ 信用合作社

利息 [ri so ku] 名 — 利息
住宅ローン [ju u ta ku ro o n] 名 — 房屋贷款
口座に入金します [ko u za ni nyu u ki n shi ma su] — 把（钱）存入账户
国債 [ko ku sa i] 名 — 国债
株 [ka bu] 名 — 股票、股份

♪ 097

7 金庫 ▶ 金庫、保管庫

警報器 [ke i ho u ki] 名 ------ 警报器
貸金庫 [ka shi ki n ko] 名 ------ 保险柜
監視カメラ [ka n shi ka me ra] 名 ------ 监视器
硬貨 [ko u ka] 名 ------ 硬币
現金輸送車 [ge n ki n yu so u sha] 名 ------ 运钞车

8 市中銀行 ▶ 商业银行

中央銀行 [chu u o u gi n ko u / ni ho n gi n ko u] 名 --- 国家银行
都市銀行 [to shi gi n ko u] 名 ------ 城市银行
地方銀行 [chi ho u gi n ko u] 名 ------ 地方银行
信託銀行 [shi n ta ku gi n ko u] 名 ------ 信托银行
ネット銀行 [ne t to gi n ko u] 名 ------ 网上银行
オフショア銀行 [o fu sho a gi n ko u] 名 ------ 境外银行
ゆうちょ銀行 [yu u cho gi n ko u] 名 ------ 邮储银行
セブン銀行 [se bu n gi n ko u] 名 ------ SEVEN 银行

Daily Q&A

〔会话一〕
Q ▶ すみませんが、口座が作れますか。
请问，可以帮我开一个存款账户吗？
A ▶ はい、ここに必要事項を記入してください。
当然可以，请先把这表格填好。

〔会话二〕
Q ▶ 初めはいくら入金されますか。
第一次要存多少钱？
A ▶ 1万円でお願いします。
要存一万日元。

〔会话三〕
Q ▶ キャッシュカードでお金を引き出されますか。
你要用提款卡取一些钱出来吗？
A ▶ はい、お願いします。
好，麻烦你。

地道谚语与惯用语 | 让句子更锦上添花

金の切れ目が縁の切れ目
树倒猢狲散；靠山一旦垮台，依附的人就一哄而散

会社が倒産したとたん、今まで仲良くしていた友達が疎遠になった。金の切れ目が縁の切れ目とはこのことだなあ。

公司一倒闭，身边亲近的朋友都渐渐疏远了。这大概就是所谓的树倒猢狲散吧。

金の亡者
眼中只有钱，唯利是图；金钱至上主义

多額の借金返済のために彼は今金の亡者になってしまった。

为了偿还大笔借款，他现在变得眼中只有钱了。

株が上がる
声誉高涨

新商品の開発に成功して会社の株が上がった。

因为新商品开发成功了，公司声誉也跟着高涨。

ない袖は振れない
巧妇难为无米之炊、无能为力

できるだけ資金を援助してあげたいが、ない袖は振れないので他の人に頼んでください。

我很想尽可能提供资金给你，但是我真的无能为力，请你找别人帮忙吧。

気が気でない
焦虑不安

先日株を買ったが、その株の値の動向が心配でいつも気が気でない。

前几天买了股票，因为担心股价的涨跌，总是焦虑不安。

首が回らない
债务太多；资金周转不灵

経営の赤字が続いて、とうとう首が回らなくなってしまった。

持续经营不善，最终导致资金周转不灵。

火の車
经济拮据

三人の子供がみんな私立の学校で勉強していて学費がかかるので、うちは火の車だ。

因为家里的三个小孩都读私立学校，学费支出很高，所以家庭经济拮据。

Unit 16 郵便局（ゆうびんきょく）｜邮局

✱ 日常对话 ｜ 快速融入超拟真的日常对话

A すみません。東京まで航空便で書留小包を送りたいんですが。これは大切な小包で、三日以内に届けなければならないんです。

不好意思。我想用航空挂号邮寄这件包裹到东京，这是件很重要的包裹，必须于三天内寄到。

B かしこまりました。でも送料が一般小包より高くなりますよ。

好的。但是邮资会比一般包裹贵。

A 分かりました。時間内に届く保証があればいいです。この小包の送料は全部でいくらですか。

我知道了。只要包裹可以准时寄到就好了。这件包裹需要多少邮资？

B 5,000 円です。

共五千日元。

补充单词及短语

- 以内 图 以内
  友達の誕生日のプレゼントは 1,000 円以内で買える物を探すつもりです。
  送朋友的生日礼物，打算找一千日元以内的东西。

- 保証 图 保证、担保
  今から、タクシーで空港に向かっても、間に合う保証はない。
  即使现在出发乘出租车到机场，也无法保证能够赶得上。

✱ 超高频率使用的句子 | 一分钟学一句不怕不够用

- すみません。エアメールを送りたいんですが。
  不好意思，我想寄封航空信件。

- すみません。この書類を速達便★1で送りたいんですが。
  不好意思。我想用快递寄送这份文件。

- 資料を紙の箱に入れて、箱に封をしてください。
  请将文件放入纸盒中，并把盒子封好。

- 私は葉書★2を集めています。
  我正在收集明信片。

- 郵便局が発行している記念葉書を買うことができます。それらは先週発行されたばかりです。
  你可以买一套邮局发行的纪念明信片。它们是上星期刚发行的。

- 差出人の住所と受取人の住所はどこに書きますか。
  寄件人和收件人的住址要写哪里？

- 日本まで船便で何日かかりますか。
  海运邮件到日本需要多少天？

- 送料印紙を貼って、上に「エアメール」と記せば大丈夫ですよ。
  你只要贴够邮资，并在上面注明"航空邮件"即可。

★ 换个单词说说看 | 用单词积累句子的丰富度，让句子更漂亮!

速達便★1 可以替换：
- EMS 国际快捷
- 船便 海运
- 速達 限时邮件

この書類を_____で送りたいんですが。
我想用_____寄送这份文件。

葉書★2 可以替换：
- 切手 邮票
- 記念切手 纪念邮票
- 古切手 盖邮戳的邮票

私は_____を集めています。
我在收集_____。

补充单词及短语

- 発行します 动 发行、出版
  オリンピックの年に記念メダルを発行する予定です。
  奥运会那年预计要发行纪念金牌。

- 記します 动 做记号、记下
  角のここに番号を記してもらえませんか。
  能请你在角落这里记下号码吗？

日常単語 | 语言学校都会教的超实用日常单词

1 郵便配達員 ▶ 邮递员

ポスト [po su to] 名 —— 邮筒
郵便受け [yu u bi n u ke] 名 —— 信箱
速達便 [so ku ta tsu bi n] 名 —— 快递
届けます [to do ke ma su] 動 —— 投递
受け取り印 [u ke to ri i n] 名 —— 签收（用印）

2 小包 ▶ 包裹

送料 [so u ryo u] 名 —— 邮资
国際小包 [ko ku sa i ko zu tsu mi] 名 —— 国际包裹
国際スピード郵便 / EMS [ko ku sa i su pi i do yu u bi n / EMS] 名 —— 国际快捷邮件
航空便 [ko u ku u bi n] 名 —— 航空邮件
船便 [fu na bi n] 名 —— 海运
価格表記郵便 [ka ka ku hyo u ki yu u bi n] 名 —— 保值邮件

3 住所 ▶ 地址

郵便番号 [yu u bi n ba n go u] 名 —— 邮政区号
地域 [chi i ki] 名 —— 区域
差出人の住所 [sa shi da shi ni n no ju u sho] 名 —— 寄件人地址
受取人の住所 [u ke to ri ni n no ju u sho] 名 —— 收件人地址
宛て先不明 [a te sa ki fu me i] 名 —— 收件人地址不详

❹ 消印(けしいん) ▶ 邮戳

切手(きって) [ki t te] 名	邮票
記念切手(きねんきって) [ki ne n ki t te] 名	纪念邮票
印紙税(いんしぜい) [i n shi ze i] 名	印花税
キャンセルスタンプ [kya n se ru su ta n pu] 名	作废章
スタンプ機(き) [su ta n pu ki] 名	打印机

郵便(ゆうびん) ▶ 邮政

郵便局員(ゆうびんきょくいん) [yu u bi n kyo ku i n] 名	邮政办事员
郵便為替(ゆうびんかわせ) [yu u bi n ka wa se] 名	汇票
収入印紙(しゅうにゅういんし) [shu u nyu u i n shi] 名	印花税票
カタログ販売(はんばい) [ka ta ro gu ha n ba i] 名	邮购
私書箱(ししょばこ) [shi sho ba ko] 名	邮政专用信箱

❻ 郵便物(ゆうびんぶつ) ▶ 邮件

個人宛の手紙(こじんあてのてがみ) [ko ji na te no te ga mi] 名	私人信件
書留(かきとめ) [ka ki to me] 名	挂号信
速達(そくたつ) [so ku ta tsu] 名	速递
印刷物(いんさつぶつ) [i n sa tsu bu tsu] 名	印刷品
バルクメール [ba ru ku me e ru]	大宗（印刷品）邮件

7 レターセット ▶ 信件

便箋 [bi n se n] 名 ---- 信纸
封筒 [fu u to u] 名 ---- 信封
葉書 [ha ga ki] 名 ---- 明信片
カード [ka a do] 名 ---- 卡片
箱 [ha ko] 名 ---- 纸箱
レターヘッド [re ta a he d do] 名 ---- 印在信纸的信头

8 郵便貯金 ▶ 邮政储金

送金 [so u ki n] 名 ---- 汇款
生命保険 [se i me i ho ke n] 名 ---- 寿险
代理 [da i ri] 名 ---- 代理
年金 [ne n ki n] 名 ---- 养老金
金融電卓 [ki n yu u de n ta ku] 名 ---- 理财计算

Daily Q&A

〔会话一〕
Q▶ 記念切手はどこで買えますか。
纪念邮票在哪里可以买到呢？
A▶ 12番の窓口で買えます。
可以到第十二号窗口购买。

〔会话二〕
Q▶ 私書箱を申し込みたいんですが。
我想申请一个邮局的私人信箱。
A▶ はい、こちらをご記入ください。
好的，请您填写这张表格。

〔会话三〕
Q▶ 葉書を三枚ください。
请给我三张明信片。
A▶ はい、120円です。
好的，共一百二十日元。

地道谚语与惯用语 | 让句子更锦上添花

迷惑メール 〉 垃圾邮件

メールボックスに一日に何通も迷惑メールが来て、困ってる。
电子信箱内，每一天都会收到好多封垃圾邮件，真伤脑筋。

首を長くする 〉 引颈企盼

故郷の両親が送ってくれた小包を首を長くして待っている。
引颈期盼着故乡的双亲寄来的包裹。

既読無視（既読スルー） 〉 已读不回

ラインなどのメールで既読無視をされると嫌な気分になる。
发现 LINE 等送出的信息已读不回，会令人很不高兴。

親しき仲にも礼儀あり 〉 再怎么亲近亦须保持应有的礼节、相敬如宾

手紙を書く時は親しき仲にも礼儀あり、文面の書き方などに注意しなければならない。
有道是再怎么亲近亦须相敬如宾，所以要注意写信时的用语。

便りのないのはいい便り 〉 没消息就是好消息

東京で働く息子から全然連絡がないが、便りのないのはいい便り、きっと元気に頑張っているのだろう。
虽然在东京工作的儿子都没有跟家里联系，不过没有消息就是好消息，相信他一定在很努力地工作生活。

字は人を表す 〉 字可以表现人的个性；字如其人

字は人を表すというので、下手でもいいから丁寧に書いたほうがいい。
因为字体可以反映出一个人的个性，所以即使写得不好看，也最好写得工整一点。

風の便り 〉 因传闻而得知的事

高校の時の担任の先生が退職されたと風の便りに聞きました。
高中老师退休的消息是听到传闻才得知的。

超高频率会话句 | 语言学校独家传授必备实用好句

- 左上の端に差出人の住所、真ん中に受取人の住所を書きます。
  左上角要写寄件人的住址，中间写收件人住址。

- 通知をよく読んでそのとおりにしたら、手紙を受け取ることができるでしょう。
  仔细阅读通知并遵照上面的步骤操作，这样你一定可以收到你的信。

- 送料は小包の重さによって決まります。重ければ重いほど高くなります。
  邮资要视包裹重量而定。重量越重价格就越贵。

- 今日の午後外出中に大切な郵便が受け取れなかった。郵便配達員が不在通知を残して行った。
  今天下午出门时错过了一封重要邮件。邮递员留下一张挂号领取通知单。

- 住所の所に、郵便番号も書かなければなりませんか。
  住址的地方必须写上邮政编码吗？

- ありがとうございます。これは1,500円です。
  非常谢谢你。这里是一千五百日元。

- これは控えです。もし五日以内に小包が届かなかったら、連絡してください。
  这是你的收据。如果在五个工作日内没收到包裹的话，请联系我们。

- できれば郵便番号を書いてください。そうすると郵便配達員は正確な住所を探しやすくなります。
  最好写上邮政编码，这样邮递员比较容易找到正确的地址。

- ご用件を承りましょうか。
  我能为您服务吗？

- 何かご意見がありますか。
  你有什么建议吗？

- どんな科目が得意ですか。
  你擅长哪个科目？

- 日本へパン作りの勉強に行きたいです。
  我想去日本学习烘焙。

- 明日のお弁当を用意しなければならない。
  我得准备明天的便当。

- そろそろ寝よう。
  该准备睡觉了。

- 早く電話を切って寝なさい。
  快点挂掉电话去睡觉。

- この病院では夜八時を過ぎたら、面会してはいけません。
  在这家医院晚上八点过后是禁止会客的。

- とても疲れた。
  好累。

- もし宿題が終わったら、一時間ぐらいテレビを見てもいいです。
  如果你功课做完的话，可以看一小时电视。

- パソコンを使ってもいいですか。
  我可以用电脑吗？

- 来週の月曜日、大阪へ出張します。
  我下星期一要到大阪出差。

- ずっと計画書のことを考えてるので、眠れない！
  脑袋一直想着怎么写企划案，所以睡不着！

- 眠いけど、寝られません。
  我很想睡，但睡不着。

- 最近不眠症気味なんですが、何科で診てもらったらいいですか。
  我最近有点失眠，该看什么科好呢？

- 家族に日本のお土産を送りたいんですが、どうしたらいいですか。
想寄些日本特产给家人，该怎么做好呢？

- 日本のクレジットカードはどうやって申し込めますか。
我要怎么办日本的信用卡？

- 私はいろんな所を飛び回る仕事が好きです。
我喜欢可以到处跑的工作。

- 生命保険をかけたいです。
我想买寿险。

- 年金について聞きたいことがあるんですが。
我想了解有关养老金的事情。

- この小包を船便でニューヨークに送りたいんですが、いくらですか。
我想用海运寄这个包裹到纽约，请问要多少钱？

- 健康診断を受けに行きたいです。
我想去做健康检查。

- 陳さんは日本の大学に入りたがっています。
陈同学想要去日本读大学。

- 第一志望の大学に合格できますように。
希望能考上第一志愿的大学。

MEMO

Chapter 4

スポーツ
运动对身体好

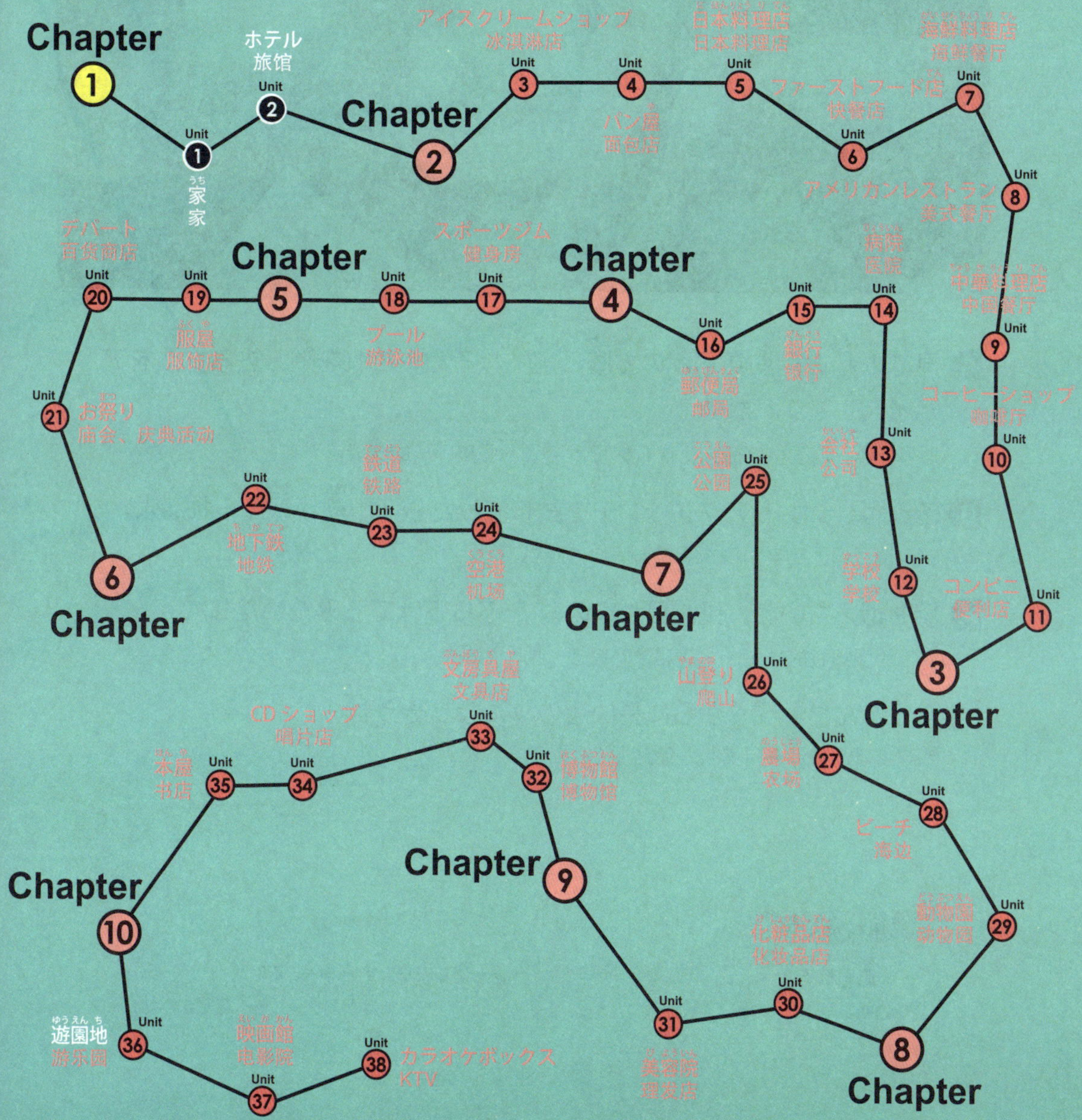

Unit 17 スポーツジム ｜ 健身房

日常对话 ｜ 快速融入超拟真的日常对话

A 見て！私の脂肪だらけのお腹。嫌になるわ。これを消し去る方法をアドバイスしてくれない？

看看我的大肚子，真令人讨厌！你可以给我一些瘦肚子的建议吗？

B そうね。シットアップベンチを試してみたら？腹筋が鍛えられるよ。

嗯，试试仰卧起坐如何？可以训练你的腹肌。

A 腕も鍛えたいわ。見た目が肉の袋をぶら下げてるみたいだし。

我也想锻炼我的手臂。它看起来好像挂了两个肉袋。

B そうなんだ。聞くからに長い道のりになりそうね。

好吧，听起来你还有好长一段路要走。

补充单词及短语

- **お腹** 名 肚子
  佐野さんはお腹が出ている。
  佐野先生有肚子。

- **消し去ります** 动 消失、不见
  マジシャンは小鳥を消し去ってしまった。
  魔术师把小鸟变没了。

超高频率使用的句子 | 一分钟学一句不怕不够用

- どうしたら会員になれますか。
要如何才能成为你们的会员呢？

- 大腿筋と背筋を鍛えるなら、どんなマシンを使ったらいいですか。
如果我想锻炼我的大腿肌和背肌，要用什么器材呢？

- どんな設備がありますか。
你们有什么设备？

- プライベートコーチにお願いして、私の腹筋を鍛えてもらえませんか。
我可以请一个私人教练帮我训练腹肌吗？

- 受付でいろんな情報を教えてもらえますよ。
你可以在服务台得到许多相关信息。

- 一年の年会費はいくらですか。
一年的年费是多少钱？

- ヨガ★¹クラスはいつですか。
瑜伽课是什么时候？

- すみません。歩数計★²を使ってお手本を見せてくれませんか。
不好意思，你可以给我示范一下如何使用计步器吗？

★ 换个单词说说看 | 用单词积累句子的丰富度，让句子更漂亮！

ヨガ★¹ 可以替换：

エアロビクス	ピラティス	ボクササイズ
有氧舞蹈	普拉提	有氧拳击

_____のクラスはいつですか。
_____课是什么时候？

歩数計★² 可以替换：

ダンベル	プッシュダウン	ステッパー
哑铃	三头肌扩拉器	踏步机

_____を使ってお手本を見せてくれませんか。
你可以示范使用_____给我看吗？

补充单词及短语

- 鍛えます 动 训练、培养
野田さんは鍛えられて、優秀な看護士になりました。
野田小姐被训练成了一名优秀的护士。

- プライベート な形 个人的、私人的
これは私のプライベートノートです。
这是我私人的笔记本。

日常单词 | 语言学校都会教的超实用日常单词

1 フィットネス ▶ 保持健康

- ヨガ [yo ga] 名 ·············· 瑜伽
- エアロビクス [e a ro bi ku su] 名 ···· 有氧舞蹈
- ピラティス [pi ra thi su] 名 ·········· 普拉提
- ボクササイズ [bo ku sa sa i zu] 名 ·· 有氧拳击

2 運動学(うんどうがく) ▶ 人体运动学

- コーチ [ko o chi] 名 ·············· 教练
- ダイエット [da i e t to] 名 ·········· 减肥
- トレーニング [to re e ni n gu] 名 ···· 训练、锻炼
- ゴール / 目標(もくひょう) [go o ru / mo ku hyo u] 名 ···· 目标
- エネルギー [e ne ru gi i] 名 ········ 活力、精力

3 スポーツ用品(ようひん) ▶ 运动用品

- ボクシンググローブ [bo ku shi n gu gu ro o bu] 名 ·········· 拳击手套
- サポーター [sa po o ta a] 名 ··· 护膝、护腕、护腰
- リフティングベルト [ri fu thi n gu be ru to] 名 ············ 举重带
- リストバンド [ri su to ba n do] 名 ··· 手腕带
- タオル [ta o ru] 名 ············· 毛巾
- スニーカー [su ni i ka a] 名 ········ 运动鞋

④ **エナジードリンク** ▶ 能量饮料

ミネラルウォーター [mi ne ra ru wo o ta a] 名 — 矿泉水
せいりょういんりょうすい
清涼飲料水 [se i ryo u i n ryo u su i] 名 — 冷饮
ビタミン [bi ta mi n] 名 — 维生素
でんかいしつ
電解質／イオン [de n ka i shi tsu / i o n] 名 — 电解质／离子

⑤ きんにく
筋肉 ▶ 肌、肌肉

じょうわん に とうきん
上腕二頭筋 [jo u wa n ni to u ki n] 名 — 肱二头肌
じょうわんさんとうきん
上腕三頭筋 [jo u wa n sa n to u ki n] 名 — 肱三头肌
さんかくきん
三角筋 [sa n ka ku ki n] 名 — 三角肌
そうぼうきん
僧帽筋 [so u bo u ki n] 名 — 斜方肌
だいきょうきん
大胸筋 [da i kyo u ki n] 名 — 胸大肌
ふっきん
腹筋 [fu k ki n] 名 — 腹肌
だいたいきん
大腿筋 [da i ta i ki n] 名 — 腿肌
はいきん
背筋 [ha i ki n] 名 — 背肌

⑥ **サウナ** ▶ 蒸气浴、桑拿浴

サウナルーム [sa u na ru u mu] 名 — 蒸气室
サウナボックス [sa u na bo k ku su] 名 — 桑拿浴箱
えんせきがいせん
遠赤外線サウナ [e n se ki ga i se n sa u na] 名 — 红外线桑拿
ジャグジー [ja gu ji i] 名 — 按摩浴池
マッサージチェア [ma s sa a ji che a] 名 — 按摩椅
ロッカー [ro k ka a] 名 — 置物柜

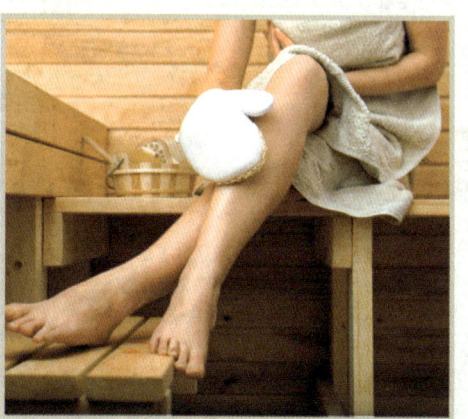

7 その他のスポーツ ▶ 其他运动

サイクリング [sa i ku ri n gu] 名 ------ 骑自行车
ダンス [da n su] 名 ------------------------ 跳舞
アイススケート [a i su su ke e to] 名 ------ 溜冰
ハイキング [ha i ki n gu] 名 -------------- 徒步
スキー [su ki i] 名 ------------------------ 滑雪
ジョギング [jo gi n gu] 名 --------------- 慢跑

8 スポーツマシン ▶ 运动器材

バックエクステンションマシン
[ba k ku e ku su te n sho n ma shi n] 名 -- 背部伸展机
クライマー [ku ra i ma a] 名 ---------- 登山踏步机
ダンベル [da n be ru] 名 ---------------- 哑铃
歩数計 [ho su u ke i] 名 --------------- 计步器
リカンベントバイク [ri ka n be n to ba i ku] 名
---------------------------------- 斜式健身车

ローマンチェア [ro o ma n che a] 名
---------------------------------- 罗马椅训练机
ロータリートルソー [ro o ta ri i to ru so o] 名
---------------------------------- 腰部旋转机
ステッパー [su te p pa a] 名 ----------- 踏步机
トレッドミル [to re d do mi ru] 名 ------ 跑步机

Daily Q&A

〔会话一〕

Q▶ ジムのダンスクラスの時間割をもらってもいいですか。
我可以要一张你们健身房舞蹈课程的时刻表吗？

A▶ はい、こちらです。
好的，在这里。

〔会话二〕

Q▶ ジャグジーはどこですか。
按摩浴缸在哪里？

A▶ まっすぐ行って、突き当たりを左へ曲がってください。
直走，然后到尽头左转。

〔会话三〕

Q▶ 鞄をここに置いてもいいですか。
我可以把包放在这里吗？

A▶ これはかぎとタオルです。鞄はロッカーに入れてください。
这是钥匙和毛巾，请你把包放入更衣室里。

地道谚语与惯用语 ｜ 让句子更锦上添花

体が言うことを聞かない ＞ 身体不听使唤

若いころは晩遅くまで飲みに行って、次の日また仕事に行っても平気だったが、今は体が言うことを聞かない。

年轻的时候，即使喝酒喝到很晚，次日照常工作也都没问题，但是现在身体已经不听使唤了。

体が資本 ＞ 身体健康就是本钱

仕事をして家族を養うためにも体が資本だから、無理をしてはいけませんよ。

即使要工作赚钱养家，身体也要健康才有本钱，所以不可以太勉强自己！

細く長く ＞ 长期不断一点一滴地做某事、细水长流

生きていれば楽しい事もたくさんあるだろうから、健康に気をつけて細く長く生きたいと思います。

因为活着会有很多快乐的事，所以我要留意健康，活得长久一些。

見掛けによらない ＞ 不可光看外表

あの人は見た目は細くて弱そうだが、見掛けによらず力持ちらしい。

那个人看起来很瘦弱，但不能只看外表，他好像很有力气。

水の泡 ＞ 化为泡影

三か月間スポーツジムに通ってダイエットしたが、全然痩せず努力が水の泡になってしまった。

三个月以来去健身房减肥却完全没瘦，一切努力都化为泡影了。

目に見えて ＞ 眼看着、显著地

筋肉トレーニングを始めてまだ二週間しか経っていないが、腹筋などの効果が目に見えて現れてきた。

开始进行肌肉训练仅有二个星期而已，腹肌等已有显著效果。

体重がリバウンドする ＞ 复胖

私は体重がリバウンドしやすい体質だから、油断できない。

我是容易复胖的体质，所以不能大意。

Unit 18 プール | 游泳池

✽ 日常対话 | 快速融入超拟真的日常对话

A 私は小学校の時、水泳部だったの。専門種目はクロールだよ。

我小学时曾经是游泳校队队员。专长是自由泳。

B わあ！そんな事初めて聞いたわ。私なんて水に浮くのにまだ浮き輪が必要よ。沈むのが怖いの。

哇，我从来没听你提起过。我还需要游泳圈才能浮在水面上。沉到水里太恐怖了。

A 浮き輪を使わないで泳いでみるべきよ。そのほうが早く泳げるようになるよ。

你应该试着不用游泳圈游游看。那样会比较快学会。

B 私もそう思うけどね。さあ泳ぐ練習しようか。

我也这么认为。那我们开始练习游吧。

补充单词及短语

- **クラブ / 部** 图 社团、校队
  私は高校の時、野球部に所属していました。
  我高中时是棒球队的。

- **沈みます** 動 下沉
  石が水の中に沈んでいった。
  石头沉到水里了。

超高频率使用的句子 | 一分钟学一句不怕不够用

- 平泳ぎ★1ができますか。
  你会蛙泳吗？

- 平泳ぎは、両手を前に置いてひざを曲げて水中で水を蹴るだけでできますよ。
  游蛙泳的时候，你只需要把两只手放在前面，并把膝盖弯曲在水中踢水就可以了。

- 海で泳ぐのは危ないです。
  在海里游泳很危险。

- 泳ぐ時何を着ますか。
  游泳的时候要穿什么？

- 泳いでいる時、どうやって息継ぎをしますか。
  在游泳时要怎么换气呢？

- このプールではどうやって会員申し込みをしますか。
  我要怎么申请这个游泳池的会员呢？

- 泳ぐ前に準備運動をするのを忘れないで。
  游泳前请不要忘了做热身运动。

- 犬かき★2が教えられるよ。
  我可以教你怎么狗刨式游泳。

★ 换个单词说说看 | 用单词积累句子的丰富度，让句子更漂亮！

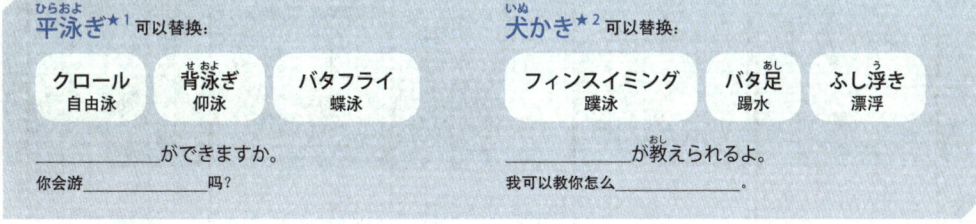

补充单词及短语

- 蹴ります 动 踢
  お母さん！さっきお兄ちゃんが仆を蹴った！
  妈妈！哥哥刚刚踢我！

- 危ない い形 危险的
  晩に一人で出歩くのは危ないです。
  晚上独自一个人走在路上是很危险的。

日常单词 | 语言学校都会教的超实用日常单词

1 水着 ▶ 泳装

水泳パンツ [su i e i pa n tsu] 名 ---------- 泳裤
水泳帽 [su i e i bo u] 名 ---------- 泳帽
ビキニ [bi ki ni] 名 ---------- 比基尼
ゴーグル [go o gu ru] 名 ---------- 泳镜
耳栓 [mi mi se n] 名 ---------- 耳塞
くし [ku shi] 名 ---------- 梳子

2 泳ぎ方 ▶ 游泳方式

平泳ぎ [hi ra o yo gi] 名 ---------- 蛙泳
クロール / 自由型 [ku ro o ru / ji yu u ga ta] 名 --- 自由泳
背泳ぎ [se o yo gi] 名 ---------- 仰泳
バタフライ [ba ta fu ra i] 名 ---------- 蝶泳
犬かき [i nu ka ki] 名 ---------- 狗刨
ふし浮き [fu shi u ki] 名 ---------- 漂浮
バタ足 [ba ta a shi] 名 ---------- 踢水

3 プール ▶ 游泳池

プールサイド [pu u ru sa i do] 名 -------- 游泳池边
温水プール [o n su i pu u ru] 名 -------- 温水游泳池
波のプール [na mi no pu u ru] 名 -------- 海浪池
深さ [fu ka sa] 名 ---------- 深度
レーン [re e n] 名 ---------- 泳道
往復 [o u fu ku] 名 ---------- 来回

♫ 118

④ 更衣室 ▶ 更衣室

シャワー [sha wa a] 名 -- 淋浴
着替えます [ki ga e ma su] 動 -- 換裝
拭きます [fu ki ma su] 動 -- 擦干
ロッカールーム [ro k ka a ru u mu] 名 -- 更衣室
乾燥機 [ka n so u ki] 名 -- 烘衣机

⑤ 海のスポーツ ▶ 海上运动

サーフィン [sa a fi n] 名 -- 冲浪
ダイビング [da i bi n gu] 名 -- 跳水
ダイビングボード [da i bi n gu bo o do] 名 -- 跳水板
スキューバダイビング [su kyu u ba da i bi n gu] 名 -- 水肺潜水
シュノーケリング [shu no o ke ri n gu] 名 -- 浮潜
シュノーケルセット [shu no o ke ru se t to] 名 -- 浮潜设备

⑥ ビーチ ▶ 海滩

ライフセーバー [ra i fu se e ba a] 名 -- 救生员
梯子 [ha shi go] 名 -- 梯子
ビーチパラソル [bi i chi pa ra so ru] 名 -- 遮阳伞
ビーチチェア [bi i chi che a] 名 -- 躺椅
ライフジャケット [ra i fu ja ke t to] 名 -- 救生衣

❼ 水泳用品 ▶ 泳具

浮き輪 [u ki wa] 名 ------- 游泳圈
ビート板 [bi i to ba n] 名 ------- 浮板
防水バッグ [bo u su i ba g gu] 名 ------- 防水包
アームヘルパー [a a mu he ru pa a] 名
------- 手臂式游泳圈
フィン [fi n] 名 ------- 脚蹼

❽ 競技 ▶ 竞技

シンクロナイズドスイミング
[shi n ku ro na i zu do su i mi n gu] 名 ------ 水上芭蕾
タイムキーパー [ta i mu ki i pa a] 名
------- （比赛中的）计时员
競技者 [kyo u gi sha] 名 ---- 参加竞赛者、角逐者
息継ぎ [i ki tsu gi] 名 ------- 换气

準備運動 [ju n bi u n do u] 名
------- 热身运动
遠泳 [e n e i] 名 ------- 长泳
水泳大会 [su i e i ta i ka i] 名 ------- 游泳大会
リレー [ri re e] 名 ------- 接力
水泳協会 [su i e i kyo u ka i] 名 ---- 游泳协会

Daily Q&A

〔会话一〕
Q▶ 平泳ぎができますか。
你会游蛙泳吗？
A▶ いいえ、できません。
不，我不会。

〔会话二〕
Q▶ 日焼け止めを塗ってもらえませんか。
你能帮我擦点防晒乳吗？
A▶ もちろんいいですよ。
当然可以啊！

〔会话三〕
Q▶ どこへ行きますか。
你要去哪里？
A▶ プールへ行きます。
我要去游泳池。

地道谚语与惯用语 | 让句子更锦上添花

河童の川流れ　再怎么有经验的人，也有失误的时候；人有失误、马有失蹄

どんなに水泳に自信があっても、河童の川流れ、試合中に足が攣って、泳げなくなる時がある。

即使对游泳再有自信的人，也会有在比赛中因脚抽筋而无法继续比赛的时候。

体をはる　舍命；奋不顾身

ライフセーバーはいつも体をはって、海やプールで溺れた人を助けてくれる。

救生员总是奋不顾身地抢救在海中或泳池中溺水的人。

九死に一生を得る　死里逃生；九死一生

川で釣りをしていた時、急流に巻き込まれて流されてしまったが、村の人に助けてもらい、九死に一生を得た。

在河边钓鱼时，被急流卷走，在村民的救助下死里逃生。

試行錯誤　屡次失败并修正错误后，逐渐得到成效

試行錯誤しながら泳ぎ方を研究し、今は平泳ぎの技をマスターした。

一边修正错误，一边研究游泳方式，现在已经很精通蛙泳的技巧了。

何食わぬ顔　若无其事

今ベビースイミングが日本では流行っていますが、赤ちゃんが何食わぬ顔で泳いでいる姿はとてもかわいい。

在日本正流行婴儿游泳训练，婴儿游泳时若无其事的样子真是太可爱了。

能ある鷹は爪を隠す　真人不露相；大智若愚

うわさでは彼はとても水泳が得意だそうだ。でも彼はそんな話を一度もしたことがない。さすが「能ある鷹は爪を隠す」だなあ。

据传，他很擅长游泳。但他本人一次也没提过，真是真人不露相啊！

延び延びになる　一再延期

連日の雨で、楽しみにしていた水泳大会が延び延びになっている。

因为连续下了好几天的雨，期待的游泳大会只能一再延期。

超高频率会话句 | 语言学校独家传授必备实用好句

- あそこのシンクロナイズドスイミングの選手を見て！彼女達は水の中で自由に泳ぎ回るのがすごいね。

  你看那边的水上芭蕾舞者！她们可以在水中自由地游来游去，真厉害。

- 私は大体二十往復できます。。

  我大约可以游二十个来回。

- 海で泳ぐ時はビーチにライフセーバーが見える場所を探さなければならない。

  在海里游泳时，必须找一个可以看到岸边有救生员的地方。

- 泳ぐ時は水泳帽をかぶり、水着を着て、耳栓、ゴーグルをします。

  游泳的时候，你要戴泳帽、穿泳衣、戴耳塞和泳镜。

- おぼれた人に人工呼吸をする時がある。

  有时候要对溺水的人做心肺复苏。

- 足がつった時は足をまっすぐにして、足がつる感覚がなくなるまで伸ばします。

  当你的脚抽筋时，要把脚伸直，直到抽筋的感觉消失为止。

- プールの時、服と鞄はどこに置けばいいですか。

  在游泳池时，把衣服和包放在哪里比较好？

- 午後に水泳のクラスがあるんだけど、一緒に行きませんか。

  我今天下午有游泳课，你不一起去吗？

- 最近太ってきたので、ダイエットしないとだめです。

  我最近越来越胖了，不减肥不行了！

- あなたは泳げますか。私はまだ息継ぎを習っているところです。

  你会游泳吗？我还在学怎么在水中换气。

- 私は週に三回ヨガに行きます。

  我一星期上三次瑜伽课。

- スポーツジムはどこにあるか知っていますか。
  你知道哪里有健身房吗？

- 年会費を一括で払ったら、安くなりますか。
  年费一次缴清会有优惠吗？

- 基礎のクラスがありますか。
  有初级课程吗？

- 今は一周年の優待期間で、スポーツジムのレッスンは全て三割引です。
  因为现在周年庆，健身房的课程全面七折。

- 肺活量をアップしたいんですが、どう鍛えたらいいですか。
  我想要提升肺活量，怎样训练比较好呢？

- ピラティスのクラスを見学したいんですが。
  我想观摩普拉提课程。

- ヨガをする時、何を準備しなければなりませんか。
  做瑜伽时，我需要准备什么呢？

- すみませんが、この時間帯のエアロビクスのクラスはもう満員です。
  很抱歉，这个时间段的有氧舞蹈课已经额满了。

- どうやってここのスポーツマシンを使ったらいいですか。
  我要怎么使用这里的运动器材呢？

- コーチに質問すればいいですよ。
  你可以询问教练。

- 温水プールはどこにあるか知っていますか。
  你知道哪里有温水游泳池吗？

- 彼は水泳が得意で、よく水泳大会で優勝したそうです。
  听说他很会游泳，经常在游泳比赛中得冠军。

- 私はまだ泳げません。ビート板を使って、バタ足しかできません。
  我还不会游泳，现在只会扶着浮板踢水而已。

- 溺れるのが怖くて、なかなか泳げません。
  我很害怕溺水，所以迟迟不敢游泳。

- シャワーを浴びてから、プールに入ってください。
  请先淋浴，再进泳池。

- バタフライを教えてくれませんか。
  可以教我游蝶泳吗？

- 沖縄へ遊びに行ったら、スキューバダイビングの体験ができますよ。
  去冲绳游泳，可以体验潜水哦！

- 私は毎朝十往復泳ぎます。
  我每天早上都会游十圈。

- 息継ぎができるまで、どのぐらいかかりましたか。
  你花了多久的时间学会换气的？

- 体力がなくなってきたので、運動しないとだめだなあ。
  最近感觉体力越来越差，看来不运动不行了。

- 毎年日月潭では日月潭横断の遠泳イベントが行われる。
  日月潭每年都会举办横渡日月潭的活动。

MEMO

Chapter 5

ショッピング
逛街好心情

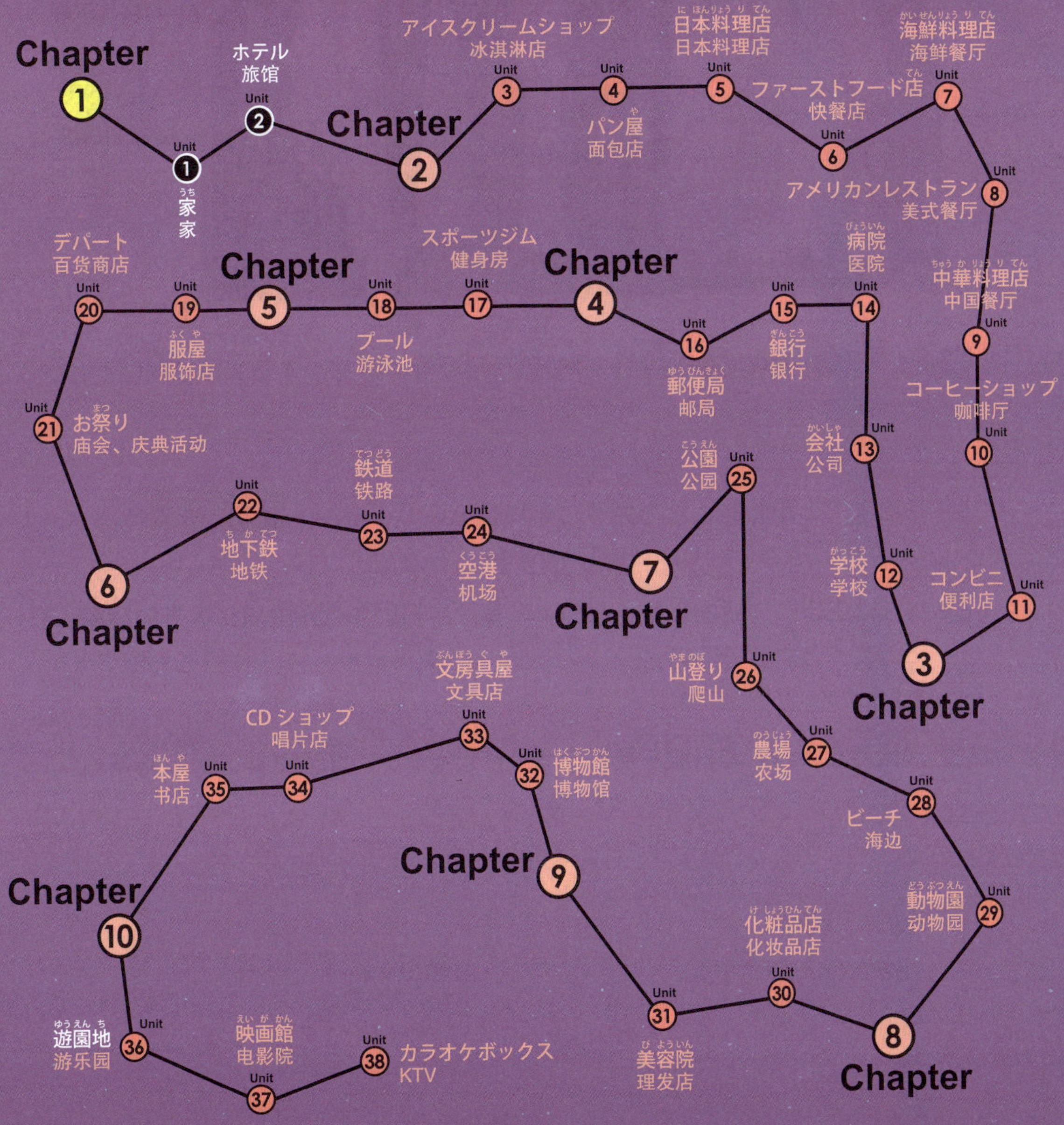

- Chapter 1
- Unit 1 うち / 家　家
- Unit 2 ホテル / 旅館
- Chapter 2
- Unit 3 アイスクリームショップ / 冰淇淋店
- Unit 4 パン屋 / 面包店
- Unit 5 日本料理店 / 日本料理店
- Unit 6 ファーストフード店 / 快餐店
- Unit 7 海鮮料理店 / 海鮮餐厅
- Unit 8 アメリカンレストラン / 美式餐厅
- Unit 9 中華料理店 / 中国餐厅
- Unit 10 コーヒーショップ / 咖啡厅
- Unit 11 コンビニ / 便利店
- Unit 12 学校 / 学校
- Chapter 3
- Unit 13 会社 / 公司
- Unit 14 病院 / 医院
- Unit 15 銀行 / 银行
- Unit 16 郵便局 / 邮局
- Chapter 4
- Unit 17 スポーツジム / 健身房
- Unit 18 プール / 游泳池
- Chapter 5
- Unit 19 服屋 / 服饰店
- Unit 20 デパート / 百货商店
- Unit 21 お祭り / 庙会、庆典活动
- Chapter 6
- Unit 22 地下鉄 / 地铁
- Unit 23 鉄道 / 铁路
- Unit 24 空港 / 机场
- Chapter 7
- Unit 25 公園 / 公园
- Unit 26 山登り / 爬山
- Unit 27 農場 / 农场
- Unit 28 ビーチ / 海边
- Unit 29 動物園 / 动物园
- Chapter 8
- Unit 30 化粧品店 / 化妆品店
- Unit 31 美容院 / 理发店
- Chapter 9
- Unit 32 博物館 / 博物馆
- Unit 33 文房具屋 / 文具店
- Unit 34 CDショップ / 唱片店
- Unit 35 本屋 / 书店
- Chapter 10
- Unit 36 遊園地 / 游乐园
- Unit 37 映画館 / 电影院
- Unit 38 カラオケボックス / KTV

Unit 19 服屋(ふくや) | 服饰店

日常对话 | 快速融入超拟真的日常对话

A「女性(じょせい)の洋服(ようふく)ダンスの中(なか)はいつも何(なに)か足(た)りない感(かん)じがする」って聞(き)いたことがある？

你听过有人说"女人的衣柜总是少一件衣服"吗？

B あるよ！しかもあなたを見(み)るとそれが100パーセント証明(しょうめい)できるわ。

有啊，而且从你身上百分之百可以证明那是真的。

A 女性(じょせい)は生(う)まれつきおしゃれなのよ。実(じつ)は今日(きょう)いちばんお気(き)に入(い)りの服屋(ふくや)に行(い)こうと思(おも)ってるの。

爱漂亮是女人的天性啊。事实上，我正在想今天要去一家我最喜欢的服饰店。

B 冗談(じょうだん)でしょう！昨日(きのう)服(ふく)を買(か)ったばかりじゃない。本当(ほんとう)に買(か)い物中毒(ものちゅうどく)だね。

别开玩笑了！你昨天不是才买衣服！你真是一个购物狂。

补充单词及短语

- 洋服(ようふく)ダンス 名 衣柜
  部屋(へや)に木製(もくせい)の洋服(ようふく)ダンスがあります。
  房间里有个木制衣柜。

- 証明(しょうめい)します 动 证明
  私(わたし)はあなたが間違(まちが)っていると証明(しょうめい)できる！
  我会证明你是错的！

超高频率使用的句子 | 一分钟学一句不怕不够用

- このシャツ*¹の一つ大きいサイズがありますか。
  这件衬衫有大一号吗？

- このタイプのTシャツは他にどんな色*²がありますか。
  这款T恤还有哪些颜色？

- いつセールがありますか。
  你们什么时候有大减价？

- 店は通常七月と一月に、セールがあります。全ての商品は70パーセント割引になります。
  我们店通常在七月和一月的时候有大减价，所有的商品都打三折。

- このかばんは割引後、いくらになりますか。
  这个包打折后是多少钱？

- 試着してもいいですか？
  我可以试穿一下看看吗？

- すみません。このスカートは緩すぎます。一つ小さいサイズがありますか。
  不好意思，这裙子太松了，有小一号的吗？

- その帽子は私に似合わないなあ、他のタイプのがありますか。
  我想那个帽子不适合我，你们有其他款式的吗？

★ 换个单词说说看 | 用单词积累句子的丰富度，让句子更漂亮！

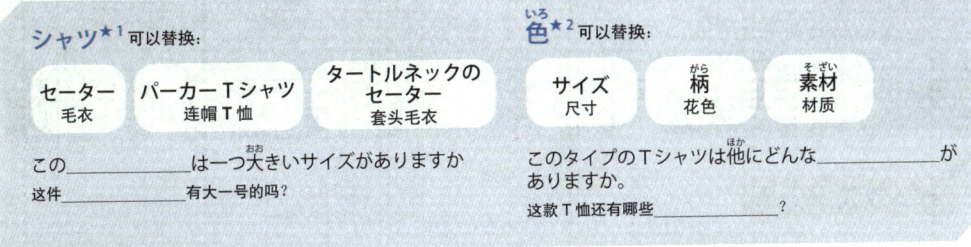

补充单词及短语

- セール 名 卖、拍卖
  明日ガレージセールがあります。
  明天会有一个旧物拍卖。

- 緩い い形 松的、宽的
  このズボンは緩すぎます。
  这件裤子太松了。

✱ 日常单词 | 语言学校都会教的超实用日常单词

1 服 ▶ 衣服

カタログ [ka ta ro gu] 名 -------- 目录
タイプ [ta i pu] 名 -------- 款式
カラフル [ka ra fu ru] な形 -------- 鲜艳的
柄 [ga ra] 名 -------- 花样
材質 [za i shi tsu] 名 -------- 材质
流行 [ryu u ko u] 名 -------- 流行
おしゃれ [o sha re] な形 -------- 时髦的

2 試着 ▶ 试穿

試着室 [shi cha ku shi tsu] 名 -------- 试衣间
着ます [ki ma su] 动 -------- 穿（上半身）
履きます [ha ki ma su] 动 -- 穿（下半身）、穿鞋
サイズ [sa i zu] 名 -------- 尺寸
ぴったり [pi t ta ri] 副 -------- （衣服）合身
コーディネート [ko o dhi ne e to] 名 -------- 搭配

3 トップス ▶ 上衣

Tシャツ [T sha tsu] 名 -------- T恤
ワンピース [wa n pi i su] 名 -------- 连衣裙
シャツ [sha tsu] 名 -------- 衬衫
ブラウス [bu ra u su] 名 --- 女用短上衣、短衫
コート [ko o to] 名 -------- 外套、大衣
ポロシャツ [po ro sha tsu] 名 -------- POLO衫
セーター [se e ta a] 名 -------- 毛衣
タンクトップ [ta n ku to ppu] 名 ---- 无袖背心

④ ボトムス ▶ 下半身（裤、裙）

ズボン	[zu bo n] 名	裤子、长裤
スラックス	[su ra k ku su] 名	宽松的长裤
半ズボン / 短パン	[han zu bo n / tan pan] 名	短裤
ショートパンツ	[sho o to pa n tsu] 名	宽松运动短裤
ジーンズ	[ji i n zu] 名	牛仔裤
スカート	[su ka a to] 名	裙子
キュロット	[kyu ro t to] 名	裙裤

⑤ 帽子 ▶ 帽子

日文	罗马音	中文
野球帽	[ya kyu u bo u] 名	棒球帽
ニット帽	[ni t to bo u] 名	毛线帽
ベレー帽	[be re e bo u] 名	贝雷帽
登山帽	[to za n bo u] 名	登山帽
麦わら帽	[mu gi wa ra bo u] 名	草帽
ニューヨークハット	[nyu u yo o ku ha t to] 名	绅士帽

⑥ 服の装飾品 ▶ 服装配件

日文	罗马音	中文
スカーフ	[su ka a fu] 名	围巾、领巾
ベルト	[be ru to] 名	腰带
ネクタイ	[ne ku ta i] 名	领带
靴下	[ku tsu shi ta] 名	袜子
蝶ネクタイ	[cho u ne ku ta i] 名	蝴蝶领结
ネッカチーフ	[ne k ka chi i fu] 名	领巾

❼ アクセサリー ▶ 配饰

ジュエリー [ju e ri i] 名	首饰
ネックレス [ne k ku re su] 名	项链
イヤリング [i ya ri n gu] 名	耳环
指輪 [yu bi wa] 名	戒指
ブレスレット [bu re su re t to] 名	手环、手链
宝石 [ho u se ki] 名	宝石
サングラス [sa n gu ra su] 名	墨镜

❽ 下着 ▶ 内衣裤

パンツ [pa n tsu] 名	三角裤
トランクス [to ra n ku su] 名	四角裤
パンティー [pa n thi i] 名	（女性）内裤
Tバックパンツ [T ba k ku pa n tsu] 名	丁字裤
ブラジャー [bu ra ja a] 名	胸罩
コルセット [ko ru se t to] 名	马甲
ビスチェ [bi su che] 名	调整型内衣
フロントホック [fu ro n to ho k ku] 名	前扣式胸罩
シームレスブラ [shi i mu re su bu ra] 名	无痕内衣
スポーツブラ [su po o tsu bu ra] 名	运动胸罩

Daily Q&A

〔会话一〕
Q▶ ブラウス一枚とズボン一枚でいくらですか。
一件女式上衣和一条裤子总共多少钱？
A▶ 全部で3,000円です。
总共是三千日元。

〔会话二〕
Q▶ いらっしゃいませ。ご用件を承りましょうか。
欢迎光临。我能为您效劳吗？
A▶ 大丈夫です。
不用，谢谢。

〔会话三〕
Q▶ 試着室はどこですか。
试衣间在哪里？
A▶ 通路の一番奥です。
在走道的最里面。

地道谚语与惯用语 | 让句子更锦上添花

気が済む　心里舒畅

嫌な事があったので、気分転換にたくさん服を買ったら、やっと気が済んだ。

因为有烦心的事，所以为了转换心情买了很多衣服，总算心里舒畅多了。

心を奪われる　被迷住

テレビで今年の流行のジーンズのコーディネートを見て、心を奪われた。

在电视上看到今年流行的牛仔裤穿搭都被迷住了。

赤札　红标商品；特价品

この棚に並んでいるのは全て赤札です。数に限りがありますから、お早めにどうぞ。

这个架子上的都是特价品。数量有限，买的话要快哦！

馬子にも衣装　佛要金装，人要衣装

成人式用の着物を試着してみたら、いつも活発な娘が上品に見えた。馬子にも衣装とは本当だなあ。

素来活泼好动的女儿，试穿了成人礼的和服后，变得好优雅。正所谓"佛要金装，人要衣装"。

ブランド志向　崇尚名牌

あの人はブランド志向だから、身につけているアクセサリーは全て高くて珍しいものばかりに違いない。

他是个崇尚名牌的人，所以他身上的饰品一定全是又贵又珍奇的。

流行はまた来る　再流行

流行はまた来ると言われているから、3年前に買ったコートを捨てることができない。

听说会再度流行，所以三年前买的大衣不能丢掉。

一目惚れ　一见倾心、一见钟情

帽子屋のショーウインドーで見かけたベレー帽に一目惚れして、つい衝動買いしてしまった。

对在帽子店橱窗看到的那顶贝雷帽一见倾心，一冲动就买了下来。

Unit 20 デパート | 百货商店

✱ 日常对话 | 快速融入超拟真的日常对话

A デパートの前に大勢の人が並んでるね。デパートの年末セールの時期が来たのね。

百货商店年末促销又到了，商店前面好多人排队。

B 本当？じゃあ私もスキンケア商品を買う<mark>絶好のチャンス</mark>を逃してはいけないわ。

真的吗？那我也不能错失买护肤品的好时机。

A そうなの？毎回年末セールの時はあの人込みで<mark>呼吸困難</mark>になりそうよ。

你确定？每次年末促销的时候，因为人很多，多到我都没办法呼吸的感觉。

B それはそうなんだけど。でも全ての商品に特別割引があるから行く価値があるよ。

是那样没错啦。但是，所有东西都有特别的折扣，很值得去哦。

补充单词及短语

- **絶好のチャンス**〔名〕绝佳机会
  日本へ留学する絶好のチャンスをくれた先生に感謝しています。
  很感谢老师给我这个可以去日本留学的好机会。

- **呼吸困難**〔名〕呼吸困难
  高い山に登ると、酸素が薄くなって、呼吸困難になる恐れがある。
  登上高山后，氧气变得稀薄，可能会有呼吸困难的情况。

✳ 超高频率使用的句子 | 一分钟学一句不怕不够用

- 今日の午後、一緒にデパートへ行かない？
  你今天下午要不要跟我一起去百货商店呢？

- 靴売り場*¹は一階の中央にあります。
  鞋子专柜在一楼的中间位置。

- 家電売り場は何階ですか。
  请问家电卖场在几楼？

- 新しいイタリアンレストラン*²は十階にあります。
  新的意大利餐厅在十楼。

- クレジットカードが使えますか。
  能刷信用卡吗？

- 特別な割引がありますか。
  有特别折扣吗？

- この建物に本屋がありますか。
  这栋楼有书店吗？

- 粗品がありますか。
  你们提供赠品吗？

★ 换个单词说说看 | 用单词积累句子的丰富度,让句子更漂亮!

靴売り場■*¹ 可以替换:
- かばん売り場 皮包专柜
- 宝石店 珠宝店
- 化粧品売り場 化妆品专柜

_____は一階の中央にあります。
_____在一楼中间。

イタリアンレストラン*² 可以替换:
- コーヒーショップ 咖啡厅
- アイスクリームショップ 冰淇淋店
- フードコート 美食区

新しい_____は十階にあります。
新的_____在十楼。

补充单词及短语

- ～階 [量词] ～楼
  寝具売り場はこのショッピングモールの五階にあります。
  床上用品专柜在这个购物中心的五楼。

- 粗品 [名] 赠品
  ポイントカードのポイントが貯まったので、粗品をもらいました。
  集点卡累积了很多点数,所以换到了赠品。

 **日常单词** | 语言学校都会教的超实用日常单词

① デパート ▶ 百货公司

外資系デパート [ga i shi ke i de pa a to] 名 — 外资百货商店

ショッピングモール [sho p pi n gu mo o ru] 名 — 购物中心

ショッピングプラザ [sho p pi n gu pu ra za] 名 — 购物广场

アウトレットモール [a u to re t to mo o ru] 名 — 直营店

② サービス ▶ 服务

インフォメーション [i n fo me e sho n] 名 — 服务台

顧客サービス [ko kya ku sa a bi su] 名 — 顾客服务

チラシ [chi ra shi] 名 — 广告单

駐車場 [chu u sha jo u] 名 — 停车场

支店 [shi te n] 名 — 分店

③ デパートのスタッフ ▶ 百货商店工作人员

店員 [te n in] 名 — 店员

チーフ [chi i fu] 名 — 主任

マネージャー [ma ne e ja a] 名 — 经理

インフォメーションスタッフ [i n fo me e sho n su ta f fu] 名 — 引导人员

エレベーターガール [e re be e ta a ga a ru] 名 — 电梯服务员

④ 支払い ▶ 付钱

小切手 [ko gi t te] 名	支票
現金 [ge n ki n] 名	现金
お札 [o sa tsu] 名	钞券、钞票
小銭 [ko ze ni] 名	硬币
デビットカード [de bi t to ka a do] 名	现金卡
ポイントカード [po i n to ka a do] 名	集分卡
クレジットカード [ku re jI t to ka a do] 名	信用卡

⑤ 売り場 ▶ 卖场、专柜

カジュアルウェア [ka ju a ru we a] 名	休闲服饰
ジーンズ [ji i n zu] 名	牛仔服饰
水着 [mi zu gi] 名	泳装
紳士服 [shi n shi fu ku] 名	男装
婦人服 [fu ji n fu ku] 名	女装
靴屋 [ku tsu ya] 名	鞋店
寝具 [shi n gu] 名	床上用品
家庭用品 [ka te i you hi n] 名	家庭用品

⑥ イベント ▶ 活动

年末セール [ne n ma tsu se e ru] 名	年末促销
割引 [wa ri bi ki] 名	打折
セール [se e ru] 名	促销
バーゲンセール [ba a ge n se e ru] 名	特卖
タイムセール [ta i mu se e ru] 名	限时特卖

7 フロア ▶ 楼层

フロアガイド [fu ro a ga i do] 名 —— 楼层介绍
エレベーター [e re be e ta a] 名 —— 电梯
エスカレーター [e su ka re e ta a] 名 —— 手扶梯
階段 [ka i da n] 名 —— 楼梯
非常口 [hi jo u gu chi] 名 —— 逃生门

8 商品 ▶ 商品

ブランド [bu ra n do] 名 —— 品牌
ファッション [fa s sho n] 名 —— 时尚
消費 [sho u hi] 名 —— 消费
買い物 [ka i mo no] 名 —— 购物
香水 [ko u su i] 名 —— 香水
化粧品 [ke sho u hi n] 名 —— 化妆品

スキンケア商品 [su ki n ke a sho u hi n] 名 —— 护肤品
革製品 [ka wa se i hi n] 名 —— 皮制品
宝石 [ho u se ki] 名 —— 珠宝
バッグ [ba g gu] 名 —— 女用手提包
財布 [sa i fu] 名 —— 钱包

Daily Q&A

〔会话一〕
Q▶ フードコートはどこにありますか。
美食街在哪里？
A▶ 地下一階にあります。
在地下一楼。

〔会话二〕
Q▶ タイツはどこにありますか。
裤袜在哪里？
A▶ 五階のエスカレーターの側にあります。
在五楼手扶梯旁。

〔会话三〕
Q▶ どこで粗品が交換できますか。
哪里可以兑换赠品呢？
A▶ 最上階まで上がって、左へ曲がってください。
到顶楼左转。

地道谚语与惯用语 ｜ 让句子更锦上添花

安物買いの銭失い　贪小便宜吃大亏

安い物は壊れやすいから結局また買わなければならないし、安物買いの銭失いはお金の無駄だ。

便宜的东西容易坏，到了最后还得再买新的，所以贪小便宜会吃大亏，反而浪费钱。

偽物を掴む　买到仿冒品

海外へ旅行に行ってブランド品を買ったけど、国へ帰ってから偽物を掴んだと分かりショックを受けた。

到国外旅行时，买了个名牌包，但是回国后，才发现买到了仿冒品，真是震惊。

日常茶飯事　家常便饭；毫不稀奇

買ってから家へ帰って同じような物があったと気がつくのは日常茶飯事だ。

东西买回家后发现已经有相似的东西了，这种情况是经常有的。

一生物を買う　购买耐用的东西

一生物を買うと、丈夫だし大切にするので長く使える。つまりお金を節約することもできる。

购买耐用的东西，因为既坚固又会珍惜，所以可以使用很久。换句话说，也可以省钱。

腰を抜かす　吓呆

デパートでバーゲンセールの混雑を見て、腰を抜かしてしまった。

在百货公司看到特卖会现场混乱的样子，把我吓呆了。

掏りに遭う　遇到扒手

買い物に夢中になっている間に掏りに遭ってしまった。本当に運が悪い。

正当专心购物的时候，东西竟然被偷走。运气真的很差。

万引きをする　偷窃；顺手牵羊

万引きをしているところを偶然見て、急いで店員に伝えた。

凑巧看到有人在偷东西，于是赶紧去跟店员说了。

Unit 21 お祭り｜庙会、庆典活动

❋ **日常对话** ｜ 快速融入超拟真的日常对话

A 地元のお祭りに行くのは何年ぶりかなあ。懐かしいなあ。
家乡的庙会不知道多少年没去了。真令人怀念啊！

B そうだね。小学生の頃はよく来たね。そういえば子供の頃はお祭りでどんな事をした？
对啊！小学时经常去，对吧！话说，那时候在庙会活动时都做了什么？

A スーパーボールすくいとか、射的とか…。おもしろかったなあ。それに毎回かき氷を食べていたよ。
捞珠子和射击等。真是有趣啊！而且每次都会去吃刨冰！

B 私は金魚すくいが得意だから、いつも新記録を目指してすくってたよ。最高記録は確か十五匹だったかな。
我最擅长捞金鱼，总是以创造新纪录为目标。没记错的话，最高纪录是十五只。

补充单词及短语

- 懐かしい[い形] 怀念的、思念的
  卒業アルバムを開くと、お世話になった先生方やクラスメートの顔がとても懐かしい。
  一打开毕业纪念册，看到照顾过我们的老师及同学的脸就非常怀念。

- 目指します[动] 以……为目标
  将来日本留学を目指して、働きながら日本語を勉強しています。
  以将来能到日本留学为目标，正一边工作一边学日语。

✱ 超高频率使用的句子 | 一分钟学一句不怕不够用

- 焼きそば*¹の屋台はどこですか。
  炒面的摊位在哪里?

- お神輿を見物する人が多すぎて前に進めない状態です。
  因为观看神轿的人太多了,目前呈现无法前进的状态。

- 盆踊りは見ているより踊ったほうが楽しいですよ。いっしょにどうですか。
  跳盂兰盆舞比看盂兰盆舞更能感到欢乐哦。一起跳如何?

- 新しい浴衣ですか。似合っていますね。自分で浴衣が着られますか。
  这是新浴衣吗?很适合你。你会自己穿浴衣吗?

- 輪投げ*²をしたことがある?
  你玩过套圈吗?

- かき氷はどんな味が好きですか。
  你喜欢什么口味的刨冰呢?

- 阿波踊りを見たことがありますか。
  你看过阿波舞表演吗?

- いか焼きと焼き鳥とどちらが食べたいですか。
  烤乌贼和烤鸡肉串,你比较想吃什么?

★ 换个单词说说看 | 用单词积累句子的丰富度,让句子更漂亮!

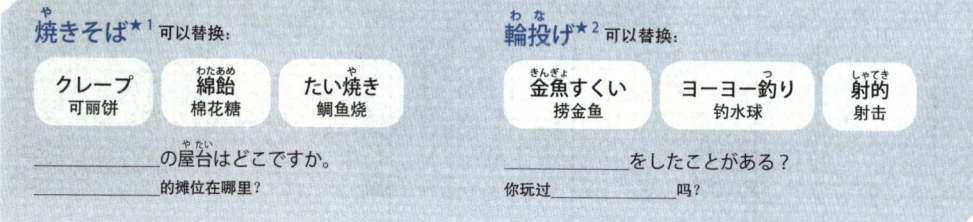

补充单词及短语

- 見物します 动 观看
  青森県へ行ったらねぶた祭りを見物したいです。
  如果去青森县的话,想要去观看七夕灯节。

- 着ます 动 穿
  日本では結婚式やお葬式など特別な機会に和服を着る習慣があります。
  在日本,婚礼和丧礼等特别的场合有穿和服的习惯。

日常単語 | 语言学校都会教的超实用日常单词

1 有名なお祭り ▶ 有名的庆典活动

祇園祭り [gi o n ma tsu ri] 名 ----- 祇园祭（京都府）
天神祭り [te n ji n ma tsu ri] 名 --- 天神祭（大阪府）
神田祭り [ka n da ma tsu ri] 名 ---- 神田祭（东京都）
青森ねぶた祭り [a o mo ri ne bu ta ma tsu ri] 名
------------------------------------- 青森七夕灯节（青森县）
阿波踊り [a wa o do ri] 名 -------- 阿波舞（德岛县）

2 お祭り会場 ▶ 庆典会场

提灯 [cho u chi n] 名 ----------- 灯笼
お神輿 [o mi ko shi] 名 --------- 神轿
花火 [ha na bi] 名 -------------- 烟花
パレード [pa re e do] 名 -------- 游行

3 服装 ▶ 服装

浴衣 [yu ka ta] 名 ------------- 浴衣
帯 [o bi] 名 ------------------ 腰带
下駄 [ge ta] 名 --------------- 木屐
甚平 [ji n be i] 名 --- （男性或儿童的）夏日和式休闲服
浴衣ドレス [yu ka ta do re su] 名 --------- 浴衣式洋装
法被 [ha p pi] 名 ----- 无腰带的宽袖上衣、日式祭典服

♪ 140

④ 盆踊り ▶ 盂兰盆舞

太鼓 [ta i ko] 名	鼓
やぐら [ya gu ra] 名	祭典台
団扇 [u chi wa] 名	团扇
音頭 [o n do] 名	领唱
歌い手 [u ta i te] 名	歌手

⑤ 飲み物 ▶ 饮料

ラムネ [ra mu ne] 名	弹珠汽水
コーラ [ko o ra] 名	可乐
オレンジジュース [o re n ji ju u su] 名	橙汁
ウーロン茶 [u u ro n cha] 名	乌龙茶
ビール [bi i ru] 名	啤酒

⑥ かき氷の味 ▶ 刨冰的口味

いちご [i chi go] 名	草莓
メロン [me ro n] 名	哈密瓜
レモン [re mo n] 名	柠檬
マンゴー [ma n go o] 名	芒果
ぶどう [bu do u] 名	葡萄

❼ 露店 ▶ 露天摊位

金魚すくい [kingyo suku i] 名 ------ 捞金鱼
輪投げ [wa na ge] 名 ------ 套圈圈
射的 [sha te ki] 名 ------ 射击
ヨーヨー釣り [yo o yo o tsu ri] 名 ------ 钓水球
お面 [o me n] 名 ------ 面具
UFOキャッチャー [UFO kya c cha a] 名 ------ 夹娃娃机

© Korkusung / Shutterstock.com

❽ 露店の食べ物 ▶ 露天摊位的食物

いか焼き [i ka ya ki] 名 ------ 烤乌贼
焼きそば [ya ki so ba] 名 ------ 炒面
クレープ [ku re e pu] 名 ------ 可丽饼
ベビーカステラ [be bi i ka su te ra] 名 ------ 鸡蛋糕
たい焼き [ta i ya ki] 名 ------ 鲷鱼烧

りんご飴 [ri n go a me] 名 ------ 糖葫芦
みたらし団子 [mi ta ra shi da n go] 名 ------ 日式甜咸丸子串
焼き鳥 [ya ki to ri] 名 ------ 烤鸡肉串
綿飴 [wa ta a me] 名 ------ 棉花糖

Daily Q&A

〔会话一〕
Q▶ りんご飴二つとラムネ一つとオレンジジュースを一つください。
请给我两串糖葫芦、一瓶汽水和一瓶橙汁。

A▶ はい、600円です。
好的，总共六百日元。

〔会话二〕
Q▶ すくった金魚は持ち帰れますか。
捞到的金鱼可以带回家吗？

A▶ 何匹すくっても、五匹だけ持ち帰れます。
无论捞到几只，都只能带五只回去。

〔会话三〕
Q▶ 団扇はどこでもらえますか。
在哪里可以拿到团扇？

A▶ お祭り会場の入り口で配っていますよ。
庙会会场入口正在发送哦。

地道谚语与惯用语 | 让句子更锦上添花

日本三大祭り〉日本三大庆典

京都の祇園祭り、大阪の天神祭り、東京の神田祭りは日本の三大祭りと言われていて、国内外からの観光客で賑わいます。

京都的祇园祭、大阪的天神祭、东京的神田祭被称为日本的三大庆典，国内外的游客使得整个庆典热闹非凡。

お祭り騒ぎ〉节日的狂欢

昨日は食べたり飲んだり歌ったり、まさにお祭り騒ぎのようなパーティーでした。

昨天又吃又喝又唱的，简直就像节日狂欢一样的派对。

後の祭り〉为时已晚

祇園祭りの翌日に山鉾を見物に行っても、後の祭りだ。

祇园祭的次日才要去看花车，为时已晚。

祭りの後のような寂しさ〉像庆典结束后那样的冷清

イベントが終わってお客さんがみんな帰った後は、まるで祭りの後のような寂しさです。

活动结束大家都回家后，冷清得就宛如庆典结束后。

待ってましたとばかり〉正等着

盆踊りの音頭が聞こえ始めると、待ってましたとばかり大勢の人が輪を作って踊り始めた。

听到盂兰盆舞的起音者的声音后，很多等待的人们围成圈，开始跳起舞来了。

形振り構わず〉不顾形象

形振り構わず輪投げをしている友達を見て、つい笑いそうになった。

看到不顾形象在套圈的朋友，不自觉地笑了。

暇をつぶす〉打发时间；消遣

日曜日なのにすることもないので、近くのお祭りへ行って暇をつぶした。

因为星期日无事可做，就去附近的庙会打发时间了。

超高频率会话句 | 语言学校独家传授必备实用好句

- 下駄に慣れていなくて、鼻緒ずれになってしまった。絆創膏がある？
  因为不习惯穿木屐，所以被木屐带磨伤了。你有创可贴吗？

- 女性が浴衣を着ていると、一段ときれいに見えますね。
  女生只要穿上浴衣，就会显得更漂亮。

- お神輿は何時から町内を練り歩きますか。
  神轿几点开始在市内游行呢？

- 今年の花火大会の花火は何発打ち上げられますか。
  今年烟花大会的烟花会有几发呢？

- 天神祭りのパレードの順路を知っていますか。
  你知道天神祭的游行路线吗？

- 浴衣の帯の結び方が分かる？
  你知道浴衣腰带的绑法吗？

- 案内所の放送で迷子のお知らせができますか。
  服务台的广播可以播报走失找人的消息吗？

- ベビーカステラは一袋にいくつ入っていますか。
  鸡蛋糕一袋有几个呢？

- 妖怪ウォッチのジバニャンのお面がありますか。
  有《妖怪手表》中的地缚猫的面具吗？

- これよりもうちょっと短いワンピースを買いたいです。
  我想买比这件再短一点点的连衣裙。

- 来週バリ島へ遊びに行くので、水着を買わなきゃいけないなあ。
  我下星期要去巴厘岛玩，所以我得去买件泳衣才行。

- 履きやすいスニーカーを探したいです。
  我想找双好穿的慢跑鞋。

- アウトレットモールのブランド商品は本当に安いんですか。
  直营店的名牌商品真的比较便宜吗？

- 映画が始まる前に、下のショッピングプラザへ行こう。
  在电影开演之前，我们先到楼下的购物广场去逛逛吧。

- 喫茶店でちょっと休みませんか。
  要不要找个咖啡厅休息一下呢？

- あのデパートには鼎泰豐があるそうですが、食べに行ったことがありますか。
  听说那家百货公司有鼎泰丰，你去吃过吗？

- ほら、あそこでタイムセールをやってるね。私たちも見に行こう。
  你看，那里有限时特卖，我们也去看看吧。

- 今年はどんな色が流行っていますか。
  今年流行什么色系呢？

- ベレー帽を買いに行きたいんだけど、一緒に行ってくれない？
  我想要买顶贝雷帽，你可以陪我去买吗？

- このネックレスは着ている服にぴったりですよ。
  这条项链跟您身上这件衣服很搭。

- すみません、この服は試着できますか。
  请问这件衣服可以试穿吗？

- あの服屋の服は全部オーナーが韓国へ行って、買って来たそうです。
  听说那家服饰店的衣服都是老板自己去韩国带回来的。

- 父の日に父にジャンパーを買ってあげたいです。
  父亲节我想买件夹克给我爸爸。

- このコートはきれいですね。どこで買ったんですか。
  这件外套好漂亮哦！你在哪里买的？

- 日本のお祭りに行ったことがありますか。
  你去过日本的庙会吗？

- 本当に日本へ行きたいなあ。浴衣を着てお祭りに行ったり、花火を見たりしたいです。
  好想去日本哦。想穿浴衣去逛庙会，去看烟花。

- 日本のお祭りと韓国のお祭りはどう違いますか。
  日本的庙会和韩国的庙会有什么不一样呢？

- あそこでたこ焼きを売っていますよ。買いに行きませんか。
  那里有卖章鱼烧，要不要去买？

- わー！あの綿飴は形がきれいでおいしそうだね。
  哇！那棉花糖好漂亮，看起来很好吃的样子。

- UFOキャッチャーが得意？あの縫いぐるみ可愛いね。ほしいなあ。
  你擅长夹娃娃吗？那个玩偶好可爱，我好想要哦。

- 暑いね。かき氷を食べに行きましょうよ。
  好热哦。我们去吃点刨冰吧！

MEMO

Chapter 6

こうつうしゅだん
交通手段
交通工具畅行无阻

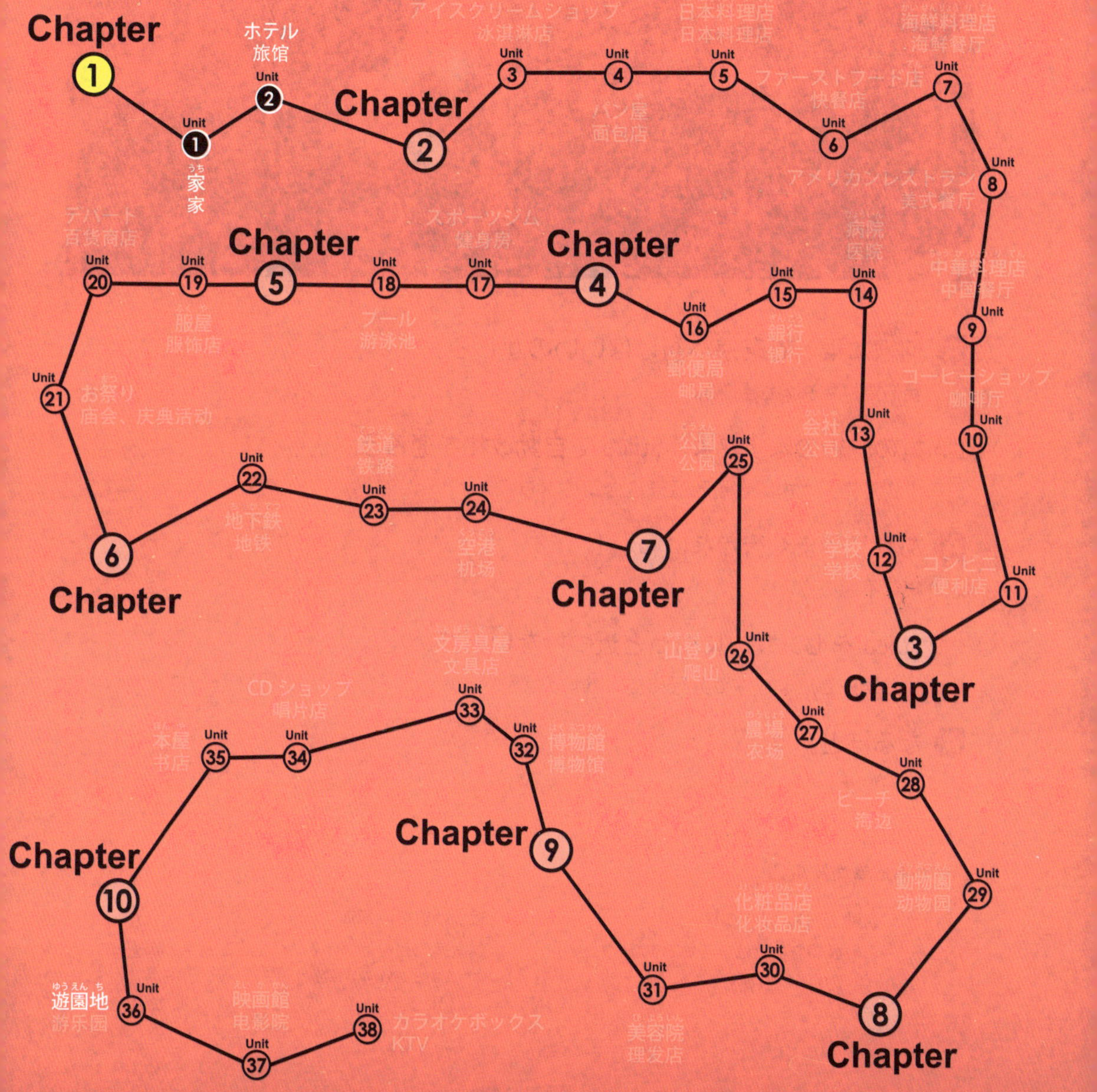

Unit 22 　地下鉄 | 地铁

🌸 **日常对话** | 快速融入超拟真的日常对话

A 何線に乗って東京へ行けばいいのかしら。
我们要搭乘哪条线到东京好呢？

B 丸の内線のはずだよ。Suica で自動改札を通ろう。
应该是搭丸之内线。用西瓜卡走自动检票口吧。

A あれ？うまく行かないわ。
咦？不能感应。

B Suica をセンサーにもっと近づけないとだめだよ。
你必须把西瓜卡放在更靠近感应器的地方。

A なるほど。
原来如此。

补充单词及短语

- 自動 名 自动、自动装置
  この食器洗い機は全自動です。
  这台洗碗机是全自动的。

- 近づけます 动 靠近
  顕微鏡に目を近づけて、微生物を観察します。
  将眼睛靠近显微镜观察微生物。

超高频率使用的句子 | 一分钟学一句不怕不够用

- どうやって地下鉄に乗りますか。
  我该怎么乘地铁呢?

- 地下鉄に乗る前にコーラ*1を全部飲み終わってください。
  进地铁前请先把可乐喝完。

- 気をつけて!列車が入ってくるよ。白線の後ろに立ってください。
  小心!列车要来了,请站在白线后面。

- 地下鉄のどの線に乗ったら、スカイツリー*2へ行けますか。
  搭乘哪条线可以到天空树呢?

- (車内アナウンス)お年寄りや妊娠中の方、そして体の不自由な方に座席をお譲りください。
  (车内广播)请给老人、孕妇及行动不便者让座。

- 難波で乗り換えて梅田へ行かなければならない。
  你必须在难波站换车到梅田。

- 地下鉄内は禁煙です。守らなければ罰金を払わなければなりません。
  地铁内是禁烟的。如果你不遵守规定,将被罚款。

★ 换个单词说说看 | 用单词积累句子的丰富度,让句子更漂亮!

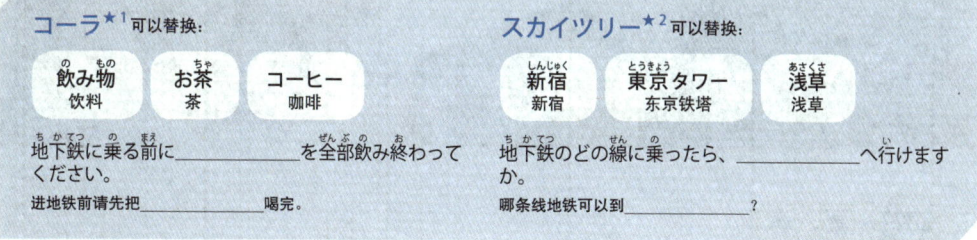

地下鉄に乗る前に＿＿＿＿＿を全部飲み終わってください。
进地铁前请先把＿＿＿＿＿喝完。

地下鉄のどの線に乗ったら、＿＿＿＿＿へ行けますか。
哪条线地铁可以到＿＿＿＿＿?

补充单词及短语

- 妊娠 [名] 怀孕
  私の妻は妊娠6か月です。
  我老婆怀孕六个月了。

- 譲ります [动] 让、让给
  海外へ研修に行くチャンスを同僚に譲りました。
  我把到海外进修的机会让给了同事。

日常单词 | 语言学校都会教的超实用日常单词

1 地下鉄 ▶ 地铁

東京メトロ [to u kyo u me to ro] 名 —— 东京地铁
大阪市営地下鉄 [o o sa ka shi e i chi ka te tsu] 名 —— 大阪市营地铁
京都市営地下鉄 [kyo u to shi e i chi ka te tsu] 名 —— 京都市营地铁
〜線 [se n] 名 —— 〜线
延着 [e n cha ku] 名 —— 误点

2 駅 ▶ 车站

終点 [shu u te n] 名 —— 终点站
乗換駅 [no ri ka e e ki] 名 —— 换乘站
ホームドア [ho o mu do a] 名 —— 安全闸门
出口 [de gu chi] 名 —— 出口
障害者用トイレ [sho u ga i sha yo u to i re] 名 —— 无障碍厕所

3 切符 ▶ 票、券

自動券売機 [ji do u ke n ba i ki] 名 —— 自动售票机
精算機 [se i sa n ki] 名 —— 补票机
チャージします [cha a ji shi ma su] —— 储值
センサー [se n sa a] 名 —— 感应器
片道切符 [ka ta mi chi ki p pu] 名 —— 单程票
往復切符 [o u fu ku ki p pu] 名 —— 往返票
未登録 [mi to u ro ku] 名 —— 没记录到

♪ 150

④ プラットホーム ▶ 月台

エレベーター [e re be e ta a] 名 —— 电梯
エスカレーター [e su ka re e ta a] 名 —— 手扶梯
手すり [te su ri] 名 —— 把手
禁止します [ki n shi shi ma su] 動 —— 禁止
飲食 [i n sho ku] 名 —— 饮食

⑤ 車両 ▶ 车厢

優先座席 [yu u se n za se ki] 名 —— 优先座位
車椅子対応 [ku ru ma i su ta i o u] 名 —— 无障碍空间
席 [se ki] 名 —— 座位
譲ります [yu zu ri ma su] 動 —— 礼让
吊り革 [tsu ri ka wa] 名 —— 吊环
握ります [ni gi ri ma su] 動 —— 紧握

⑥ 観光 ▶ 旅游、观光

路線図 [ro se n zu] 名 —— 路线图
時刻表 [ji ko ku hyo u] 名 —— 时刻表
運賃 [u n chi n] 名 —— 票价、车费
掲示板 [ke i ji ba n] 名 —— 布告栏
地下街 [chi ka ga i] 名 —— 地下商业街

♪ 151

❼ 旅客サービス ▶ 乗客服务

情報カウンター [jo u ho u ka u n ta a] 名 ⋯ 服务台
駅員 [e ki i n] 名 ⋯⋯⋯⋯⋯⋯⋯ 车站站务人员
平日 [he i ji tsu] 名 ⋯⋯⋯⋯⋯⋯ 平日、工作日
休日 [kyu u ji tsu] 名 ⋯⋯⋯⋯⋯⋯ 假日
ラッシュ [ra s shu] 名 ⋯⋯⋯⋯⋯⋯ 高峰时刻
オフピーク [o fu pi i ku] 名 ⋯⋯⋯ 非高峰时刻

❽ 乗客 ▶ 乗客

高齢者 [ko u re i sha] 名 ⋯⋯⋯ 年长者　　子供 [ko do mo] 名 ⋯⋯⋯⋯⋯ 孩子
妊婦 [ni n pu] 名 ⋯⋯⋯⋯⋯⋯ 孕妇　　　大人 [o to na] 名 ⋯⋯⋯⋯⋯⋯ 成人
団体 [da n ta i] 名 ⋯⋯⋯⋯⋯⋯ 团体

Daily Q&A

〔会话一〕
Q▶ すみませんが、何線に乗ったら、上野動物園へ行けますか。
请问一下，搭哪条线可以到上野动物园呢？
A▶ 山手線に乗ったら、行けますよ。
你可以搭山手线。

〔会话二〕
Q▶ 東京から舞浜まで運賃はいくらですか。
从东京站到舞浜站的票价是多少？
A▶ 480円です。
四百八十日元。

〔会话三〕
Q▶ すみませんが、どこで切符が買えますか。
不好意思，我在哪里可以买到车票？
A▶ 自動券売機で買えます。
你可以在自动售票机买票。

♫ 152

地道谚语与惯用语 | 让句子更锦上添花

方向音痴（ほうこうおんち） 无方向感；路痴

もともと方向音痴（ほうこうおんち）な方（ほう）だから、東京（とうきょう）メトロは複雑（ふくざつ）すぎて、きっと迷（まよ）ってしまうだろう。

因为我本来就是没有方向感的人，东京地铁太复杂了，一定会迷路的吧！

大（たい）したもんだ 很厉害；很了不起

切符（きっぷ）を買（か）わなくても、カードにお金（かね）をチャージして各地下鉄会社共通（かくちかてつがいしゃきょうつう）で使（つか）えるなんて、大（たい）したもんだ。

可以不用买车票，只要将钱储存在卡片上，就可以搭乘各家地铁公司的地铁，这真是太厉害了！

足止（あしど）めを食（く）らう 通行受阻

大規模（だいきぼ）な地震（じしん）のせいで地下鉄（ちかてつ）の駅（えき）は混乱（こんらん）し、数万人（すうまんにん）が足止（あしど）めを食（く）らった。

因为大地震的关系，地铁站很混乱，数万人通行受阻。

女性専用車両（じょせいせんようしゃりょう） 女性专用车厢

ラッシュ時（じ）に通勤（つうきん）や通学（つうがく）の女性専用車両（じょせいせんようしゃりょう）を設（もう）けている地下鉄会社（ちかてつがいしゃ）も増（ふ）えてきた。

在上下班高峰时间设置女性专用车厢的地铁公司越来越多了。

スマホ依存症（いぞんしょう） 低头族

最近（さいきん）スマホ依存症（いぞんしょう）の若者（わかもの）が多（おお）くて、街（まち）でも地下鉄（ちかてつ）の中（なか）でもよく見（み）かける。

最近有很多年轻的低头族，不管是在路上还是在地铁里都经常可以看到。

やむをえず 不得已；出于无奈

事故（じこ）で地下鉄（ちかてつ）が止（と）まってしまったので、止（や）むを得（え）ずタクシーで会場（かいじょう）へ向（む）かった。

因为发生事故导致地铁停运，不得已只好搭乘出租车去会场了。

乗（の）り過（す）ごす 坐过站

居眠（いねむ）りをしてしまって、つい降（お）りる駅（えき）を乗（の）り過（す）ごしてしまった。

因为打瞌睡着了，一不小心就坐过站了。

Unit 23 鉄道(てつどう) | 铁路

日常对话 | 快速融入超拟真的日常对话

A 電車(でんしゃ)に大勢(おおぜい)の乗客(じょうきゃく)がいるなあ。私(わたし)たちの席(せき)が見(み)つかるかな。
火（电）车上好多乘客哦。你找得到我们的位子了吗？

B ちょっと切符(きっぷ)を見(み)てみて…。上(うえ)に十二(じゅうに)列(れつ)のＡとＢって書(か)いてあるわよ。
让我看看我们的车票……上面写着十二排Ａ和Ｂ。

A 私(わたし)たちの席(せき)はあそこだ。十二(じゅうに)Ａは窓際(まどぎわ)の席(せき)、十二(じゅうに)Ｂは通路側(つうろがわ)の席(せき)だよ。
我们的座位在那里。十二Ａ是靠窗的座位，十二Ｂ是靠走道的座位。

B 良(よ)かった。私(わたし)は窓際(まどぎわ)の席(せき)のほうが気持(きも)ち良(よ)くて好(す)きなの。
太好了。我喜欢靠窗的位子，比较舒服。

A 私(わたし)は逆(ぎゃく)に通路側(つうろがわ)のほうが便利(べんり)で好(す)きだな。
我反而喜欢挨着过道的位子，出入比较方便。

补充单词及短语

- 列(れつ) 图 列、排
  あなたの席(せき)は何列目(なんれつめ)ですか。
  你的座位是哪一排？

- 気持(きも)ちがいい い形 舒服的
  芝生(しばふ)の上(うえ)に座(すわ)るのは本当(ほんとう)に気持(きも)ちがいい。
  坐在草皮上真的很舒服。

超高频率使用的句子 | 一分钟学一句不怕不够用

- すみません。京都★1までの特急の片道切符をください。

  不好意思,请给我张到京都的特快单程车票。

- 窓際の席を取ってもらえますか。酔うかもしれないので。

  你可不可以帮我安排一个靠窗的位子?因为我怕晕车。

- 見て!長い行列。みんな切符を買うのに並んでる。

  你看!好长的队伍,每个人都在排队买票。

- インターネットで切符を買ったほうがいい。

  最好在网上购票。

- すみません。東京までの新幹線の往復切符をください。

  不好意思,我要买到东京的新干线的往返车票。

- 時刻表を見てみよう。横浜行きの電車は6時20分に発車して、6時45分に到着する。

  我来看一下时刻表。往横滨的电车是六点二十分发车,六点四十五分到达。

- 新幹線の時刻表を一枚くださいませんか。

  可以给我一张新干线的时刻表吗?

- 切符売り場★2はどこですか。

  售票处在哪里?

- 切符を持ってる?改札員が電車に乗る時に切符を切ってくれるよ。

  你带了你的票吗?检票员会在我们上火(电)车时检票哦。

★ 换个单词说说看 | 用单词积累句子的丰富度,让句子更漂亮!

✳ **日常単語** | 语言学校都会教的超实用日常单词

① 鉄道(てつどう) ▶ 铁路

列車(れっしゃ) [re s sha] 名 ---------- 列车、火车、电车
車両(しゃりょう) [sha ryo u] 名 ---------- 车厢
レール [re e ru] 名 ---------- 轨道
鉄道(てつどう)システム [te tsu do u shi su te mu] 名 ---------- 铁路系统
列車信号(れっしゃしんごう) [re s sha shi n go u] 名 ---------- 列车信号

② 列車の種類(れっしゃのしゅるい) ▶ 车种

新幹線(しんかんせん) [shi n ka n se n] 名 ---------- 新干线
特急(とっきゅう) [to k kyu u] 名 ---------- 特快车
急行(きゅうこう) [kyu u ko u] 名 ---------- 快车
準急(じゅんきゅう) [ju n kyu u] 名 ---------- 准快车
普通(ふつう) [fu tsu u] 名 ---------- 普通列车
路面電車(ろめんでんしゃ) [ro me n de n sha] 名 ---------- 路面电车

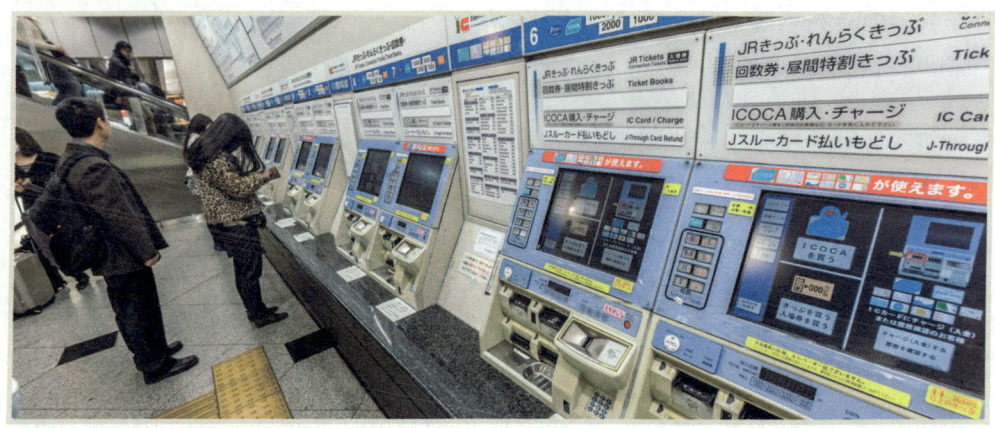

③ 切符売り場(きっぷうりば) ▶ 售票处

路線図(ろせんず) [ro se n zu] 名 ---------- 路线图
インフォメーション [i n fo me e sho n] 名 ---------- 服务台
行列(ぎょうれつ) [gyo u re tsu] 名 ---------- 排队
改札口(かいさつぐち) [ka i sa tsu gu chi] 名 ---------- 检票口
待合室(まちあいしつ) [ma chi a i shi tsu] 名 ---------- 候车室

♪ 156

④ 駅の構内 ▶ 车站内

時刻表 [ji ko ku hyo u] 名 ---- 时刻表
乗客 [jo u kya ku] 名 ---- 乘客
ホーム [ho o mu] 名 ---- 月台
構内アナウンス [ko u na i a na u n su] 名 ---- 车站内广播
キヨスク [ki yo su ku] 名 ---- 站内小卖部

⑤ 鉄道職員 ▶ 车站职员

駅長 [e ki cho u] 名 ---- 车站站长
駅長室 [e ki cho u shi tsu] 名 ---- 站长室
駅員 [e ki i n] 名 ---- 站务员
改札員 [ka i sa tsu i n] 名 ---- 检票人员
車掌 [sha sho u] 名 ---- 车长

⑥ 座席 ▶ 座位

座席番号 [za se ki ba n go u] 名 ---- 座位号码
窓側の席 [ma do ga wa no se ki] 名 ---- 靠窗的座位
通路側の席 [tsu u ro ga wa no se ki] 名 ---- 靠过道的座位
車椅子対応車 [ku ru ma i su ta i o u sha] 名 ---- 无障碍车厢
喫煙車 [ki tsu e n sha] 名 ---- 吸烟车厢
自由席 [ji yu u se ki] 名 ---- 自由座
指定席 [shi te i se ki] 名 ---- 对号座

♪ 157

❼ 特別列車 ▶ 特别列车

貸し切り列車 [ka shi ki ri re s sha] 名 -- 列车包厢
食堂車 [sho ku do u sha] 名 ------------ 餐车
車内販売 [sha na i ha n ba i] 名 -------- 车上售卖
グリーン車 [gu ri i n sha] 名 ---------- 头等车
寝台車 [shi n da i sha] 名 ------------ 卧铺车

❽ その他 ▶ 其他

停車駅 [te i sha e ki] 名 ------------ 停车站
最寄り駅 [mo yo ri e ki] 名 ---------- 最近的车站
平日ダイヤ [he i ji tsu da i ya] 名 ---- 日常列车时刻
休日ダイヤ [kyu u ji tsu da i ya] 名 --- 假日列车时刻
所要時間 [sho yo u ji ka n] 名 -------- 行车时间

終点 [shu u te n] 名 --------------- 终点
片道切符 [ka ta mi chi ki p pu] 名 -- 单程票
往復切符 [o u fu ku ki p pu] 名 ----- 往返票
始発 [shi ha tsu] 名 --------------- 首班车
終電 [shu u de n] 名 --------------- 末班车

Daily Q&A

〔会话一〕

Q▶ すみませんが、奈良行きの電車は何時に発車しますか。

不好意思，到奈良的车几点发车？

A▶ 14時30分に発車します。

下午两点三十分发车。

〔会话二〕

Q▶ 名古屋までの新幹線の切符はいくらですか。

到名古屋的新干线车票要多少钱？

A▶ 3千円ぐらいです。

约三千日元。

〔会话三〕

Q▶ 五番線はどこですか。

五号线在哪里？

A▶ 二階です。階段を上がって右へ曲がると左にあります。

在二楼。上楼梯后右转，就在你的左手边。

地道谚语与惯用语 | 让句子更锦上添花

旅は道連れ世は情け　行要好伴，住要好邻

旅行中に偶然知り合った人はきっと縁がある。旅は道連れ世は情けと言いますから、ぜひ一緒にお茶でもいかがですか。

在旅行中偶然认识的人，一定是很有缘分的。因为行要好伴、住要好邻，所以一起喝个茶如何呢？

かわいい子には旅をさせよ　爱子要让他经风雨、见世面

昔からかわいい子には旅をさせよと言われているので、今年の夏休みは小学生の息子を実家の祖父母の所まで一人で行かせてみた。

以前的人都说爱小孩就要让他经风雨、见世面，所以今年的暑假，试着让上小学的儿子自己回爷爷奶奶家。

気の向くままに　随遇而安

電車に揺られながら気の向くままに、目的もなく旅に出てみよう。

尝试随着电车的摇晃，随遇而安，漫无目的地旅行吧。

旅の恥は掻き捨て　出门在外、出丑也无所顾忌

旅の恥は掻き捨てとは言いますが、どんな事をしてもいいと言うわけではありません。責任ある行動をとってください。

虽说出门在外，出丑也无所顾忌，但并不是什么事都可以做。请做能对自己负责的行为。

撮り鉄　铁道摄影

日本には鉄道や電車の写真を撮るのが趣味の撮り鉄という人たちが大勢いる。

在日本有很多以拍铁道和电车等照片为兴趣的铁道摄影者。

鉄道ファン　铁道迷

この記念プレートは鉄道ファンにとっては貴重な物で、きっと高値で売れるだろう。

这个纪念金牌对铁道迷来说是很珍贵的东西，一定可以卖个好价吧。

駅弁　铁路便当

各地の特色ある駅弁を食べることは列車の旅の楽しみの一つです。

品尝各地的特色铁路便当是搭乘火（电）车旅行的乐趣之一。

Unit 24 空港 | 机场

日常对话 | 快速融入超拟真的日常对话

A エコノミークラスだけど、座席は結構広いね。

虽然我们是在经济舱,但座位还是蛮大的。

B ラッキーだわ。座席が非常口の近くだわ。

我们很幸运。座位靠近紧急逃生口。

A そうだね！毛布と枕がほしいんだけど。それからイヤホンはどこ？

是呀！我想要一个毛毯和一个枕头。另外,耳机在哪里呢？

B 席の前の袋の中だよ。

就在你座位前方的袋子中。

A さあ音楽を聴きながら、寝ようっと。

那我要边听音乐边睡觉了！

补充单词及短语

- ラッキー [な形] 幸运的
  ラッキーな事に、今日は通勤時、一度も渋滞に巻き込まれなかった。
  很幸运的是今天上班时没遇到堵车。

- 枕 [名] 枕头
  私は快眠枕を買おうと思っています。
  我一直想要买个易眠枕。

❋ 超高频率使用的句子 | 一分钟学一句不怕不够用

- すみませんが、手荷物(てにもつ)を日本(にほん)まで預(あず)けたいんですが。

  不好意思，我想把行李直接运送到日本。

- これはあなたの手荷物引換証(てにもつひきかえしょう)[1]です。

  这是你的行李的条码。

- これは搭乗券(とうじょうけん)です。十二番(じゅうにばん)ゲートからのご搭乗(とうじょう)です。出発時刻(しゅっぱつじこく)の30分前(ぶんまえ)に搭乗(とうじょう)ゲートへお越(こ)しください。

  这是你的登机牌。你搭乘的飞机在十二号登机门登机。请于飞机起飞前三十分钟到达登机门。

- インフォメーションカウンターはどこですか。どこに外貨両替所(がいかりょうがえじょ)があるのか聞(き)きたいんです。

  询问台在哪里？我想询问机场的外币兑换处在哪？

- 出発(しゅっぱつ)の二時間前(にじかんまえ)に搭乗手続(とうじょうてつづ)きをします。

  起飞前二小时办理登机手续。

- すみません、空港(くうこう)で免税手続(めんぜいてつづ)きをしたいんですが、免税手続(めんぜいてつづ)きカウンターはどこですか。

  不好意思，我想在机场退税。请问退税柜台在哪里？

- カートはどこにありますか。手荷物(てにもつ)を押(お)すのに一台必要(いちだいひつよう)なんです。

  请问推车在哪里？我需要一辆来推我的行李。

★ 换个单词说说看 | 用单词积累句子的丰富度，让句子更漂亮！

手荷物(てにもつ)コード[1] 可以替换：

| 搭乗券(とうじょうけん) 登机牌 | パスポート 护照 |

これはあなたの_____です。
这是你的_____。

补充单词及短语

- 預(あず)けます 动 托运、寄放
  朝(あさ)、宅配便(たくはいびん)に荷物(にもつ)を預(あず)けたら、夕方(ゆうがた)届(とど)きますよ。
  早上运送行李的话，傍晚就可以到哦！

- カート 名 手推车
  カートを押(お)しながらスーパーで買(か)い物(もの)します。
  在超市一边推着手推车一边购物。

✱ **日常单词** | 语言学校都会教的超实用日常单词

① ターミナル ▶ 机场航站楼

国内線ターミナル [ko ku na i se n ta a mi na ru] 名 —— 国内线航站楼

国際線ターミナル [ko ku sa i se n ta a mi na ru] 名 —— 国际线航站楼

出発ロビー [shu p pa tsu ro bi i] 名 ——— 出境大厅

インフォメーションカウンター [i n fo me e sho n ka u n ta a] 名 ——— 询问柜台

外貨両替所 [ga i ka ryo u ga e jo] 名 ——— 外币兑换处

② チェックインカウンター ▶ 登记报到柜台

乗客 [jo u kya ku] 名 ——————————— 旅客

搭乗手続き [to u jo u te tsu zu ki] 名 ——— 登机手续、报到

グランドスタッフ [gu ra n do su ta f fu] 名 ——— 地勤人员

タグ [ta gu] 名 ——————————— 行李牌

スーツケース [su u tsu ke e su] 名 ——— 行李箱

③ 荷物 ▶ 行李

手荷物受取所 [te ni mo tsu u ke to ri jo] 名 ——— 行李提领处

受託手荷物 [ju ta ku te ni mo tsu] 名 ——————— 托运行李

機内持ち込み手荷物 [ki na i mo chi ko mi te ni mo tsu] 名 ——— 随身行李

旅客手荷物カート [ryo ka ku te ni mo tsu ka a to] 名 ——— 行李推车

機内持ち込み禁止物 [ki na i mo chi ko mi ki n shi bu tsu] 名 ——— 违禁品

荷物コンベア [ni mo tsu ko n be a] 名 ——————— 行李输送带

♪ 162

4 税関(ぜいかん) ▶ 海关

パスポート [pa su po o to] 名 ---------- 护照
金属探知器(きんぞくたんちき) [ki n zo ku ta n chi ki] 名 ------- 金属探测器
セキュリティーチェック [se kyu ri thi i che k ku] 名 ---------- 安全检查
免税店(めんぜいてん) [me n ze i te n] 名 ---- 免税商店
出入国(しゅつにゅうこく) [shu tsu nyu u ko ku] 名 ---------- 出入境

5 搭乗(とうじょう) ▶ 登机

搭乗(とうじょう)ゲート [to u jo u ge e to] 名 -------- 登机门
搭乗券(とうじょうけん) [to u jo u ke n] 名 ------------- 登机牌
遅延(ちえん) [chi e n] 名 ------------- 误点
定刻(ていこく) [te i ko ku] 名 ----------- 准时
欠航(けっこう) [ke k ko u] 名 ------------ 停飞
出発(しゅっぱつ) [shu p pa tsu] 名 ------------ 起飞

6 飛行機(ひこうき) ▶ 飞机

滑走路(かっそうろ) [ka s so u ro] 名 ---------- 跑道
管制塔(かんせいとう) [ka n se i to u] 名 ---------- 塔台
エプロン [e pu ro n] 名 ---------- 停机坪
ランプバス [ra n pu ba su] 名 --------- 机场摆渡车
乗(の)り継(つ)ぎ [no ri tsu gi] 名 ----------- 转机

♪ 163

7 機内 ▶ 机舱内

テーブル [te e bu ru] 名 ———————— 机上餐桌
機内食 [ki na i sho ku] 名 ———————— 飞机餐
コールボタン [ko o ru bo ta n] 名 ———— 服务铃
機内販売 [ki na i ha n ba i] 名 ———— 机上免税品售卖
シートベルト [shi i to be ru to] 名 ———— 安全带
窓側の席 [ma do ga wa no se ki] 名 ———— 靠窗的座位
通路側の席 [tsu u ro ga wa no se ki] 名 — 靠过道的座位
トイレ [to i re] 名 ———————————— 盥洗室
非常口 [hi jo u gu chi] 名 ——————— 紧急出口

8 客室乗務員 ▶ 乘务员

機長 [ki cho u] 名 ———————— 机长
副操縦士 [fu ku so u ju u shi] 名 —— 副机长
キャビンアテンダント [kya bi n a te n da n to] 名 —— 空姐、乘务员

ファーストクラス [fa a su to ku ra su] 名 — 头等舱
ビジネスクラス [bi ji ne su ku ra su] 名 —— 商务舱
エコノミークラス [e ko no mi i ku ra su] 名 — 经济舱

Daily Q&A

〔会话一〕

Q▶ どこで手荷物を取りますか。
你知道在哪里取回我们的行李吗?

A▶ 二階です。
在二楼。

〔会话二〕

Q▶ ラウンジはどこにありますか。
请问贵宾室在哪里?

A▶ この赤い標示に沿って行くと、見つかりますよ。
只要跟着红色指标走，你就可以找到。

〔会话三〕

Q▶ 免税店はどこにありますか。
免税店在哪里?

A▶ 第二ターミナルにあります。
在第二航站楼。

地道谚语与惯用语 | 让句子更锦上添花

飛行機雲 〉航迹云；飞机云
飛行機雲を見たら、瞬きをせず心の中で十回願い事をすると、叶うそうです。
听说看到航迹云后，要目不转睛地看着它，然后在心中说十次你的愿望，这样愿望就会实现。

暇を見つける 〉找个有空的时间
彼は暇を見つけては海外へ旅行に行っている。
他找个有空的时间到国外去旅行了。

帰国ラッシュ 〉返乡人潮
大型連休を海外で過ごした人々が一斉に帰国し、空港内が帰国ラッシュになっている。
因为多日连休假期，在国外生活的人们都回国，所以机场出现返乡人潮。

危機一髪 〉千钧一发
飛行機の前を鳥が飛んでいて、危機一髪で衝突を避けることができた。
有小鸟飞在飞机前，千钧一发之际避开了冲撞。

三拍子そろう 〉具备重要的三项条件或所有的条件
キャビンアテンダントは容姿もよくて語学もできて品があって、三拍子そろっている。
空姐必须具备容貌好、语言能力强、品行好三项重要的条件。

臨機応変 〉随机应变
機長はどんな状況でも臨機応変に対応できる素質が必要である。
机长必须要有不管发生什么状况都能随机应变的素质。

爆買い 〉血拼；疯狂采购
中国人観光客が日本へ来て、電化製品や薬を爆買いしているのをニュースで見た。
看到中国游客来到日本疯狂采购家电用品及药品的新闻。

超高频率会话句 | 语言学校独家传授必备实用好句

- 安全な飛行を確保するために、税関職員は各乗客の検査に時間がかかります。
  海关人员需要时间检查每位乘客，以确保飞行安全。

- 手荷物受取所の隣に外貨両替所があります。
  在行李取回处的旁边有外币兑换处。

- 桜航空へようこそ。離陸の前に飛行機での安全事項についてよくご覧ください。
  欢迎搭乘樱花航空，在飞机起飞前，请注意观看一段关于飞机内的安全事项。

- シートベルトをしっかり締めて、携帯電話の電源を切って、テーブルを片付けて、椅子を戻してください。
  请系紧安全带，关掉手机，把餐桌收起来，并竖直椅背。

- 困ったことがあったら、コールボタンを押してください。
  如果有什么问题的话，请按服务铃。

- 飛行機は後五分で離陸するよ！
  再有五分钟飞机就起飞了！

- 免税店で買い物する時は、パスポートが必要なはずです。
  你在免税店购物时会用到护照。

- 搭乗ゲートはどこですか。
  登机门在哪？

- 飛行機は何時に出発しますか。
  飞机几点起飞？

- 私たちの行き先はタイです。
  我们的目的地是泰国。

- 今、中国から富山まで直行便があるので、黒部立山へ行くのが便利になりました。
  现在中国到富山已经有航班直飞，要去黑部立山变得很方便。

- オーストラリアへ行く時、先に香港で飛行機を乗り継ぎます。
  去澳洲时，要先到香港转机。

- 今はたくさんの格安航空会社が日本に飛んでいて、特価の時のチケット価格は本当にお得だ。
  现在有很多廉价航空飞日本，特价时的机票价格真的很划算。

- 格安航空会社の機内食や受託手荷物は別料金がかかります。
  廉价航空的飞机餐及行李托运需要另外付费。

- 出国する時はどのくらい前に空港に着いて、搭乗手続きをしなければなりませんか。
  出境时需要提前多久到机场办理报到呢？

- 自動化ゲートはどこで申し込むんですか。
  要在哪里办理快速通关手续呢？

- 外国人入国カードをくださいませんか。
  可以给我一张外国人入境卡吗？

- 電車の中では携帯電話をマナーモードにします。
  在火（电）车上，手机要开静音。

- 電車の中では大きい声で話さないでください。
  在火（电）车上，请勿大声交谈。

- この電車は吉祥寺へ行きますか。
  请问这班电车开往吉祥寺吗？

- ディズニーランド行きの電車は何番線ですか。
  请问开往迪士尼的电车要坐几号线呢？

- 由布院の森はすごく人気があって、電車も指定席しかないので、予約したほうがいいよ。
  由布院之森号很受欢迎，而且只有对号座，所以最好先订票哦！

- どこで北海道行きの新幹線に乗ったらいいですか。
  我在哪里搭乘前往北海道的新干线好呢?

- 新宿駅は利用する人が世界で一番多いそうです。
  据说新宿站是世界上使用人数最多的车站。

- 地下鉄で乗り越し清算をする時は、清算機で清算してから改札を出ます。
  乘地铁需要补票时，需先到补票机补票后再出站。

- 新幹線は高いけど早いので、時間が節約できますよ。
  新干线票价虽然很贵，但它速度很快，可以节省不少时间哦。

- 上野動物園へ行くなら、どの電車に乗ればいいですか。
  请问到上野动物园要搭什么电车好呢?

- 空港までのリムジンバスはどこで乗れますか。
  到机场的豪华巴士要在哪里搭乘呢?

- JR PASS はどこで買えばいいですか。
  日本铁路周游券要在哪里买呢?

- 羽田空港から東京までどのぐらいかかりますか。
  从羽田机场到东京要多久时间?

- 終電は何時ですか。
  电车末班是几点?

MEMO

Chapter 7

自然と触れ合う
享受大自然

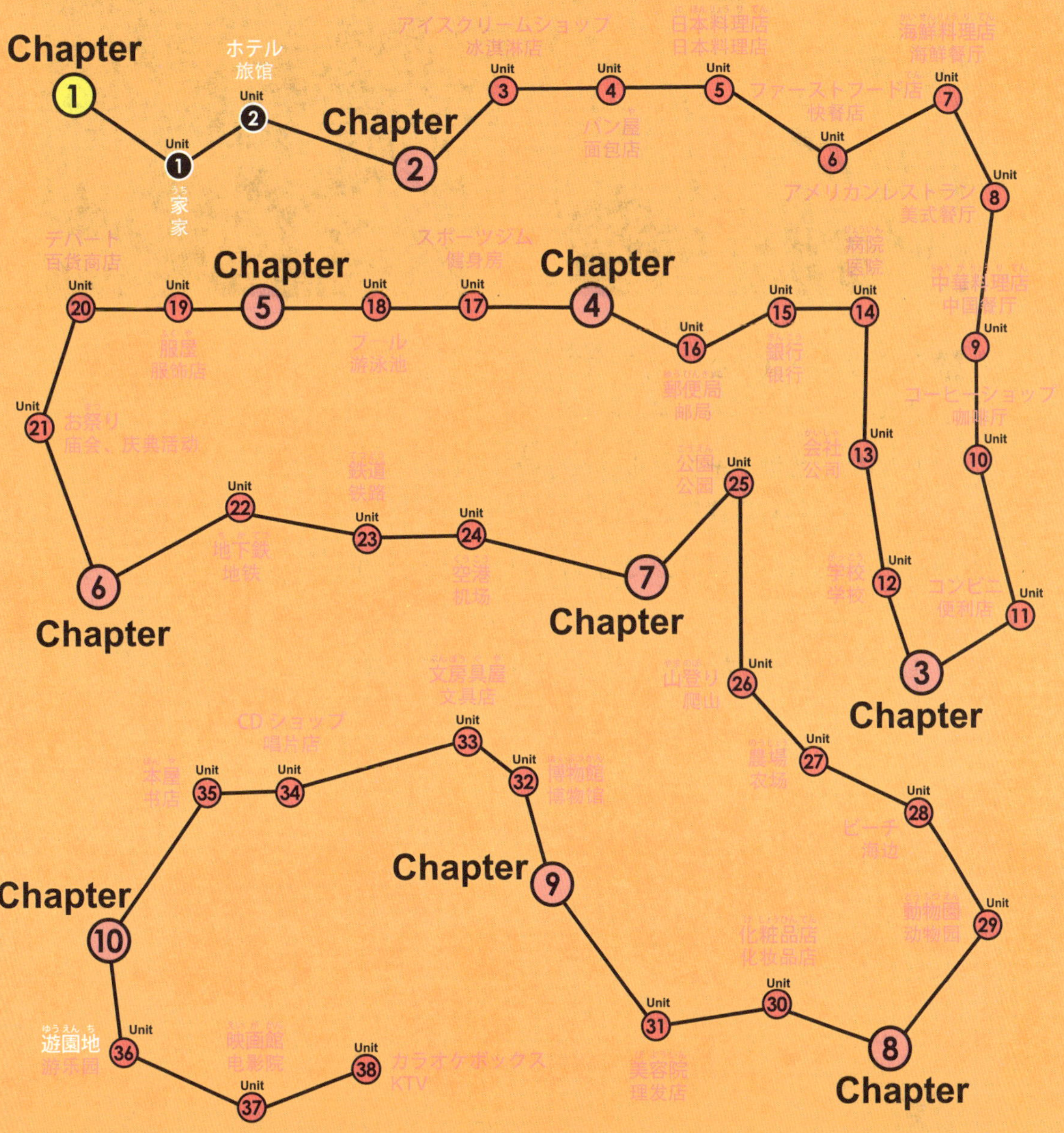

Unit 25 こうえん 公園 | 公园

✽ **日常対話** | 快速融入超拟真的日常对话

A 天気がいいね！公園へ行って遊具で遊ぼう。
天气真好！我们去公园玩那里的游乐设施吧。

B いいね。私はジャングルジムで遊びたいな。
听起来不错。我想玩攀爬架。

A 私も。それからブランコも遊びたい。ブランコは私のお気に入りなの。
我也是。我还想荡秋千。荡秋千是我的最爱。

B じゃあ、よかった。同じ遊具の取り合いで喧嘩しなくてもいいね。
那太好了。那么我们就不会抢同一个游乐设施玩了。

补充单词及短语

- ジャングル 名 丛林
  ジャングルにいろんな野生動物がいます。
  丛林里有很多野生动物。

- 喧嘩します 動 打架、争吵
  私は彼女と喧嘩したことがありません。
  我和女友从未吵过架。

超高频率使用的句子 | 一分钟学一句不怕不够用

- 公園に鳩★1がたくさんいます。
  公园里有很多鸽子。

- 公園へ行く前に虫刺され防止スプレーをしたほうがいいですよ。
  你最好在去公园之前喷一些防蚊液。

- この標識を見た？「芝生に入らないでください」と書いてあるよ。
  你看过这个标识吗？上面写着"请勿践踏草坪"哦。

- トイレはどこですか。
  厕所在哪里？

- 疲れました。池のそばのベンチに座りましょう。
  我累了。我们在池塘边找一张长椅坐下来吧！

- お腹が空きました。何か食べるものないかなあ。
  我好饿。有没有什么吃的呢？

- 公園で犬の散歩をしてもいいですか。
  我们可以在公园遛狗吗？

- これは鯉★2です。
  这是鲤鱼。

★ 换个单词说说看 | 用单词积累句子的丰富度，让句子更漂亮！

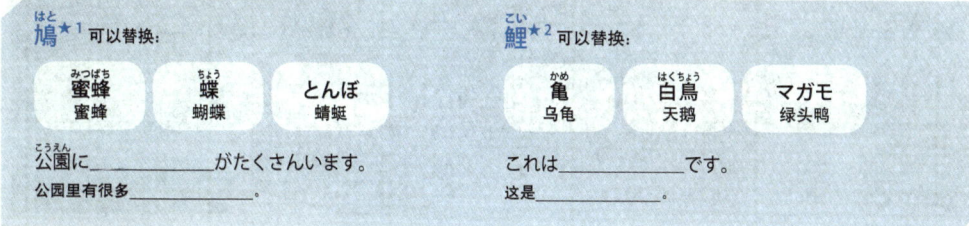

鳩★1 可以替换：
| 蜜蜂 | 蝶 | とんぼ |
| 蜜蜂 | 蝴蝶 | 蜻蜓 |

鯉★2 可以替换：
| 亀 | 白鳥 | マガモ |
| 乌龟 | 天鹅 | 绿头鸭 |

公園に_____がたくさんいます。
公园里有很多_____。

これは_____です。
这是_____。

补充单词及短语

- 防止 图 防止
  盗難防止のために、監視カメラを設置している。
  为了防止盗窃，装设了监控机。

- そば 图 旁边
  会社のそばの定食屋は安くておいしいので、お昼休みは会社員やＯＬでいっぱいだ。
  公司旁的快餐店既便宜又好吃，因此午餐时间满是上班族、职业女性等。

✳ **日常单词** | 语言学校都会教的超实用日常单词

1 植物 ▶ 植物

- シダ [shi da] 名 ———— 蕨类
- 朝顔 [a sa ga o] 名 ———— 牵牛花
- クローバー [ku ro o ba a] 名 ———— 三叶草
- 蒲公英 [ta n po po] 名 ———— 蒲公英
- コスモス [ko su mo su] 名 ———— 波斯菊

2 草木 ▶ 草木

- 芝生 [shi ba fu] 名 ———— 草坪
- オーク [o o ku] 名 ———— 橡树
- 楓 [ka e de] 名 ———— 枫树
- 竹 [ta ke] 名 ———— 竹子
- 銀杏 [i cho u] 名 ———— 银杏
- 桜 [sa ku ra] 名 ———— 樱花树
- 紅葉 [mo mi ji] 名 ———— 枫叶

3 公園の休憩所 ▶ 公园中的凉亭

- 東屋 [a zu ma ya] 名 ———— 休息亭
- 森 [mo ri] 名 ———— 森林
- 日陰 [hi ka ge] 名 ———— 树荫处
- 展望台 [te n bo u ta i] 名 ———— 瞭望台
- 木造 [mo ku zo u] 名 ———— 木制

4 池(いけ) ▶ 池塘

鯉(こい) [ko i] 名 — 鲤鱼
亀(かめ) [ka me] 名 — 乌龟
白鳥(はくちょう) [ha ku cho u] 名 — 天鹅
鴛鴦(おしどり) [o shi do ri] 名 — 鸳鸯

マガモ [ma ga mo] 名 — 绿头鸭
鳩(はと) [ha to] 名 — 鸽子
餌(えさ)をやります [e sa wo ya ri ma su] 动 — 喂食

5 公園内(こうえんない) ▶ 公园内

ベンチ [be n chi] 名 — 长椅
ゴミ箱(ばこ) [go mi ba ko] 名 — 垃圾桶
花壇(かだん) [ka da n] 名 — 花坛
街灯(がいとう) [ga i to u] 名 — 路灯
噴水(ふんすい) [fu n su i] 名 — 喷水池

6 昆虫(こんちゅう) ▶ 昆虫

蜜蜂(みつばち) [mi tsu ba chi] 名 — 蜜蜂
蝶(ちょう) [cho u] 名 — 蝴蝶
とんぼ [to n bo] 名 — 蜻蜓
カブトムシ [ka bu to mu shi] 名 — 独角仙
蟻(あり) [a ri] 名 — 蚂蚁
てんとう虫(むし) [te n to u mu shi] 名 — 瓢虫
蚊(か) [ka] 名 — 蚊子

7 犬の種類 ▶ 狗的种类

ラブラドールレトリバー
[ra bu ra do o ru re to ri ba a] 名 ……… 拉布拉多

ハスキー [ha su ki i] 名 ……… 哈士奇

ゴールデンレトリバー
[go o ru de n re to ri ba a] 名 ……… 黄金猎犬

柴犬 [shi ba i nu] 名 ……… 柴犬

チワワ [chi wa wa] 名 ……… 吉娃娃

ダックスフンド [da k ku su fu n do] 名 ……… 腊肠狗

8 遊び場 ▶ 游乐场

遊具 [yu u gu] 名 ……… 游乐器材

滑り台 [su be ri da i] 名 ……… 滑梯

ブランコ [bu ra n ko] 名 ……… 秋千

シーソー [shi i so o] 名 ……… 跷跷板

うんてい [u n te i] 名 ……… 云梯

砂場 [su na ba] 名 ……… 沙坑

縄跳び [na wa to bi] 名 ……… 跳绳

幼児 [yo u ji] 名 ……… 刚学步的小孩

ジョギング [jo gi n gu] 名 ……… 慢跑

サイクリング [sa i ku ri n gu] 名 … 自行车运动

ローラーブレード [ro o ra a bu re e do] 名
……… 直排轮溜冰鞋

Daily Q&A

[会话一]
Q▶ 公園へ行きませんか。
要不要去公园呢？

A▶ ええ、行きましょう。
好啊，走吧！

[会话二]
Q▶ 公園で何を遊びたいですか。
你想在公园玩什么？

A▶ シーソーで遊びたい！面白いよ。
我想玩跷跷板，很好玩哦！

[会话三]
Q▶ この花は何と言いますか。
这花叫什么？

A▶ 朝顔と言います。
叫牵牛花。

地道谚语与惯用语 | 让句子更锦上添花

花より団子　舍华求实
公園にはたくさんのきれいな花が咲いているが、私は花より団子、公園内のクレープ店のほうが興味がある。
公园里开了很多美丽的花，但是比起那些漂亮的花，务实的我对公园内的可丽饼店比较感兴趣。

顔を合わせる　见面；交战
よく公園で顔を合わせる老人を最近は見かけないなあ。体を壊しているのかな。
最近没看到，经常在公园遇到的老人，是不是身体欠佳呢。

腹が立つ　生气
犬の散歩中、犬の糞の始末をしない飼い主のマナーの悪さに腹が立つ。
遛狗时，不处理狗大便的不良行为真令人生气。

公園デビュー　公园初体验
うちの息子も歩けるようになったし、そろそろ公園デビューを考えている。
儿子也会走路了，我觉得差不多可以带他去公园散步了。

事なきを得る　平安无事
ブランコの鎖が切れて、壊れてしまう事故があったが、怪我人もなく事なきを得た。
发生了秋千链子断裂的事故，好在没有人受伤，平安无事收场了。

耳を澄ます　侧耳倾听
耳を澄ますと、公園にいる鳥の声が聞こえてくる。
侧耳倾听，就能听到公园的鸟叫声。

目が届く　看管
公園に幼児を連れてくる場合は、目が届く場所で遊ばせるようにしてください。
带孩子到公园时，请尽量让他在你看管得到的地方玩耍。

Unit 26 山登り | 爬山

日常对话 | 快速融入超拟真的日常对话

A 忙しい一週間が終わって山登りするのは、心が<mark>リフレッシュ</mark>できるね。
忙碌的一周过后去登山，是能够消除疲劳的，对吧。

B そうだね。ちょっと止まってもいい？バックパックがとても重くて。
没错。我们可以在这里停一下吗？因为我的背包很重。

A もちろん。声が聞こえた？見て！鷹が空を飛んでいるよ。
当然。你听到声音了吗？你看！有一只老鹰在天空中盘旋。

B どれどれ？私たちが今から行く<mark>滝</mark>のほうへ飛んで行くよ。
在哪？往我们要去的瀑布的方向飞过去了。

A わっ！速くてもう見えなくなっちゃった。
哇！速度好快，已经看不到了。

补充单词及短语

- リフレッシュします 动 消除……疲劳、重新提起精神
  このエナジードリンクはリフレッシュ効果があります。
  这个能量饮料能帮助你提神。

- 滝 名 瀑布
  あそこで誰かが滝行をしている。
  有人在那里做瀑布修行。

超高频率使用的句子 | 一分钟学一句不怕不够用

- どこで湖が見られますか。
  哪里可以看得到湖呢？

- この小道に沿って行くと、山に繋がっていて、そこに大きい湖がありますよ。
  你可以沿着这条小路走，这条路会通往山里的一个大湖。

- あれは楓★1です。
  那是枫树。

- この道はとても急だ。
  这条路很陡。

- 山の中には野生動物がたくさんいる。
  山里有很多野生动物。

- ロープウエイがあると、山から山まで渡ることができる。もし山を登りたくなかったら、これに乗ったらいい。
  有缆车的话，就可以从一座山峰通到另一座山峰。如果不想爬山的话，我们可以搭乘缆车。

- ほら、聞いて！あれはハチドリ★2の声です。
  你听！那是蜂鸟的叫声。

- 高い山に登るのは本当に疲れます。
  爬高山真的很累。

★ 换个单词说说看 | 用单词积累句子的丰富度，让句子更漂亮！

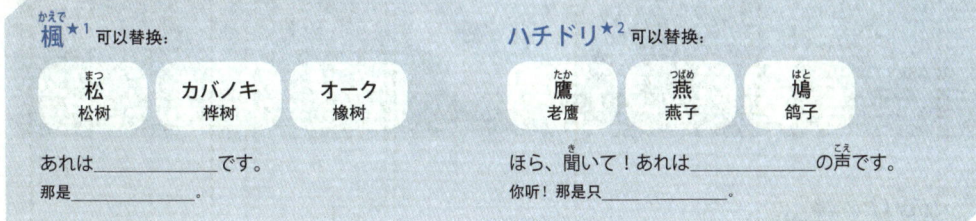

楓★1 可以替换：松（松树） / カバノキ（桦树） / オーク（橡树）

あれは_____です。
那是_____。

ハチドリ★2 可以替换：鷹（老鹰） / 燕（燕子） / 鳩（鸽子）

ほら、聞いて！あれは_____の声です。
你听！那是只_____。

补充单词及短语

- 急 な形 陡峭的
  これは急な丘です。
  这是一个陡峭的山丘。

- 登ります 動 爬
  机の上に登らないでください。
  请不要爬到桌子上。

✽ 日常单词 | 语言学校都会教的超实用日常单词

1 持(も)ち物(もの) ▶ 携带物品

バックパック [ba k ku pa k ku] 名 ······ 登山、远足用的背包
水筒(すいとう) [su i to u] 名 ······ 大水罐、水壶
食糧(しょくりょう) [sho ku ryo u] 名 ······ 粮食
登山靴(とざんぐつ) [to za n gu tsu] 名 ······ 登山鞋
杖(つえ) [tsu e] 名 ······ 手杖
救急箱(きゅうきゅうばこ) [kyu u kyu u ba ko] 名 ······ 急救包

2 地形(ちけい) ▶ 地形

山(やま) [ya ma] 名 ······ 山
丘(おか) [o ka] 名 ······ 丘陵
山腹(さんぷく) [sa n pu ku] 名 ······ 山坡、山腰
草原(そうげん) [so u ge n] 名 ······ 草原、牧草地
森(もり) [mo ri] 名 ······ 森林
小川(おがわ) [o ga wa] 名 ······ 小溪
湖(みずうみ) [mi zu u mi] 名 ······ 湖

3 山登(やまのぼ)り ▶ 登山

地図(ちず) [chi zu] 名 ······ 地图
コンパス [ko n pa su] 名 ······ 指南针
ガイド [ga i do] 名 ······ 向导
山頂(さんちょう) [sa n cho u] 名 ······ 山顶
ロープウエイ [ro o pu u e i] 名 ······ 缆车
ハイキング [ha i ki n gu] 名 ······ 爬山、健行
キャンプ [kya n pu] 名 ······ 露营

♪ 178

④ 森 ▶ 森林

松 [ma tsu] 名 ……………… 松树
杉 [su gi] 名 ……………… 杉木
カバノキ [ka ba no ki] 名 ……………… 桦树
檜 [hi no ki] 名 ……………… 桧树
オーク [o o ku] 名 ……………… 橡树
柳 [ya na gi] 名 ……………… 柳树

⑤ 鳥 ▶ 鸟、禽

キツツキ [ki tsu tsu ki] 名 ……………… 啄木鸟
ハチドリ [ha chi do ri] 名 ……………… 蜂鸟
燕 [tsu ba me] 名 ……………… 燕子
ハゲタカ [ha ge ta ka] 名 ……………… 秃鹰
タカ [ta ka] 名 ……………… 鹰
ワシ [wa shi] 名 ……………… 鹫、雕

⑥ 野生動物 ▶ 野生动物

りす [ri su] 名 ……………… 松鼠
ツキノワグマ [tsu ki no wa gu ma] 名 ― 亚洲黑熊
ヒグマ [hi gu ma] 名 ……………… 棕熊
狸 [ta nu ki] 名 ……………… 狸猫
狐 [ki tsu ne] 名 ……………… 狐狸
鹿 [shi ka] 名 ……………… 斑鹿
イノシシ [i no shi shi] 名 ……………… 野猪

❼ 自然現象 ▶ 自然现象

夕日 [yu u hi] 名 -------- 日落
日の出 [hi no de] 名 -------- 日出
嵐 [a ra shi] 名 -------- 暴风雨
霧 [ki ri] 名 -------- 雾
雲海 [u n ka i] 名 -------- 云海

❽ 猿 ▶ 猿猴类

日本猿 [ni ho n za ru] 名 -------- 日本猿
手長猿 [te na ga za ru] 名 -------- 长臂猿
マントヒヒ [ma n to hi hi] 名 -------- 阿拉伯狒狒
オランウータン [o ra n u u ta n] 名 ---- 红猩猩
チンパンジー [chi n pa n ji i] 名 -------- 黑猩猩
ゴリラ [go ri ra] 名 -------- 大猩猩

Daily Q&A

〔会话一〕

Q▶ 道に迷ってしまった。帰り道が見つからない。
我迷路了，我找不到家的路。

A▶ コンパスが必要だよ。それがあったら、帰り道が見つけられるよ。
你需要一个指南针，它可以指引你回家的路。

〔会话二〕

Q▶ あっ！怪我をしちゃった、痛い！
啊！我受伤了，好痛！

A▶ 救急箱を見てみるね。じゃ、絆創膏を貼りましょう。
让我看看急救箱。来，贴上创可贴吧。

〔会话三〕

Q▶ この木の年齢を知っていますか。
你知道这棵树的年龄吗？

A▶ 年輪を見たら分かりますよ。一つの年輪は一歳を表します。
你可以从它的年轮得知。一圈代表一岁。

♪ 180

地道谚语与惯用语 | 让句子更锦上添花

山ガール ▷ 山之少女；喜欢登山的女子
最近山登りを趣味とする女子が増えていて「山ガール」と呼ばれている。
最近把登山当兴趣的女生逐渐增加，她们被称为"山之少女"。

山びこ ▷ 山中回音
山の頂上で大きな声で叫ぶとその声は山びことなって何度も復唱される。
在山顶上大叫的话，就会有回音，而且会重复好几次。

山の幸 ▷ 山货；山中猎物
この旅館は山で育った新鮮な山の幸の料理を宿泊客に出している。
这家旅馆给客人端出的都是新鲜的山货。

ご来光 ▷ 曙光，日出
朝富士山からご来光を見るために、夜中に登山に出発した。
为了早上从富士山看日出，半夜就开始爬山了。

山の天気は変わりやすい ▷ 山上容易变天
季節に関係なく山の天気は変わりやすい。まるで女性の心のようだ。
无关季节，山上天气多变。就好像是女人的心一样。

山の神 ▷ 老婆
最近山の神の機嫌が悪いので、今日はお酒を飲みに行かないで、まっすぐ家へ帰ります。
因为最近老婆的心情不好，所以今天不去喝酒，要直接回家。

火山活動 ▷ 火山活动
日本には活火山がたくさんあり、その中のいくつかが頻繁に火山活動を行っている。
在日本有很多活火山，其中几个有频繁的火山活动。

Unit 27 　農場 | 农场

日常对话 | 快速融入超拟真的日常对话

A わっ、本当に広いなあ。いろんなレクリエーションができるね。
哇，这里真的很大，可以在这里做很多活动哦。

B そうだよ。キャンプ、果物狩り、ボート漕ぎ、それからグラススキー。
对啊。可以露营、摘新鲜的水果、划船、还可以滑草。

A 農場に楽しい事がこんなにたくさんあるなんて今まで知らなかったわ。
我从来不知道农场有这么多好玩的事。

B あそこで釣りをしている人がいるよ。湖のほうへ行こう。魚を捕まえてみたいな。
那边有人在钓鱼。我们去湖那边吧，我很想尝试一下捉鱼。

补充单词及短语

- **レクリエーション** 图 活动、娱乐
  戸外学習ではいろいろなレクリエーションを計画しています。
  正在计划户外教学的各式各样的活动。

- **捕まえます** 动 抓、捕捉
  家から逃げ出した猫を捕まえるのにとても時間がかかった。
  抓从家里逃出去的猫花费了很多时间。

🌟 超高频率使用的句子 | 一分钟学一句不怕不够用

- どこでりんご★1狩りができますか。
  我们可以在哪里摘苹果呢？

- 全ての牛や羊は垣根の中にいます。だから私達はその垣根の外からそれらを**観賞**できる。
  所有的牛和羊都被关在了篱笆里，所以我们可以在篱笆外面观赏它们。

- 乗馬の時、何か注意する事がありますか。
  骑马时需要注意哪些事项呢？

- **姿勢**を正して、太ももで馬のお腹をしっかり挟んでください。
  请你坐直，然后大腿夹紧马腹。

- 湖でボート漕ぎができますか。
  我可以在湖上划船吗？

- 明日は日曜日だから、どこかへ気晴らしに行こう。
  明天是星期天，我们找个地方去透透气吧。

- 農場で何かショーがありますか。
  农场上有表演吗？

- 農場へ遊びに行こうと思っています。
  我们想去农场度假。

★ 换个单词说说看 | 用单词积累句子的丰富度，让句子更漂亮！

りんご★1 可以替换：

苺（いちご）	葡萄（ぶどう）	桃（もも）
草莓	葡萄	桃

どこで_____狩りができますか。
我们可以在哪里采_____呢？

补充单词及短语

- **観賞します** [动] 观赏
  趣味は熱帯魚を観賞することです。
  我的兴趣是观赏热带鱼。

- **姿勢** [名] 姿势、姿态
  あの人は姿勢が良くて、印象がいい。
  那个人的姿态很优美，给人的印象也很好。

♪ 183

日常单词 | 语言学校都会教的超实用日常单词

① 農村(のうそん) ▶ 农村

- 生態(せいたい) [se i ta i] 名 ········ 生态
- 景勝地(けいしょうち) [ke i sho u chi] 名 ········ 景点
- 農夫(のうふ) [no u fu] 名 ········ 农夫
- 農場(のうじょう) [no u jo u] 名 ········ 农场
- 畑(はたけ) [ha ta ke] 名 ········ 田野
- ファームハウス [fa a mu ha u su] 名 ····· 农舍

② 家禽類(かきんるい) ▶ 家禽

- 鶏(にわとり) [ni wa to ri] 名 ········ 鸡
- ガチョウ [ga cho u] 名 ········ 鹅
- あひる [a hi ru] 名 ········ 鸭
- 鳩(はと) [ha to] 名 ········ 鸽子
- 雄鶏(おんどり) [o n do ri] 名 ········ 公鸡
- 雌鶏(めんどり) [me n do ri] 名 ········ 母鸡
- 七面鳥(しちめんちょう) [shi chi me n cho u] 名 ········ 火鸡

③ 家畜類(かちくるい) ▶ 家畜

- 羊(ひつじ) [hi tsu ji] 名 ········ 绵羊
- 小羊(こひつじ) [ko hi tsu ji] 名 ········ 小羊
- 雌牛(めうし) [me u shi] 名 ········ 母牛
- 牛(うし) [u shi] 名 ········ 牛
- 馬(うま) [u ma] 名 ········ 马
- 豚(ぶた) [bu ta] 名 ········ 猪

④ 農作物 ▶ 农作物

こむぎ
小麦 [ko mu gi] 名 -------- 小麦
おおむぎ
大麦 [o o mu gi] 名 -------- 大麦
トウモロコシ [to u mo ro ko shi] 名 ---- 玉米
こめ
米 [ko me] 名 -------- 稻米

そば [so ba] 名 -------- 荞麦
こくもつ
穀物 [ko ku mo tsu] 名 -------- 谷物
サトウキビ [sa to u ki bi] 名 -------- 甘蔗
ざっこく
雑穀 [za k ko ku] 名 -- 谷物（米、麦以外的谷物）

⑤ 野菜 ▶ 蔬菜

トマト [to ma to] 名 -------- 番茄
じゃがいも [ja ga i mo] 名 -------- 马铃薯
にんじん
人参 [ni n ji n] 名 -------- 胡萝卜
さつまいも [sa tsu ma i mo] 名 -------- 红薯
エンドウ [e n do u] 名 -------- 豌豆
かぼちゃ [ka bo cha] 名 -------- 南瓜
きゅうり [kyu u ri] 名 -------- 黄瓜

⑥ 果物 ▶ 水果

いちご
苺 [i chi go] 名 -------- 草莓
さくらんぼ [sa ku ra n bo] 名 -------- 樱桃
ぶどう
葡萄 [bu do u] 名 -------- 葡萄
なし
梨 [na shi] 名 -------- 梨
りんご
林檎 [ri n go] 名 -------- 苹果
みかん
蜜柑 [mi ka n] 名 -------- 橘子
もも
桃 [mo mo] 名 -------- 水蜜桃

7 花 ▶ 花卉

向日葵 [hi ma wa ri] 名 ———— 向日葵
薔薇 [ba ra] 名 ———— 薔薇
ラベンダー [ra be n da a] 名 ———— 薰衣草
雛菊 [hi na gi ku] 名 ———— 雛菊
チューリップ [chu u ri p pu] 名 ———— 郁金香
百合 [yu ri] 名 ———— 百合花
蓮 [ha su] 名 ———— 莲花

8 レクリエーション ▶ 娱乐

レジャー [re ja a] 名 ———— 悠闲
休暇 [kyu u ka] 名 ———— 假期
観察します [ka n sa tsu shi ma su] 動 ———— 观察
体験します [ta i ke n shi ma su] 動 ———— 体验
キャンプ [kya n pu] 名 ———— 露营
グラススキー [gu ra su su ki i] 名 ———— 滑草

乗馬 [jo u ba] 名 ———— 骑马
乳搾り [chi chi shi bo ri] 名 ———— 挤牛奶
果物狩り [ku da mo no ga ri] 名 ———— 摘水果
釣り [tsu ri] 名 ———— 钓鱼
ボート漕ぎ [bo o to ko gi] 名 ———— 划船

Daily Q&A

〔会話一〕
Q▶ 牧草を買って、農場の動物にやれますか。
我可以买一些草喂农场里的动物吗？

A▶ もちろん。
当然可以。

〔会話二〕
Q▶ 農場でどんな動物が見られますか。
在农场上可以看到哪些动物？

A▶ 羊と牛と馬が見られます。
可以看到羊、牛和马。

〔会話三〕
Q▶ 向日葵が見られる季節は何月ですか。
向日葵的花季是几月呢？

A▶ 六月から七月にかけてが見ごろです。
六月到七月是向日葵的花季。

地道谚语与惯用语 | 让句子更锦上添花

農業ビジネス 〉农业经营
最近は農業も研究開発されて、ますます農業ビジネスが注目されている。
最近农业也很重视研究开发，因此农业经营日益受到注目。

脱サラ農業 〉从公司离职后转职从事农业的人
会社員や公務員が仕事を辞めて農業に転職する脱サラ農業が増えている。
辞掉公司或公务员的工作，转职从事农业的人逐渐增加。

晴耕雨読 〉闲居田园；晴耕雨读
私は将来晴耕雨読な生活がしたいと思っている。
我将来想闲居田园，过着晴耕雨读的生活。

実を結ぶ 〉结果；有了成果
長年のバラの品種改良の研究がとうとう実を結んだ。
长年研究蔷薇的品种改良，终于有了成果。

自給自足 〉自给自足
家の庭や近くの畑で野菜などを作り自給自足する生活に憧れる。
我很憧憬在自家庭院或附近的田野种菜等自给自足的生活。

スローライフ 〉慢生活
都会の生活に疲れた人々が、スローライフを求めて、田舎に移り住む。
因都市生活而感到疲累的人们，为追求慢生活选择移居农村。

ノウハウを学ぶ 〉学习经验；技术
農業初心者なので、経験豊富な農夫から農業のノウハウを学ぶ。
因为是农业的初学者，所以要向经验丰富的农夫学习农业的技术。

Unit 28 ビーチ | 海边

日常对话 | 快速融入超拟真的日常对话

A ビーチに到着したよ。もう人でいっぱいだね。さあ、何をして遊ぼうか。

到海边了。哇，已经有好多人了。那么玩什么好呢？

B バナナボートはどう？二時間3,000円だって。楽しそうだよ。

香蕉船如何？听说两个小时三千日元。好像很不错哦。

A いいね。一度バナナボートに乗ってみたかったの。でもその前にお腹が空いたから海の家で何か食べてからにしよう。

好啊。我也想乘坐一次香蕉船。但是因为肚子饿了，所以在那之前先去海边小吃店里吃点东西吧。

B そうしよう。えっと焼きそば、フランクフルト、ハンバーガー…。かき氷もあるね。迷うなあ。

就那么办吧。有炒面、德国香肠、汉堡……还有刨冰。真不知道要吃什么。

补充单词及短语

- 到着します 動 抵达
  飛行機は時間通りに成田空港に到着しました。
  飞机按照预定时间抵达成田机场了。

- 迷います 動 迷失、动摇、犹豫不决
  初めて行く場所は道に迷わないように、ナビで確認します。
  第一次要去的地方，为了不迷路，用导航确定一下。

✱ 超高频率使用的句子 | 一分钟学一句不怕不够用

- ビーチへ行くのに何が必要ですか。
  我们去海边需要准备什么吗？

- サングラス、日焼け止めクリーム、クーラーボックス、水、帽子、水着、タオル、それから浮き輪が必要です。
  需要太阳镜、防晒霜、小冰箱、水、帽子、泳衣、毛巾和游泳圈。

- 遊泳区域の外で泳ぐのは危ないです。
  在非游泳区游泳是不安全的。

- どこでカヌー[1]がレンタルできますか。
  我们可以在哪里租到独木舟？

- ビーチの近くをクルーザーで一周できます。
  我们可以在沙滩附近乘游艇绕一圈。

- あちらの沖の高波で、サーファー達がサーフィンをしているのが見えます。
  可以看到冲浪者们在那边的巨浪上冲浪。

- 海の家では休憩したり、昼ごはんを食べたり、いろんなものをレンタルしたりできます。
  可以在海边商店里休息、吃午餐、还可以租借各式各样的东西。

- スキューバダイビングでカクレクマノミや珊瑚が見られます。
  水肺潜水可以看到小丑鱼及珊瑚。

★ 换个单词说说看 | 用单词积累句子的丰富度，让句子更漂亮！

カヌー[1] 可以替换：

ボート	ビーチパラソル	ライフジャケット
小船	海滩阳伞	救生衣

どこで_____がレンタルできますか。
我们可以在哪里租_____？

补充单词及短语

- レンタルします 动 租借
  スキー場では、スキーの道具がレンタルできます。
  在滑雪场里，可以租借滑雪道具。

- 一周 名 一圈
  私の夢は世界一周をすることです。
  我的梦想是环游世界一周。

日常单词 | 语言学校都会教的超实用日常单词

1 ビーチウェア ▶ 海滩装扮

水着 [mi zu gi] 名 —— 泳装
サングラス [sa n gu ra su] 名 —— 墨镜
ビキニ [bi ki ni] 名 —— 比基尼
帽子 [bo u shi] 名 —— 帽子
ビーチサンダル [bi i chi sa n da ru] 名 —— 夹脚拖鞋、海滩鞋
ダイビングスーツ [da i bi n gu su u tsu] 名 —— 潜水衣

2 ビーチの光景 ▶ 海滩风光

砂浜 [su na ha ma] 名 —— 沙滩
砂の城 [su na no shi ro] 名 —— 沙堡
海 [u mi] 名 —— 海洋
湾 [wa n] 名 —— 海湾
海岸 [ka i ga n] 名 —— 沿海地区
高波 [ta ka na mi] 名 —— 巨浪、浪涛
波 [na mi] 名 —— 波浪

3 ビーチサイド ▶ 海滩周边

海の家 [u mi no i e] 名 —— 海边的小吃店
ヤシ [ya shi] 名 —— 棕榈树
カモメ [ka mo me] 名 —— 海鸥
ビーチチェア [bi i chi che a] 名 —— 沙滩椅
ビーチパラソル [bi i chi pa ra so ru] 名 —— 海滩阳伞
リラックス [ri ra k ku su] 名 —— 放松

④ 救命 ▶ 防御（措施）、防护

ライフセーバー [ra i fu se e ba a] 名	救生员
ライフジャケット [ra i fu ja ke t to] 名	救生衣
救命ボート [kyu u me i bo o to] 名	救生船
救命浮き輪 [kyu u me i u ki wa] 名	救生圈、救生带
人工呼吸 [ji n ko u ko kyu u] 名	人工呼吸
溺死します [de ki shi shi ma su] 動	溺死

⑤ 船 ▶ 船

ヨット [yo t to] 名	帆船
ボート [bo o to] 名	小船
クルーザー [ku ru u za a] 名	快艇
カヌー [ka nu u] 名	独木舟
フェリー [fe ri i] 名	渡轮
バナナボート [ba na na bo o to] 名	香蕉船
水上オートバイ [su i jo u o o to ba i] 名	水上摩托车

⑥ 浜辺の生息物、貝 ▶ 海边生物、贝类

貝殻 [ka i ga ra] 名	贝壳
海星 [hi to de] 名	海星
やどかり [ya do ka ri] 名	寄居蟹
磯ガニ [i so ga ni] 名	（在海滨的）螃蟹
巻き貝 [ma ki ga i] 名	螺旋贝

7 海の世界 ▶ 海底世界

ダイバー [da i ba a] 名 ・・・・・・・・・・・・・・・・・・ 潜水员
ウミガメ [u mi ga me] 名 ・・・・・・・・・・・・・・・・・ 海龟
カクレクマノミ [ka ku re ku ma no mi] 名 ・・ 小丑鱼
いそぎんちゃく [i so gi n cha ku] 名 ・・・・・・・ 海葵
珊瑚礁 [sa n go sho u] 名 ・・・・・・・・・・・・・・・・ 珊瑚礁
シュノーケリング [shu no o ke ri n gu] 名 ・・・・ 浮潜

8 ビーチのレクリエーション ▶ 海滩娱乐

サーフィン [sa a fi n] 名 ・・・・・・・・・・・・・・・・・ 冲浪
ウインドサーフィン [u in do sa a fi n] 名
・・・・・・・・・・・・・・・・・・・・・・・・・・・・・・・・・・・・・ 风帆冲浪
サーフボード [sa a fu bo o do] 名 ・・・・・ 冲浪板
ビーチバギー [bi i chi ba gi i] 名 ・・・・・・・ 沙滩车

ビーチバレー [bi i chi ba re e] 名 ・・・ 沙滩排球
ビーチボール [bi i chi bo o ru] 名 ・・・・・・ 沙滩球
日光浴 [ni k ko u yo ku] 名 ・・・・・・・・・・・・・ 日光浴
水上スキー [su i jo u su ki i] 名 ・・・・・・・・・・ 滑水

Daily Q&A

〔会话一〕
Q▶ サーフボードのレンタルはいくらですか。
租冲浪板要多少钱？
A▶ 三時間三千円、五時間四千円、一日五千円です。
三小时三千日元，五小时四千日元，一天是五千日元。

〔会话二〕
Q▶ スキューバダイビングは難しいですか。
水肺潜水很难吗？
A▶ 大丈夫ですよ。初心者は講習も受けられます。
没问题的。初学者还可以参加培训。

〔会话三〕
Q▶ ビーチバレーをしませんか。
你要不要玩沙滩排球呢？
A▶ いいですね。
好！

地道谚语与惯用语 ｜ 让句子更锦上添花

海を渡る 〉 渡海

これらは日本から海を渡ってアメリカへ入ってきた商品です。

这些是从日本进口到美国的商品。

海が荒れる 〉 海面上波涛汹涌、海上起大浪

台風の関係で海が荒れて遊泳禁止になった。

因为台风，海上起大浪，所以禁止游泳。

潮が引く 〉 退潮

潮が引くと潮干狩りができて、たくさんのアサリが獲れる。

退潮时可以在海滩上捡贝类，能够拾到很多蛤蜊。

丘サーファー 〉 不冲浪却有着冲浪运动员的打扮或模仿冲浪运动员

あの人はサーファーのような風貌をしているし、いつもサーフィンの話をしているが、実は丘サーファーらしいよ。

那个人看起像是个冲浪运动员，而且总是聊着冲浪的话题，但听说他其实只是虚有其表。

津波 〉 海啸

地震が起きた時、海辺に近い場所に住んでいる住民は津波に警戒しなければならない。

地震发生时，住在海边附近的居民，必须警惕海啸。

海の幸 〉 海鲜

この港町の住民はその日に獲れた新鮮な海の幸が食べられるなんて幸せだなあ。

住在这个港口城市的人们可以经常吃到当日现捞的海鲜，真是幸福啊。

大船に乗ったよう 〉 犹如搭了大船、非常放心

初めてサーフィンをするが、プロのコーチが指導してくださるから、大船に乗ったような気持ちで頑張ろう。

虽然是第一次冲浪，但因为有专业的教练在指导，因此可以非常放心、好好地努力学习冲浪。

Unit 29 動物園 | 动物园

日常对话 | 快速融入超拟真的日常对话

A わっ！本当に広い動物園ね。

哇！好大的动物园。

B そうだよ。ここでは何百種類の様々な動物が見られるんだ。日本で一番大きい動物園だよ。

是啊，你可以在这里看到数以百计的不同种类的动物，这是日本最大的动物园。

A この地図をちょっと見て。動物園にたくさんのエリアがあるよ。例えば、海洋生物エリア、哺乳動物エリア、北極動物エリアや昆虫エリア。

你来看一下这张地图。动物园有好几个区域，例如海洋生物区、哺乳动物区、北极动物区和昆虫区。

B キリンはどこで見られる？キリンが見たいなあ。

我们可以在哪里看到长颈鹿呢？我想看长颈鹿。

补充单词及短语

- 様々 [な形] 各式各样的
  水族館では様々な魚や海洋生物が見られる。
  在水族馆里可以看到各式各样的鱼和海洋生物。

- 例えば [名] 例如
  甘いものが食べたい気分です。例えば、ケーキやプリンのようなデザートがいいなあ。
  有种想吃甜食的感觉。比如蛋糕或布丁那样的甜点。

超高频率使用的句子 | 一分钟学一句不怕不够用

- 動物園内でカメラを使用してもいいですか。
  在动物园里可以使用照相机吗?

- フラッシュは動物たちを脅かしてしまいます。
  闪光灯会吓到动物们。

- ジープに乗って野生動物を観賞する時は、車から出ないでください。トラやライオンに攻撃される恐れがあります。
  当你乘坐吉普车观赏野生动物时,记得不要下车,因为有可能会被老虎或狮子攻击。

- パンダ★1は何を食べますか。
  熊猫吃什么呢?

- 動物園のシャトルに乗って、動物園内を見学することができる。
  我们可以搭动物园提供的摆渡车在动物园中游览。

- 檻の中に手を入れないでください。とても危険です。人に攻撃する動物もいます。
  请勿将手伸入笼中,这非常危险,有些动物会攻击人类。

- かわいいパンダ★2を見に行きたいです。
  我想去看可爱的熊猫。

★ 换个单词说说看 | 用单词积累句子的丰富度,让句子更漂亮!

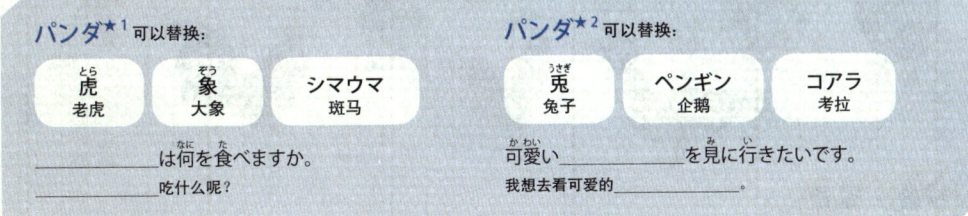

パンダ★1 可以替换:
- 虎 老虎
- 象 大象
- シマウマ 斑马

_____は何を食べますか。
_____吃什么呢?

パンダ★2 可以替换:
- 兎 兔子
- ペンギン 企鹅
- コアラ 考拉

可愛い_____を見に行きたいです。
我想去看可爱的_____。

补充单词及短语

- フラッシュ 名 闪光灯
  フラッシュをオフにしてもらってもいいですか。
  可以请你关掉闪光灯吗?

- 攻撃します 动 攻击
  野良犬に攻撃されてる子犬を助けた。
  帮助了被野狗攻击的幼犬。

✳ **日常单词** | 语言学校都会教的超实用日常单词

① アジアの動物 ▶ 亚洲动物

パンダ [pa n da] 名 ---------------------------------- 熊猫
マレーバク [ma re e ba ku] 名 ------------------ 马来貘
ツキノワグマ [tsu ki no wa gu ma] 名 ------ 亚洲黑熊
ベンガルトラ [be n ga ru to ra] 名 ------------ 孟加拉虎
アジアゾウ [a ji a zo u] 名 ------------------------ 亚洲象

② オーストラリアの動物 ▶ 澳洲动物

カンガルー [ka n ga ru u] 名 ------------------ 袋鼠
コアラ [ko a ra] 名 -------------------------------- 考拉
サザンヒクイドリ [sa za n hi ku i do ri] 名
-------------------------- 南方鹤鸵、南方食火鸡
キーウィ [ki i ui] 名 ------------------------------ 奇异鸟
イースタングレーカンガルー
[i i su ta n gu re e ka n ga ru u] 名 ------ 东部灰袋鼠

③ 家畜 ▶ 家畜

豚 [bu ta] 名 ------------------------------ 猪
犬 [i nu] 名 ------------------------------- 狗
猫 [ne ko] 名 ---------------------------- 猫
兎 [u sa gi] 名 -------------------------- 兔子
馬 [u ma] 名 ------------------------------ 马
鶏 [ni wa to ri] 名 ---------------------- 鸡
牛 [u shi] 名 ------------------------------ 牛

♪ 196

④ 海の生物 ▶ 海洋生物

珊瑚 [sa n go] 名	珊瑚
クジラ [ku ji ra] 名	鲸鱼
イルカ [i ru ka] 名	海豚
ゾウアザラシ [zo u a za ra shi] 名	海象
ウミガメ [u mi ga me] 名	海龟
マナティー [ma na thi i] 名	海牛
アシカ [a shi ka] 名	海狮
クラゲ [ku ra ge] 名	水母

⑤ 鳥類 ▶ 鸟类

フクロウ [fu ku ro u] 名	猫头鹰
マネシツグミ [ma ne shi tsu gu mi] 名	模仿鸟
クジャク [ku ja ku] 名	孔雀
ハチドリ [ha chi do ri] 名	蜂鸟
インコ [i n ko] 名	鹦鹉
フラミンゴ [fu ra mi n go] 名	红鹤

⑥ 北極、南極の動物 ▶ 极地动物

ペンギン [pe n gi n] 名	企鹅
ホッキョクグマ [ho k kyo ku gu ma] 名	北极熊
アザラシ [a za ra shi] 名	海豹
ホッキョクウサギ [ho k kyo ku u sa gi] 名	北极兔
ホッキョクギツネ [ho k kyo ku gi tsu ne] 名	北极狐狸

197

⑦ 両生類と爬虫類 ▶ 两栖和爬行动物

ニシキヘビ [ni shi ki he bi] 名 -------- 蟒蛇
ヘビ [he bi] 名 -------- 蛇
カメ [ka me] 名 -------- 乌龟
トカゲ [to ka ge] 名 -------- 蜥蜴
カメレオン [ka me re o n] 名 -------- 变色龙
ワニ [wa ni] 名 -------- 鳄鱼

⑧ アフリカの動物 ▶ 非洲动物

キリン [ki ri n] 名 -------- 长颈鹿
ゾウ [zo u] 名 -------- 大象
シマウマ [shi ma u ma] 名 -------- 斑马
ヒョウ [hyo u] 名 -------- 豹
ライオン [ra i o n] 名 -------- 狮子
チンパンジー [chi n pa n ji i] 名 -------- 黑猩猩

ガゼル [ga ze ru] 名 -------- 瞪羚
ダチョウ [da cho u] 名 -------- 鸵鸟
ベイサオリックス [be i sa o ri k ku su] 名
-------- 直角剑羚
サイ [sa i] 名 -------- 犀牛
カバ [ka ba] 名 -------- 河马

Daily Q&A

〔会話一〕
Q: 動物園で誰が動物の世話をしますか。
在动物园里，谁照顾这些动物？
A: 飼育係が世話をします。
动物管理员会照顾它们。

〔会話二〕
Q: どこで動物園の園内マップがもらえますか。
在哪里可以拿到动物园的园区地图呢？
A: 動物園の案内地図の下にありますよ。
你可以在动物园的导览图下面找到。

〔会話三〕
Q: どこでトラが見られますか。
在哪个区可以看到老虎？
A: 哺乳動物エリアで見られますよ。
在哺乳动物区可以看到。

地道谚语与惯用语 | 让句子更锦上添花

一石二鳥（いっせきにちょう） 一石二鸟

たくさんの動物が見られるだけでなく、餌をやる体験もできるなんて一石二鳥だ。

不仅可以看到很多动物，还可以体验喂食，真是一石二鸟。

閑古鳥が鳴く（かんこどりがなく） 门可罗雀

この動物園は人気の象が死んでしまって客が減り、今では閑古鳥が鳴いている。

这个动物园最有人气的大象死后，客人减少，现在真是门可罗雀。

猫なで声（ねこなでごえ） 谄媚娇羞的声调

猫なで声で餌をねだる様子は本当にかわいい。

用谄媚娇羞的声调央求给它吃饲料的样子，真是可爱。

しつけをする 管教；调教

犬のしつけは難しいので、小さい時からしつけをしたほうがいい。

调教狗很难，所以最好从小开始调教比较好。

オウム返し（おうむがえし） 立即作答；照话学话；鹦鹉学舌

飼っているインコが最近言葉を覚えて、「おはよう」と言うとオウム返しをする。

我养的鹦鹉最近记住了一些单词，只要你说"早安"，它就会学你说早安。

人気を博す（にんきをはくす） 受欢迎

パンダの赤ちゃんが生まれて、日本中から人気を博している。

熊猫宝宝出生后，在全日本受到了大家的欢迎。

鶴の一声（つるのひとこえ） 因权势者的一句话而必须照办；一声令下

三連休にどこへ遊びに行くかなかなか決まらなかったが、父の鶴の一声で動物園に決まった。

迟迟无法决定三天连休要去哪里玩，后来因为爸爸的一句话决定去动物园了。

超高频率会话句 | 语言学校独家传授必备受用好句

- パンダを見に行こう！ニュースで見たんだけど、来週二頭のパンダが動物園へ来るらしいよ。
  我们去看熊猫吧！新闻上说下星期会有两只熊猫到动物园。

- どうやって動物園へ行きますか。
  我们要怎么去动物园呢？

- 地下鉄に乗って、動物園駅で降ります。
  我们可以坐地铁，在动物园站下车。

- クルーザーを運転するのに免許が必要ですか。
  开快艇需要执照吗？

- パンダを見てからペンギンを見に行こう！
  我们看完熊猫之后，去看企鹅吧！

- もし運がよかったら、ホッキョクグマが見られるよ。ペンギンの隣にいるよ。
  如果我们够幸运的话，可以看到北极熊。它就在企鹅的隔壁。

- ワニを見たことがある？
  你见过鳄鱼吗？

- どんな動物が好きですか。
  你喜欢什么动物？

- ホッキョクグマを見たことがない。
  我从没看过北极熊。

- あのカンガルーは妊娠している。
  那只袋鼠怀孕了。

- 上野公園に大きい池があって、今蓮が咲いていてすごくきれいだよ。見に行こう。
  上野公园里有个很大的池塘，现在开满了莲花，漂亮极了，我们去看看吧。

- 静かだし、緑も多いですから、公園の近くに住むのが好きです。
  因为安静，又有很多绿地，所以我喜欢住公园附近。

- この近くに公園がありますか。
  这附近有公园吗？

- あの公園は子供用の遊具がありますか。
  那个公园有儿童游乐设施吗？

- 吉田さんは山登りのベテランなので、彼について行けば間違えないと思います。
  吉田先生是登山老手，所以跟着他就对了！

- 奈良公園の鹿は全然人見知りしません。
  奈良公园里的鹿都不怕人。

- 富士山は一年に二か月しか登れません。
  富士山一年只有两个月可以登山。

- 山を登る時、登山靴を履いたほうがいいです。
  爬山时最好穿登山鞋。

- 森へ行って、フィトンチッドを吸うのは快適です。
  到森林里呼吸植物杀菌素可以让人感到舒畅。

- 山登りの時、道が分らない場合はガイドに頼んで、連れて行ってもらったほうが安全ですよ。
  如果爬山时不熟悉路况，最好找向导带领比较安全。

- 日本では、桃はいつが旬ですか。
  日本几月盛产水蜜桃呢？

- 今、メロンが食べられますか。
  现在可以吃到哈密瓜吗？

- 農場生活の体験というイベントに参加したいんですが。
  我想参加"体验农村生活"的活动。

- 苺狩りに行きたいんだけど、一緒に行かない？
  我想去采草莓，你要一起去吗？

- かぼちゃを見るとハロウィーンを思い出す。
  一看到南瓜就会想到万圣节。

- 高橋さんはサーフィンがとても上手ですよ。
  高桥小姐很会冲浪哦。

- 山登りが好きな人々は百名山ピーク登山に挑戦したいと思っている。
  喜欢登山的人们都希望能挑战登百岳的壮举。

- 上野動物園では、パンダが一番人気があります。
  上野动物园里，熊猫最受欢迎了。

- コアラと写真を撮る時、フラッシュを使わないでください。
  和考拉拍照时，请勿使用闪光灯。

- あの海は最近よくサメが出るそうなので、しばらく行かないほうがいいと思います。
  听说那个海域最近常有鲨鱼出没，暂时最好不要去。

- 動物園は人々の幼少時代の思い出です。
  动物园是许多人的儿时回忆。

Chapter 8

おしゃれ
打扮自己

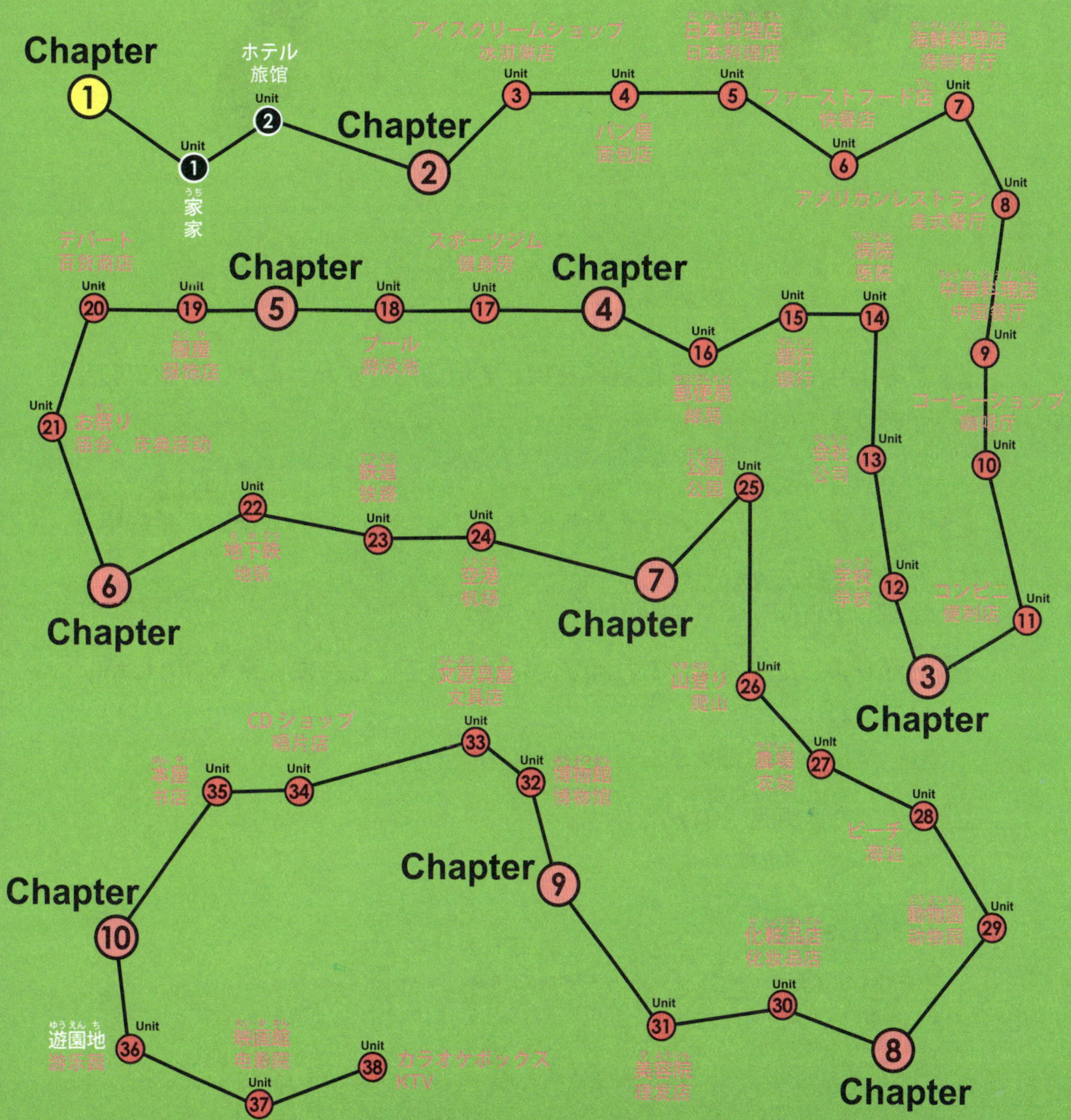

Chapter 1
Unit 1 家 家
Unit 2 ホテル 旅馆
Chapter 2
Unit 3 アイスクリームショップ 冰淇淋店
Unit 4 パン屋 面包店
Unit 5 日本料理店 日本料理店
Unit 6 ファーストフード店 快餐店
Unit 7 海鮮料理店 海鲜餐厅
Unit 8 アメリカンレストラン 美式餐厅
Unit 9 中華料理店 中国餐厅
Unit 10 コーヒーショップ 咖啡厅
Unit 11 コンビニ 便利店
Chapter 3
Unit 12 学校 学校
Unit 13 会社 公司
Unit 14 病院 医院
Unit 15 銀行 银行
Unit 16 郵便局 邮局
Chapter 4
Unit 17 スポーツジム 健身房
Unit 18 プール 游泳池
Chapter 5
Unit 19 服屋 服装店
Unit 20 デパート 百货商店
Unit 21 お祭り 庙会、庆典活动
Chapter 6
Unit 22 地下鉄 地铁
Unit 23 鉄道 铁路
Unit 24 空港 机场
Chapter 7
Unit 25 公園 公园
Unit 26 山登り 爬山
Unit 27 農場 农场
Unit 28 ビーチ 海边
Unit 29 動物園 动物园
Chapter 8
Unit 30 化粧品店 化妆品店
Unit 31 美容院 理发店
Chapter 9
Unit 32 博物館 博物馆
Unit 33 文房具屋 文具店
Unit 34 CDショップ 唱片店
Unit 35 本屋 书店
Chapter 10
Unit 36 遊園地 游乐园
Unit 37 映画館 电影院
Unit 38 カラオケボックス KTV

Unit 30 化粧品店 | 化妆品店

日常对话 | 快速融入超拟真的日常对话

A すみません。しわケア化粧品を探しているんですが、何かいいケア製品がありますか。

不好意思，我在找一些去除皱纹的护肤品。你能给我推荐一些不错的护肤品吗？

B かしこまりました。どうぞあちらへ。いくつかご紹介します。手の甲でお試しください。

没问题，我们去那一区。我可以给你介绍一些产品，你可以在手背上试试。

A 分かりました。あっ、これはすぐに浸透して、しわにしみ込む感じがいいですね。

好的。哇，这个马上就吸收了，感觉很快渗入细纹中了。

B 今とても人気商品なんですよ。

这个现在卖得很好哦。

补充单词及短语

- しわ 名 皱纹
  彼は顔にしわがある。
  他的脸上有一些皱纹。

- 手の甲 名 手背
  昨日料理を作っている時、手の甲をやけどしてしまいました。
  昨天做菜时，手背被烫伤了。

超高频率使用的句子 | 一分钟学一句不怕不够用

- 目の周りに、アイクリームを塗るといいですよ。
  在眼睛周围涂一些眼霜会很不错哦。

- スモーキーアイメイクの時、太いアイライナーを使います。
  化烟熏妆时,要使用粗的眼线笔。

- まつげを長く見せたかったら、マスカラとビューラーが要ります。
  如果想让眼睫毛看起来长一点,你需要睫毛膏和一个睫毛夹。

- 私の肌は本当に大変です。どうしたらいいかしら。
  我的皮肤看起来真的很糟糕。我该怎么做好呢?

- コンシーラーで目の周りのクマを隠すことができます。
  可以用一些遮瑕膏盖住你眼睛周围的黑眼圈。

- 鼻の上の皮が剥けた。きっとクーラーで乾燥したんだわ。
  我鼻子上脱皮了,一定是因为待在空调房太干了。

- 健康な肌になりたかったら、クレンジングオイルでちゃんと化粧を落としなさい。
  想要拥有健康的肌肤,就请用卸妆油彻底卸妆。

- 新色の口紅★1を紹介してくれませんか。
  你可以给我介绍一下最新款的口红吗?

★ 换个单词说说看 | 用单词积累句子的丰富度,让句子更漂亮!

口紅★1 可以替换:

- チーク 腮红
- アイシャドー 眼影
- ファンデーション 粉底

新色の＿＿＿＿＿を紹介してくれませんか。
你可以给我介绍最新款的＿＿＿＿＿吗?

补充单词及短语

- 大変 [な形] 糟糕的
  彼の授業態度は本当に大変です。
  他上课的态度真的很糟糕。

- 隠します [动] 隐藏
  犬が息子の靴を隠してしまいました。
  狗把儿子的鞋藏起来了。

日常单词 | 语言学校都会教的超实用日常单词

1 顔(かお) ▶ 脸部

くちびる [ku chi bi ru] 名 —— 嘴唇
瞼(まぶた) [ma bu ta] 名 —— 眼皮
ほお [ho o] 名 —— 脸颊
肌(はだ) [ha da] 名 —— 皮肤
ほくろ [ho ku ro] 名 —— 黑痣
シミ [shi mi] 名 —— 斑点
しわ [shi wa] 名 —— 皱纹

2 メイク落(お)とし ▶ 卸妆

洗顔(せんがん)クリーム [se n ga n ku ri i mu] 名 —— 洁面乳
クレンジングオイル [ku re n ji n gu o i ru] 名 —— 卸妆油
クレンジングムース [ku re n ji n gu mu u su] 名 —— 卸妆慕斯
スクラブ [su ku ra bu] 名 —— 磨砂膏
毛穴(けあな)パック [ke a na pa k ku] 名 —— 毛孔缩小面膜
アイメイクリムーバー [a i me i ku ri mu u ba a] 名 —— 眼部卸妆液

3 スキンケア ▶ 护肤

乳液(にゅうえき) [nyu u e ki] 名 —— 乳液
保湿(ほしつ)クリーム [ho shi tsu ku ri i mu] 名 —— 保湿乳霜
エッセンス [e s se n su] 名 —— 精华液
化粧水(けしょうすい) [ke sho u su i] 名 —— 化妆水
アイクリーム [a i ku ri i mu] 名 —— 眼霜
収斂化粧水(しゅうれんけしょうすい) [shu u re n ke sho u su i] 名 —— 收缩化妆水
美白化粧水(びはくけしょうすい) [bi ha ku ke sho u su i] 名 —— 美白化妆水

❹ ベース ▶ 底妆

化粧下地 [ke sho u shi ta ji] 名	隔离霜
日焼け止め [hi ya ke do me] 名	防晒乳
サンケア指数 [sa n ke a shi su u] 名	防晒指数
コンシーラー [ko n shi i ra a] 名	遮瑕膏
リップクリーム [ri p pu ku ri i mu] 名	护唇膏

❺ 化粧品 ▶ 化妆品

リップグロス [ri p pu gu ro su] 名	唇蜜
フェイスパウダー [fe i su pa u da a] 名	蜜粉
パウダーファンデーション [pa u da a fa n de e sho n] 名	粉饼
マスカラ [ma su ka ra] 名	睫毛膏
アイライナー [a i ra i na a] 名	眼线笔
アイシャドー [a i sha do o] 名	眼影
リップスティック / 口紅 [ri p pu su thi k ku / ku chi be ni] 名	口红

❻ 美容外科 ▶ 医学美容

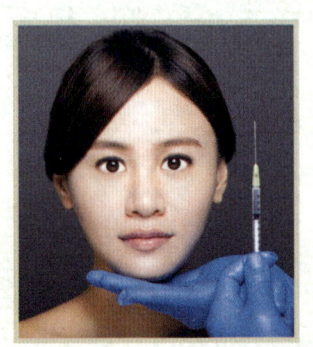

プラセンタ注射 [pu ra se n ta chu u sha] 名	胎盘素注射
ヒアルロン酸注射 [hi a ru ro n sa n chu u sha] 名	玻尿酸注射
レーザー治療 [re e za a chi ryo u] 名	激光治疗
インテンスパルスライト [in te n su pa ru su ra i to] 名	脉冲光
ピーリング [pi i ri n gu] 名	果酸换肤
ボトックス注射 [bo to k ku su chu u sha] 名	肉毒杆菌注射

❼ エステ ▶ 护肤

角質をとります [ka ku shi tsu wo to ri ma su] 動 ··· 去角质
活性化します [ka s se i ka shi ma su] 動 ············ 活化
美白 [bi ha ku] 名 ······································ 美白
シートマスク [shi i to ma su ku] 名 ············ 面膜
ニキビ [ni ki bi] 名 ························· 粉刺，青春痘
角栓 [ka ku se n] 名 ··························· 角质
毛穴 [ke a na] 名 ······························ 毛孔

❽ 化粧道具 ▶ 化妆小用具

ビューラー [byu u ra a] 名 ········· 睫毛夹	スポンジ [su po n ji] 名 ········· 化妆海绵
パフ [pa fu] 名 ················· 粉扑	アイブロウブラシ [a i bu ro u bu ra shi] 名 · 眉刷
ブラシ [bu ra shi] 名 ············· 刷子	リップブラシ [ri p pu bu ra shi] 名 ······ 口红刷
毛抜き [ke nu ki] 名 ············· 拔毛夹	コットン [ko t to n] 名 ··············· 化妆棉
綿棒 [me n bo u] 名 ············· 棉棒	アイシャドーブラシ [a i sha do o bu ra shi] 名 ················· 眼影刷

Daily Q&A

〔会话一〕

Q▶ 傷あとを消すものでお薦めがありますか。
你可以推荐我一些有效去除疤痕的产品吗？

A▶ このクリームを使ってみてください。傷あとを消すのに効きますよ。
你可以试试这个乳霜，它对去除疤痕很有用。

〔会话二〕

Q▶ 顔色が悪いので、面接の前に化粧したほうがいいですか。
我的脸色看起来没什么精神，是不是在面试前化下妆比较好呢？

A▶ そうですね。化粧するのも礼儀ですからね。
对啊。而且化妆也是一种礼貌。

〔会话三〕

Q▶ 昨日の晩寝られなかったんだ。
我昨天晚上没睡好。

A▶ クマができてるから分かるよ。
从你的黑眼圈看得出来。

地道谚语与惯用语 | 让句子更锦上添花

厚化粧 〉浓妆

年齢を重ねるにつれて厚化粧になる傾向がある。

随着年龄的增长，开始有化浓妆的倾向了。

スッピン 〉素颜

最近はブログなどで自分のスッピンを公開する人が増えている。

最近在博客等网站上公开自己素颜照的人增加了。

安プリコスメ 〉便宜又可爱的化妆品

中高生も化粧をする時代、誰でも簡単に買える安プリコスメが今とても人気がある。

在这个初高中生也化妆的年代，那些任何人都可以轻松买到的便宜又可爱的化妆品现在很受欢迎。

目力 〉眼神

目力を強調するために、アイラインをひいたり、マスカラやつけ睫毛をして目を大きく見せる工夫をしている。

为了强调眼神，可以画上眼线、刷睫毛膏或粘假睫毛来让眼睛看起来较大。

ナチュラルメイク 〉自然妆

素肌に近い感じに仕上げるナチュラルメイクに注目が集まっている。

接近自然肌肤的自然妆最近很受瞩目。

色の白いは七難隠す 〉一白遮三丑

「色の白いは七難隠す」は本当で、彼女は顔は普通だが、色白なのでかわいく見える。

真的是一白遮三丑，她虽然长得不是很好看，但是皮肤白让她看起来很可爱。

美魔女 〉美魔女

40歳を超えた女性が変わらず美しさを保っている、まさに美魔女と言えるだろう。

超过四十岁还保持美丽的女性，可以称之为美魔女吧。

Unit 31 美容院(びよういん) | 理发店

日常对话 | 快速融入超拟真的日常对话

A どんな髪型(かみがた)にカットしましょうか。
请问您想要剪什么样的发型？

B ボブにしたいです。前髪(まえがみ)は額(ひたい)が隠(かく)れるぐらいの長(なが)さにしてください。
我想剪波波头。头帘请帮我剪到能盖住额头的长度。

A かしこまりました。パーマやカラーリングはどうされますか。
我知道了。那您要烫发或染发吗？

B パーマはウェーブで、カラーリングは結構(けっこう)です。
要烫卷，不用染发。

A かしこまりました。しばらくお待(ま)ちください。
好的，请稍等一下。

补充单词及短语

- 額(ひたい) 图 额头
  日本(にほん)では額(ひたい)が広(ひろ)い人(ひと)は頭(あたま)がいいと言(い)われています。
  在日本，额头高的人会被认为很聪明。

- 隠(かく)れます 动 藏
  かくれんぼの鬼(おに)が隠(かく)れている人(ひと)を一生懸命(いっしょうけんめい)探(さが)しています。
  捉迷藏当鬼的那个人正拼命地在找躲起来的人。

超高频率使用的句子 | 一分钟学一句不怕不够用

- ヘアスプレーをして、髪型を長時間キープさせます。
  我要喷些定型剂好让发型维持得久一些。

- もしウェーブにしたかったら、パーマをかけなければなりません。
  如果想拥有卷发，你需要烫发。

- 癖毛なので、ストレートパーマをかけたいです。
  我有自然卷，所以我想把我的头发烫直。

- シャンプーの後、トリートメントをして、髪を保護したほうがいい。
  洗发后，最好抹上一些护发素来保养头发。

- ポニーテールを結びたいです。
  我想绑马尾。

- 髪の毛を下ろしたら、もっと魅力的に見えますよ。
  把头发放下来的话，可以让你看起来更有吸引力哦。

- 早くドライヤーで髪を乾かさないと風邪をひきますよ。
  不赶快用吹风机把头发吹干的话，会感冒哦。

- 髪を編んで*1 くれませんか。
  可以帮我编一下头发吗？

- お薦めの美容院を教えてください。
  请给我推荐一家理发店。

★ 换个单词说说看 | 用单词积累句子的丰富度，让句子更漂亮！

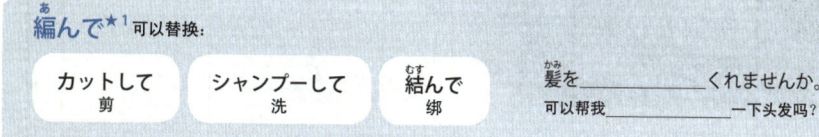

編んで*1 可以替换：

カットして	シャンプーして	結んで
剪	洗	绑

髪を＿＿＿＿＿くれませんか。
可以帮我＿＿＿＿＿一下头发吗？

补充单词及短语

- 保護します 动 保持、维持、保养
  地球温暖化から野生動物を保護する活動が盛んになってきている。
  因地球暖化的原因，保护野生动物的活动愈来愈盛行。

- お薦め 名 推荐
  お薦めのホテルはどこですか。
  你推荐的饭店在哪里？

 | 语言学校都会教的超实用日常单词

1 髪(かみ) ▶ 头发

ロング [ro n gu] 名 ------ 长发
ショート [sho o to] 名 ------ 短发
セミロング [se mi ro n gu] 名 ------ 中长发
前髪(まえがみ) [ma e ga mi] 名 ------ 刘海
カーリーヘア [ka a ri i he a] 名 ------ 卷发
ストレートヘア [su to re e to he a] 名 ------ 直发

2 美容院(びようえん) ▶ 理发店

美容師(びようし) [bi yo u shi] 名 ------ 发型设计师
鏡(かがみ) [ka ga mi] 名 ------ 镜子
サロンチェア [sa ro n che a] 名 ------ 美发椅
アシスタント [a shi su ta n to] 名 ------ 设计师助理
デザイン [de za i n] 名 ------ 设计

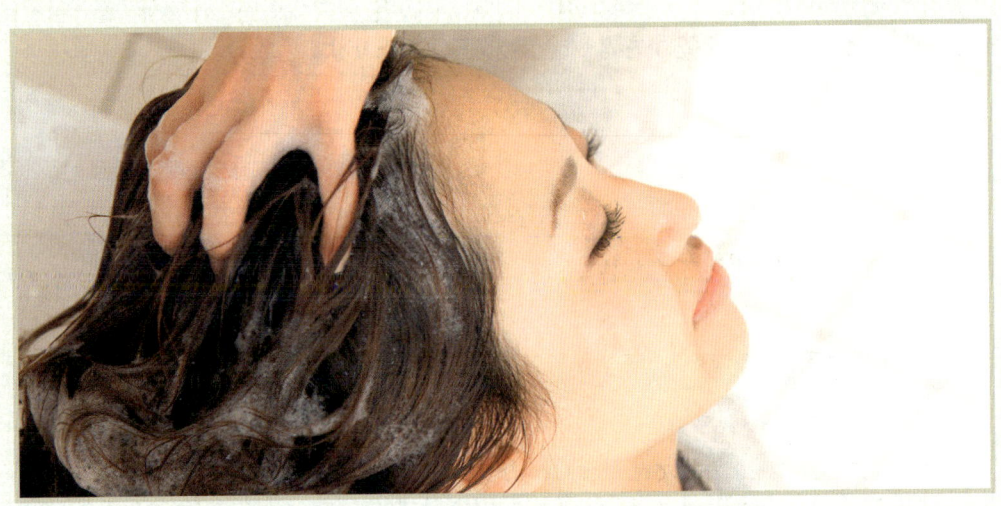

3 シャンプー ▶ 洗发

コンディショナー [ko n di sho na a] 名 ---- 护发素
ヘアスプレー [he a su pu re e] 名 ----- 发型定型剂
トリートメント [to ri i to me n to] 名 --- 修护、护发
ヘッドスパ [he d do su pa] 名 --- 头皮SPA
マッサージ [ma s sa a ji] 名 ------ 按摩

♪ 212

4 器具 ▶ 工具、器具、用具

はさみ [ha sa mi] 名	剪刀	
ドライヤー [do ra i ya a] 名	吹风机	
ヘアクリップ [he a ku ri p pu] 名	发夹	
かみそり [ka mi so ri] 名	剃刀	
ゴムバンド [go mu ba n do] 名	橡皮筋	
カールアイロン [ka a ru a i ro n] 名	电卷棒	
ヘアアイロン [he a a i ro n] 名	离子夹	
カーラー [ka a ra a] 名	发卷	

5 テクニック ▶ 技术

髪をすきます [ka mi wo su ki ma su] 名	打薄
ウェーブ [we e bu] 名	（头发等）呈波浪形、卷曲
レイヤー [re i ya a] 名	层次
ストレートパーマ [su to re e to pa a ma] 名	烫直
パーマ [pa a ma] 名	烫发
カット [ka t to] 名	剪发
カラーリング [ka ra a ri n gu] 名	染发
ブロー [bu ro o] 名	吹发

6 くし ▶ 梳子

梳かし櫛 [to ka shi gu shi] 名	宽齿梳
ラットテールコーム [ra t to te e ru ko o mu] 名	扁平梳
ヘアカット用コーム [he a ka t to yo u ko o mu] 名	（剪）理发专用梳
ロールブラシ [ro o ru bu ra shi] 名	圆梳
パドルブラシ [pa do ru bu ra shi] 名	板梳

♪ 213

7 ヘアスタイル ▶ 发型

アフロ [a fu ro] 名 ······ 爆炸头
クルーカット [ku ru u ka t to] 名 ······ 平头
ボブ [bo bu] 名 ······ 波波头
ピクシーカット [pi ku shi i ka t to] 名 ···· 精灵系短发

8 ヘアアレンジ ▶ 头发造型

ポニーテール [po ni i te e ru] 名 ······ 马尾
三つ編み [mi tsu a mi] 名 ······ 辫子、三股辫
お団子ヘア [o da n go he a] 名 ·· 丸子头、包头
フィッシュボーン [fi s shu bo o n] 名 ·· 鱼骨辫
ツインテール [tsu i n te e ru] 名 ······ 双马尾
編み込み [a mi ko mi] 名 ······ 编发

Daily Q&A

〔会话一〕
Q▶ 前髪はどう分けますか。
你的刘海要往哪边分？
A▶ 左に分けたいです。
我想左分。

〔会话二〕
Q▶ カラーリングをしますか。
你要染头发吗？
A▶ いいえ、結構です。
不用，谢谢！

〔会话三〕
Q▶ このシャンプーはいくらですか。
这瓶洗发液多少钱？
A▶ 2,000円です。
两千日元。

地道谚语与惯用语 | 让句子更锦上添花

枝毛になる　＞ 头发分岔

普段ドライヤーで無理に髪の毛をブローしていたら、枝毛になってしまった。
由于平常过度使用吹风机吹头发，结果头发分岔了。

ヘアドネーション　＞ 捐发

病気や事故で髪を失った人の人毛100パーセントかつらを作るために切った髪を寄付するヘアドネーションが増えています。
为了给因生病或意外而失去头发的人制作百分百的真人假发，留长的头发剪掉捐出去的情况越来越多。

後ろ姿美人　＞ 背影杀手

ツヤツヤのストレートロングヘアの女性は後ろ姿美人が多い。
拥有光滑长发的女性大多是背影杀手。

白髪対策　＞ 预防白发增加

歳を重ねるにつれて、海藻類や黒ゴマを食べて白髪対策をする人が増える。
随着年龄增长，靠吃海藻类食物及黑芝麻来预防白发增加的人越来越多。

薬用育毛剤　＞ 药用生发剂；生发液

最近は男性だけでなく女性も薄毛の悩みを抱えているので、女性用薬用育毛剤がよく売れているそうだ。
最近不仅男生，连女生也出现了头发稀少的困扰，因此听说女性用的药用生发剂也卖得很好。

黒髪ブーム　＞ 黑发热潮

日本人の黒髪の艶の美しさが海外で認められ、黒髪ブームとなっている。
日本人黑发的美艳度受到了外国的肯定，因此形成了黑发热潮。

後ろ髪引かれる　＞ 依依不舍

五年間伸ばし続けた髪の毛を切ることにしたが、切る直前まで後ろ髪引かれる思いだった。
虽然决定要剪掉留了五年的头发，但到剪之前都还是很依依不舍。

超高频率会话句 | 语言学校独家传授必备常用好句

- 髪型の形が崩れてるね。美容院へ行かないと。美容師を紹介しようか。
  你的头发没有型了。要去理发店，需要我介绍发型设计师给你吗？

- 美容院へ行く前に予約したほうがいいよ。
  在你去理发店之前，先预约一下比较好。

- ネイルのサービスもありますか。
  这里也有指甲保养的服务吗？

- 30分前に電話で予約した者ですが。友達が髪型を変えたいそうなんです。
  我是那个三十分钟前打电话预约的人。我的朋友想换一个发型。

- いらっしゃいませ。ご指名の美容師を予約されていますか。
  欢迎光临，你们要预约指定的发型设计师吗？

- お席にご案内します。
  我来为您带位。

- ソファーに座って待ってるね。
  我坐在沙发上等你。

- ヘッドスパをやってみたいなあ。
  我想尝试做头皮SPA。

- どのくらい切りますか。
  请问要剪多长？

- 大体2時間後には、全く新しい私が見られるよ。
  大概两个小时后，你就会看到全新的我了。

- 肩をちょっと過ぎるぐらいの長さでお願いします。
  我想要超过肩一点点的长度。

- 今日はトリートメントをします。
  我今天要护发。

- どうやって化粧をするか教えてくれませんか。
  你可以教我化妆吗?

- どんなアイシャドーが私に似合いますか。
  你觉得我适合什么颜色的眼影呢?

- アイシャドーとアイラインをしたら、目が大きく見えるそうです。
  听说只要画眼影和眼线就可以让眼睛看起来很大。

- 太陽が強いので、化粧の前に日焼け止めを塗ったほうがいいよ。
  光照很强,上妆前最好先擦防晒乳。

- シャンプーはどこにありますか。
  请问洗发水在哪里?

- 髪をこの色にカラーリングしたいです。
  我想把头发染成这个颜色。

- 彼女はカーリーヘアが似合うと思います。
  我觉得她很适合卷发。

- ボブにしたいんだけど、頭が大きいから似合わないと思う。
  我很想剪波波头,但头太大了,我想应该不适合。

- 今晩パーティーに参加するので、ヘアアレンジをしてくれませんか。
  我晚上要参加一个聚会,可以请你帮我做个造型吗?

- 仕事の時アフロはふさわしくない。
  上班时不适合顶着爆炸头。

- 彼女の三つ編みはきれいだね。
  她的辫子编得好漂亮哦。

- カーリーヘアは梳かし櫛で梳かします。
  你的卷发要用宽齿梳来梳。

- 今年はこの色の口紅が流行ってるそうです。
  听说今年流行这个颜色的口红。

- 毛穴パックはどうやって使いますか。
  要如何使用毛孔收缩面膜呢?

- インテンスパルスライトはしわを取り、毛穴も小さくなるという広告を見たら、やりたくなる。
  看到脉冲光可以抚平细纹、缩小毛孔的广告,我很心动。

- 週に一回角質を取ったほうがいいです。
  最好每星期去一次角质。

- 化粧したら、寝る前にちゃんとクレンジングをしないと肌に悪いよ。
  化了妆的话,如果睡觉前卸妆没卸干净,会对皮肤不好哦!

- ビューラーの使い方を教えてくれませんか。
  可以教我如何使用睫毛夹吗?

- どんなメイクをしたら、元気そうに見えるのかなあ。
  化什么样的妆才能让我看起来很有精神呢?

- プラセンタ注射をしたら、肌がよくなって若く見えるそうです。
  听说注射胎盘素能让皮肤变好,让人看起来比较年轻。

MEMO

Chapter 9

趣味(しゅみ)、興味(きょうみ)
兴趣、爱好

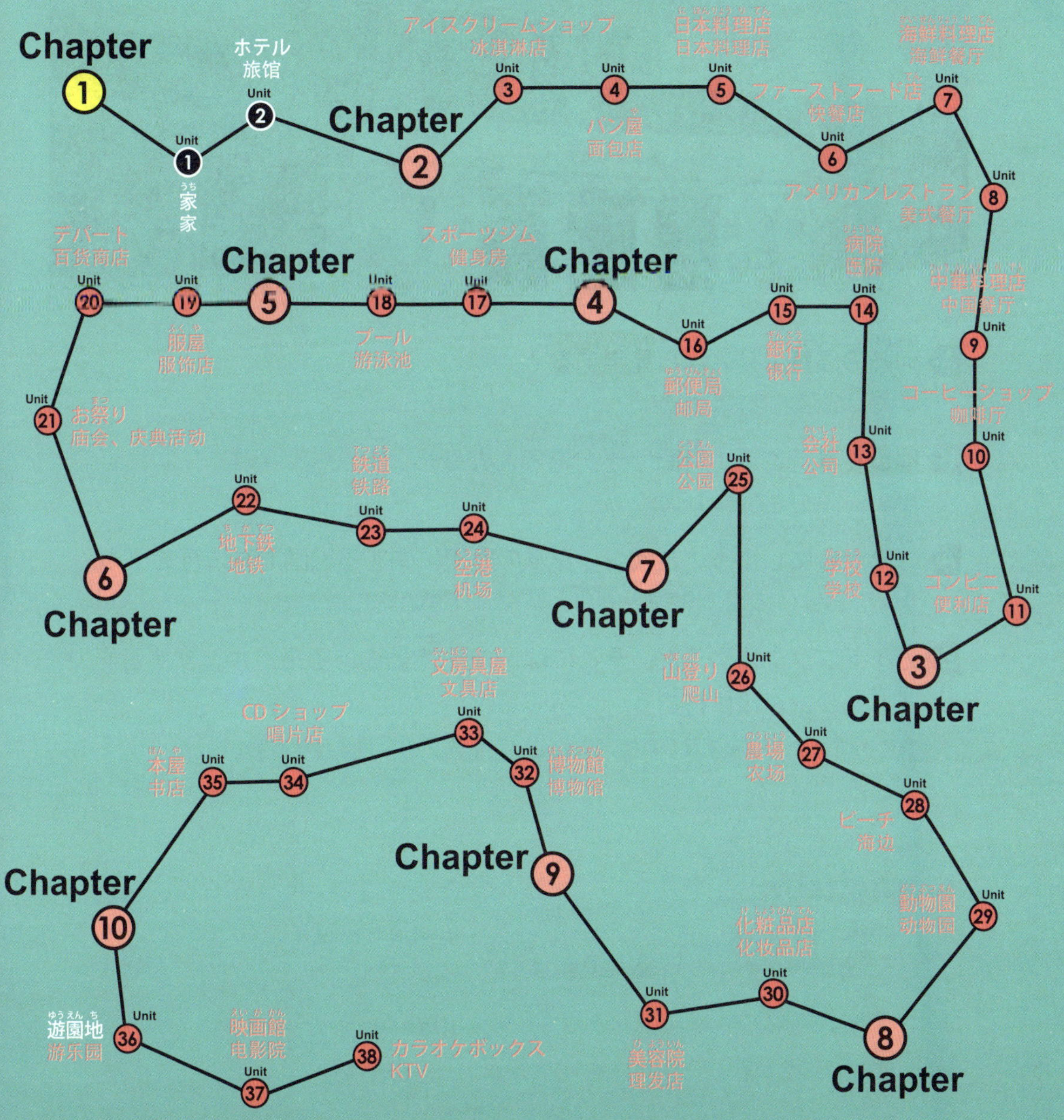

Unit 32 博物館 | 博物馆

日常对话 | 快速融入超拟真的日常对话

A 何階の展覧エリアから見学する？

要从几楼的展览区开始参观呢？

B ゆっくり行こう。時間は十分あるんだから。

慢慢来。我们有充足的时间。

A 二階からにしよう。古代ギリシャの歴史に関する絵画を見に行こう！

从二楼开始吧！我们去那里看一些和古希腊历史有关的画吧！

B ガイドブックによると、そこには彫刻や陶器もあるそうよ。まず音声ガイドをレンタルに行こう。

游览手册上说，那里还展示雕塑及陶器哦。我们先去租个语音导览器吧！

补充单词及短语

- 見学します 動 参观
  先週富岡製糸場という世界遺産を見学しました。
  上星期到被列为世界遗产的富冈制线厂参观了。

- ゆっくり 副 慢慢地
  健康のためにはゆっくりよく噛んで食べたほうがいい。
  为了健康，吃东西还是细嚼慢咽比较好。

超高频率使用的句子 | 一分钟学一句不怕不够用

- 一階★1では何を展覧していますか。
  一楼有什么展览？

- これはスペイン★2の歴史についての展覧です。
  这是关于西班牙历史的展览。

- すみません。この博物館にはモネの絵画がありますか。
  不好意思，这个博物馆里有莫奈的画作吗？

- 恐れ入ります。かばんはあちらのロッカーに預けていただけますか。
  不好意思，请您把包寄放在那边的置物柜里。

- 展示品には手を触れないようにお願いいたします。
  请勿触摸展览品。

- 休館日は月曜日です。月曜日が祝日の場合は、翌日が休館日になります。
  休馆日是星期一。星期一为法定假日时，休馆日顺延一天。

- 館内は飲食禁止です。
  馆内禁止饮食。

- 芸術展の展覧期間は今週の日曜日までです。
  艺术展的展期到这星期日结束。

★ 换个单词说说看 | 用单词积累句子的丰富度，让句子更漂亮！

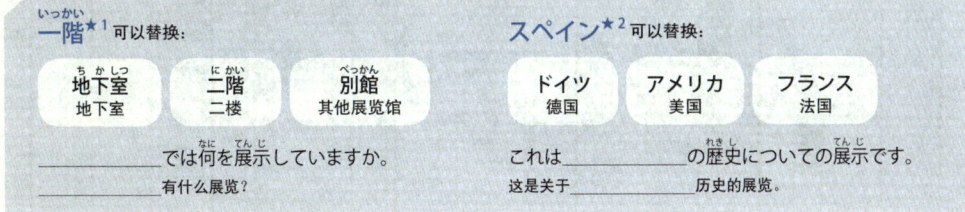

一階★1 可以替换：
- 地下室 地下室
- 二階 二楼
- 別館 其他展览馆

＿＿＿＿では何を展示していますか。
＿＿＿＿有什么展览？

スペイン★2 可以替换：
- ドイツ 德国
- アメリカ 美国
- フランス 法国

これは＿＿＿＿の歴史についての展示です。
这是关于＿＿＿＿历史的展览。

补充单词及短语

- 歴史 [名] 历史
  私は江戸時代の歴史について興味があります。
  我对江户时代的历史很感兴趣。

- 預けます [动] 寄放
  ジェットコースターに乗る前に、荷物を係員に預けなければなりません。
  乘坐过山车前，必须先将包寄放在工作人员那里。

日常单词 | 语言学校都会教的超实用日常单词

❶ テーマ ▶ 主题

科学 [ka ga ku] 名 —— 科学
歴史 [re ki shi] 名 —— 历史
天文学 [te n mo n ga ku] 名 —— 天文
人文 [ji n bu n] 名 —— 人文
芸術 [ge i ju tsu] 名 —— 艺术
古代 [ko da i] 名 —— 古代
現代 [ge n da i] 名 —— 现代

❷ 展覧 ▶ 展览

展示 [te n ji] 名 —— 展示
期間 [ki ka n] 名 —— 期间
記念 [ki ne n] 名 —— 纪念
巡ります [me gu ri ma su] 动 —— 巡回
行います [o ko na i ma su] 动 —— 举办
プレビュー [pu re byu u] 名 —— 预告
レビュー [re byu u] 名 —— 回顾

❸ 見学 ▶ 参观

音声ガイド [o n se i ga i do] 名 —— 语音导览器
ガイドブック [ga i do bu k ku] 名 —— 游览手册
ルート [ru u to] 名 —— 路线
チケット [chi ke t to] 名 —— 门票
平面図 [he i me n zu] 名 —— 平面图
紹介 [sho u ka i] 名 —— 介绍

♪ 222

4 館内 ▶ 馆内

- エリア [e ri a] 名 ———————— 区域
- 視聴覚室 [shi cho u ka ku shi tsu] 名 —— 视听室
- 切符売り場 [ki p pu u ri ba] 名 ———— 售票处
- お土産コーナー [o mi ya ge ko o na a] 名 — 纪念品专柜

5 時代 ▶ 时代

- ルネサンス [ru ne sa n su] 名 ——— 文艺复兴（时期）
- ゴシック [go shi k ku] 名 ———————— 哥特式
- バロック [ba ro k ku] 名 ——————— 巴洛克艺术
- ロココ [ro ko ko] 名 ———————— 洛可可（式）
- ロマン主義 [ro ma n shu gi] 名 ————— 浪漫主义
- 印象派 [i n sho u ha] 名 ———————— 印象派

6 芸術家 ▶ 艺术家

- ダ・ヴィンチ [da・vi n chi] 名 ———— 达·芬奇
- ラファエル [ra fa e ru] 名 —————— 拉斐尔
- ミケランジェロ [mi ke ra n je ro] 名 —— 米开朗琪罗
- ミレー [mi re e] 名 ———————————— 米勒
- ゴッホ [go h ho] 名 ———————————— 凡·高

7 コレクション ▶ 收藏品

彫刻 [cho u ko ku] 名 ———— 雕刻
陶器 [to u ki] 名 ———— 陶器
磁器 [ji ki] 名 ———— 瓷器
銅製品 [do u se i hi n] 名 ———— 铜制品
玉製品 [gyo ku se i hi n] 名 ———— 玉制品

8 絵画 ▶ 绘画

書道 [sho do u] 名 ———— 书法
水墨画 [su i bo ku ga] 名 ———— 水墨画
油絵 [a bu ra e] 名 ———— 油画
卵テンペラ [ta ma go te n pe ra] 名 ———— 蛋彩画
壁画 [he ki ga] 名 ———— 壁画
水彩画 [su i sa i ga] 名 ———— 水彩画

Daily Q&A

〔会话一〕
Q▶ この博物館の入館料はいくらですか。
这家博物馆的门票要多少钱?
A▶ 大人は1,000円です。
成人是一千日元。

〔会话二〕
Q▶ 博物館の開館時間は何時から何時までですか。
博物馆的开放时间是几点到几点?
A▶ 午前九時から午後七時までです。
早上九点到下午七点。

〔会话三〕
Q▶ 写真を撮ってもいいですか。
我可以照相吗?
A▶ すみません。撮影禁止です。
不好意思。这里禁止拍照摄影。

地道谚语与惯用语 | 让句子更锦上添花

芸術の秋 〉艺术之秋

食欲の秋、芸術の秋、スポーツの秋、読書の秋など、秋はいろんな事を楽しむのにふさわしい季節だと言える。

食欲之秋、艺术之秋、运动之秋、阅读之秋等，指秋季是适合享受很多事的季节。

陶器のような肌 〉像陶器般的肌肤

女性は透明感があってすべすべした陶器のような肌に憧れる。

女生都向往拥有通透、平滑如陶器般的肌肤。

芸術の都 〉艺术之都

パリは芸術の都として世界的に有名で、ルーブル美術館を始めたくさんの美術館があり、大勢の人が芸術家になるために留学している。

巴黎以艺术之都闻名世界，以卢浮宫美术馆为首，这里有很多美术馆。很多人为了成为艺术家而到巴黎留学。

古美術鑑定士 〉文物鉴定师

家にあった水墨画の価値を古美術鑑定士に鑑定してもらったところ、思ったより高い値段がついた。

请文物鉴定师鉴定了家里的水墨画后，发现它的价值竟然比想象中的还高。

骨董品オークション 〉古董拍卖

祖父の時代からある壺を骨董品オークションに出品したら、あっという間に高額で売れてしまった。

从祖父时代开始就出现过的某个壶一出现在古董拍卖会上，一下子就被高价卖出了。

贋作 〉伪造品

家宝だと思って大切にしていた漆器が実は贋作だと分かってとてもショックを受けた。

知道一直被认为是传家宝而被珍藏着的漆器其实是伪造品后，受到了很大的打击。

Unit 33 ぶんぼうぐや 文房具屋 | 文具店

✱ 日常对话 | 快速融入超拟真的日常对话

A 3番の棚へ行ってはさみとホッチキスを探さないと。

我必须先去三号架上找剪刀和订书机。

B 私は画鋲と修正液が要るの。どの棚かなあ。近視だから番号が見つからないわ。

我需要图钉和修正液。它们在哪一个架子上呢？因为我近视，所以找不到。

A 文房具の種類が多すぎるから分からないのよ。

文具种类太多，搞不清楚了。

B じゃあ店員に聞くのが一番早い方法だね。

那么，去向店员咨询是最快的方法了。

补充单词及短语

- 近視 [名] 近视
  私は中学の時から近視で眼鏡をかけている。
  我从中学开始就因为近视戴上眼镜了。

- 種類 [名] 种类
  このスーパーは野菜の種類も豊富で新鮮です。
  这家超市的蔬菜种类既丰富又新鲜。

超高频率使用的句子 | 一分钟学一句不怕不够用

- ノート、紙、修正液そして蛍光ペンがほしいです。
  我想要笔记本、纸、修正液还有荧光笔。

- バインダークリップ★1 はどこにありますか。
  请问长尾夹在哪里？

- この色鉛筆で一番多いのは何色入りですか。
  这款彩色铅笔最多有几个颜色？

- コピー用紙がなくなりました。文房具屋へ行こう。
  我们的复印纸用完了，我们去文具店吧。

- 一番近い文房具屋はどこですか。
  最近的文具店在哪里？

- 文房具屋は何時までですか。
  文具店几点关门？

- このボールペン★2 は一箱いくらですか。
  这个圆珠笔一盒多少钱？

- 明日グループ発表があるので、文房具屋へポスターを作る材料を買いに行きます。
  我明天要做小组报告，所以要去文具店买一些做海报的东西。

★ 换个单词说说看 | 用单词积累句子的丰富度，让句子更漂亮！

バインダークリップ★1 可以替换：

マーカー	セロハンテープ	クレヨン
马克笔	透明胶	蜡笔

_____はどこにありますか。
请问_____在哪里？

ボールペン★2 可以替换：

インク	色鉛筆	ゼムクリップ
墨水	彩色铅笔	曲别针

この_____は一箱いくらですか。
这个_____一盒多少钱？

补充单词及短语

- グループ 名 组
  修学旅行の時、グループの自由行動があります。
  毕业旅行的时候，会有小组的自由活动。

- ポスター 名 海报
  このポスターはデザインがとてもいい。
  这张海报设计得很好。

日常单词 | 语言学校都会教的超实用日常单词

① 紙 ▶ 纸

カード [ka a do] 名 ---- 卡片
付箋 [fu se n] 名 ---- 便利贴
メモ帳 [me mo cho u] 名 ---- 便条本
名刺サイズカード [me i shi sa i zu ka a do] 名 名片卡
カーボン紙 [ka a bo n shi] 名 ---- 复写纸
コピー用紙 [ko pi i yo u shi] 名 ---- 复印纸

② 接着剤 ▶ 黏着剂

両面テープ [ryo u me n te e pu] 名 ---- 双面胶带
のり [no ri] 名 ---- 胶水
スティックのり [su ti k ku no ri] 名 ---- 胶棒
ポリエチレンフォームテープ
[po ri e chi re n fo o mu te e pu] 名 ---- 泡棉胶
セロハンテープ [se ro ha n te e pu] 名 ---- 透明胶

③ ファイル ▶ 文件夹、公文夹

システム手帳 [shi su te mu te cho u] 名 --- 万用手册
バインダー [ba i n da a] 名 ---- 板夹
クリアファイル [ku ri a fa i ru] 名 ---- L夹
リングファイル [ri n gu fa i ru] 名 ---- 活页夹
クリアブック [ku ri a bu k ku] 名 ---- 资料夹收纳（簿）
パイプファイル [pa i pu fa i ru] 名 ---- 管型夹

♪ 228

④ 筆記用具（ひっきようぐ）▶ 书写用具

ボールペン [bo o ru pe n] 名 ---- 圆珠笔
鉛筆（えんぴつ）[e n pi tsu] 名 ---- 铅笔
シャープペンシル [sha a pu pe n shi ru] 名
　　　　　　　　　　　　　　　　自动铅笔
ゲルインクボールペン
[ge ru I n ku bo o ru pe n] 名 ---- 中性笔

万年筆（まんねんぴつ）[ma n ne n hi tsu] 名 ---- 钢笔
修正液（しゅうせいえき）[shu u se i e ki] 名 ---- 修正液
消しゴム（けしゴム）[ke shi go mu] 名 ---- 橡皮擦
シャープペンシルの芯（しん）
[sha a pu pe n shi ru no shi n] 名
　　　　　　　　　　　　　　　自动铅笔的笔芯

⑤ 色を塗る文房具（いろをぬるぶんぼうぐ）▶ 着色文具

クレヨン [ku re yo n] 名 ---- 蜡笔
色鉛筆（いろえんぴつ）[i ro e n pi tsu] 名 ---- 彩色铅笔
蛍光ペン（けいこうペン）[ke i ko u pe n] 名 ---- 荧光笔
マーカー [ma a ka a] 名 ---- 马克笔
絵の具（えのぐ）[e no gu] 名 ---- （水彩、油画的）颜料
絵筆（えふで）[e fu de] 名 ---- 画笔
インク [i n ku] 名 ---- 墨水、油墨

⑥ 制図（せいず）▶ 制图

定規（じょうぎ）[jo u gi] 名 ---- 尺
コンパス [ko n pa su] 名 ---- 圆规
分度器（ぶんどき）[bu n do ki] 名 ---- 量角器
三角定規（さんかくじょうぎ）[sa n ka ku jo u gi] 名 ---- 三角板

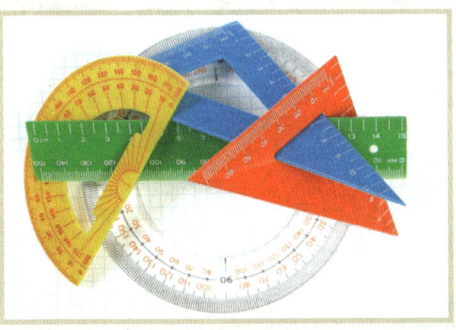

♪ 229

❼ ナイフ類 ▶ 刀片类

はさみ [ha sa mi] 名 ーーーーーーー 剪刀
クラフトナイフ [ku ra fu to na i fu] 名 --- 工艺刀
カッターナイフ [ka tta a na i fu] 名 ----- 美工刀
カッターの刃 [ka tta a no ha] 名 ------ 美工刀片

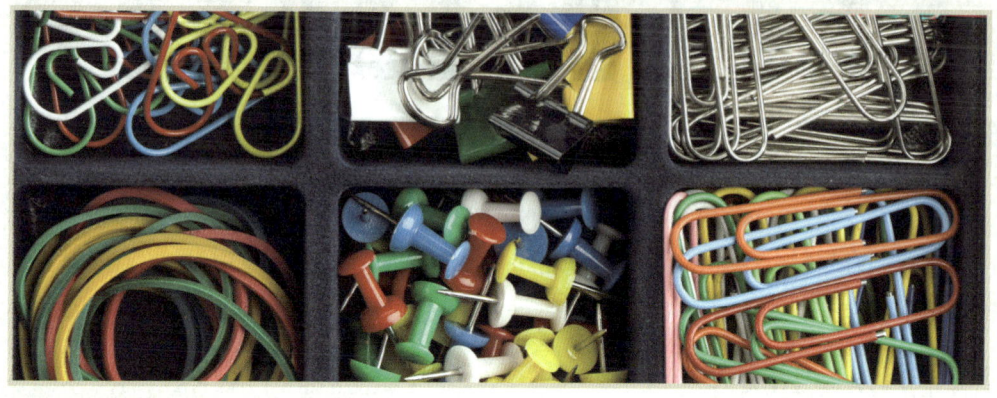

❽ 事務用品 ▶ 办公室用品

ゼムクリップ [ze mu ku ri p pu] 名 --- 曲别针
画鋲 [ga byo u] 名 ーーーーーーーー 图钉
パンチ [pa n chi] 名 ーーーーーーーー 打孔机
鉛筆削り [e n pi tsu ke zu ri] 名 ----- 削铅笔机
ホッチキス [ho c chi ki su] 名 -------- 订书机
シュレッダー [shu re dda a] 名 ------ 碎纸机

バインダークリップ [ba i n da a ku ri p pu] 名
ーーーーーーーーーーーーーーーーー 长尾夹
目玉クリップ [me da ma ku ri p pu] 名
ーーーーーーーーーーーーーーーーー 圆型票据夹
ホッチキスの針 [ho c chi ki su no shi n] 名
ーーーーーーーーーーーーーーーーー 订书订

Daily Q&A

〔会话一〕

Q▶ シュレッダーがありますか。
有碎纸机吗?

A▶ 申し訳ございません。当店ではシュレッダーをお取り扱いしておりません。
对不起，我们店不卖碎纸机。

〔会话二〕

Q▶ 製図の道具はどこにありますか。
请问制图工具放在哪里？

A▶ 7番の棚にあります。ここをまっすぐ行って右側の棚です。
在七号架子上。从这里直走右边的架子上。

〔会话三〕

Q▶ 割引がありますか。
有打折吗？

A▶ はい、当店の会員でしたら、二割引になります。
有的，如果你是我们的VIP会员，就可以享受八折的优惠。

地道谚语与惯用语 | 让句子更锦上添花

マスキングテープ　纸胶带

いろんな色や模様のマスキングテープを使って小物を素敵にアレンジする方法が流行っている。

现在很流行使用各种颜色和花样的纸胶带来装饰小东西。

文房具カフェ　文具咖啡厅

コーヒーを飲みながらおしゃれな文房具も楽しめる文房具カフェが、東京や大阪にオープンした。

在东京、大阪等地可以一边喝咖啡一边享受漂亮文具商品的文具咖啡厅开业了。

宝の持ち腐れ　空藏美玉；拿着金饭碗讨饭吃；暴殄天物

たくさんの機能がついているナイフを持っているが、使い方がよく分からないので宝の持ち腐れだと家族に笑われた。

因为我空有一把多功能的小刀，却不知道使用方法，所以被家人笑是空藏美玉。

豚に真珠　投珠与猪；对牛弹琴；猪八戒吃人参果

小学生の子供に高価な万年筆をプレゼントしたが、豚に真珠だったかもしれない。

将高价的钢笔送小学生当礼物，可能是对牛弹琴。

筆を執る　动笔写

あの作家は小説を書く時、お気に入りのペンを持って少し考えた後、筆を執り始めた。

那个作家写小说时，会拿着他中意的笔思考一下之后，再开始动笔写。

筆が進む　写得很顺

始めはなかなか筆が進まなかったが、途中から調子よくやっと五十枚の論文を書き上げた。

刚开始一直写得很不顺，中途状况开始变好，最后终于把五十页论文写完了。

Unit 34 CDショップ | 唱片店

日常对话 | 快速融入超拟真的日常对话

A 新しくできたＣＤショップ本当に広いなあ。各ジャンルのＣＤも豊富に揃っていて、楽器も売っているらしいよ。

新开的唱片行真的好大。有各式各样的CD，好像还卖乐器。

B 音楽好きな私は、きっと<mark>常連客</mark>になるわ。楽器教室もあるんだね。

喜欢音乐的我一定会成为这家店的常客。还有乐器教室。

A エレキギターを習いたいなあ。<mark>陳列されている</mark>楽器の種類もたくさんあるなあ。

好想学电吉他。陈列出来的乐器种类也好多。

B 本当だね。あっ、大好きな歌手のアルバムが入荷してる。やったあ！

真的呢。我最喜欢的歌手的专辑进货了，太好了！

补充单词及短语

- **常連客** 名 老主顾、常客
  駅前の居酒屋は毎晩常連客で賑わっている。
  因为老主顾的光顾，车站前的小酒馆每晚都很热闹。

- **陳列します** 动 陈列
  スーパーの肉や魚は今朝開店前に陳列されたばかりです。
  超市的肉和鱼等商品都是今天早上开店前刚摆上的。

✱ 超高频率使用的句子 | 一分钟学一句不怕不够用

- 中古(ちゅうこ)のピアノを買(か)いたいんですが、売(う)っていますか。
  我想买架二手钢琴，这里卖吗？

- この音楽(おんがく)の楽譜(がくふ)がありますか。
  你有这首曲子的乐谱吗？

- このロックバンドは五人(ごにん)です。ボーカル、ドラマー、ベーシストが各一人(かくひとり)とギタリストが二人(ふたり)です。
  这个摇滚乐团有五个人。一个主唱、一个鼓手、一个贝斯手和两个吉他手。

- これらのCDは会員割引(かいいんわりびき)がありますか。
  这些CD有会员折扣吗？

- そちらのCDショップはホームページがありますか。
  你们的唱片行有网站吗？

- すみません。このCDを探(さが)しているんですが、まだ在庫(ざいこ)がありますか。
  不好意思，我在找这张CD，你们还有货吗？

- 私(わたし)はクラシック*¹が好(す)きです。
  我喜欢古典乐。

- 昨日(きのう)の晩(ばん)、福山雅治(ふくやままさはる)のコンサートに行(い)きました。本当(ほんとう)に素敵(すてき)でした。
  我昨晚去了福山雅治的演唱会，真的很棒。

★ 换个单词说说看 | 用单词积累句子的丰富度，让句子更漂亮！

クラシック*¹ 可以替换：

フォーク	ロック	ポップス
民谣	摇滚音乐	流行音乐

私(わたし)は_____が好(す)きです。
我喜欢_____。

补充单词及短语

- 中古(ちゅうこ) 图 中古、二手货
  私(わたし)の兄(あに)は中古車販売(ちゅうこしゃはんばい)の仕事(しごと)をしています。
  我哥哥在从事二手车买卖的工作。

- ホームページ 图 网站
  音楽(おんがく)ホールのホームページでコンサートのスケジュールを調(しら)べることができます。
  在音乐厅的网站可以查到音乐会的日程表。

日常单词 | 语言学校都会教的超实用日常单词

① コンサート ▶ 演唱会

ステージ [su te e ji] 名	舞台
ショー [sho o] 名	表演
観客(かんきゃく) [ka n kya ku] 名	观众
スポットライト [su po t to ra i to] 名	聚光灯
アンコール [a n ko o ru] 名	再来一个

② バンド ▶ 乐团

ボーカル [bo o ka ru] 名	主唱
キーボーディスト [ki i bo o dhi su to] 名	键盘手
ギタリスト [gi ta ri su to] 名	吉他手
ドラマー [do ra ma a] 名	鼓手
ベーシスト [be e shi su to] 名	贝斯手

③ コーラス ▶ 合唱团

合唱(がっしょう) [ga s sho u] 名	合唱	テノール [te no o ru] 名	男高音
ソプラノ [so pu ra no] 名	女高音	バス [ba su] 名	男低音
アルト [a ru to] 名	女低音		

4 アルバム ▶ 专辑

作詞家 [sa ku shi ka] 名	作词者
作曲家 [sa k kyo ku ka] 名	作曲者
歌詞 [ka shi] 名	歌词
楽譜 [ga ku fu] 名	乐谱
ポピュラー [po pyu ra a] な形	大众化的
お薦めします [o su su me shi ma ou] 助	推荐、介绍
ランキング [ra n ki n gu] 名	排行榜

5 オーケストラ ▶ 管弦乐器

サックス [sa k ku su] 名	萨克斯风
フルート [fu ru u to] 名	长笛
トランペット [to ra n pe tto] 名	小号、喇叭
バイオリン [ba i o ri n] 名	小提琴
チェロ [che ro] 名	大提琴

6 楽器 ▶ 乐器

ギター [gi ta a] 名	吉他
ドラム [do ra mu] 名	爵士鼓
ベース [be e su] 名	贝斯
キーボード [ki i bo o do] 名	键盘乐器
エレキギター [e re ki gi ta a] 名	电吉他
ピアノ [pi a no] 名	钢琴

7 オーディオ ▶ 音响装置

コンパクトディスク [ko n pa ku to dhi su ku] 名 —— CD、唱片
イヤホン [i ya ho n] 名 —————————————————— 耳机
マイク [ma i ku] 名 ———————————————— 扩音器、麦克风
MP3 プレーヤー [MP3 pu re e ya a] 名 ———— MP3 播放器
CD プレーヤー [CD pu ro o ya a] 名 ————————— CD 播放器

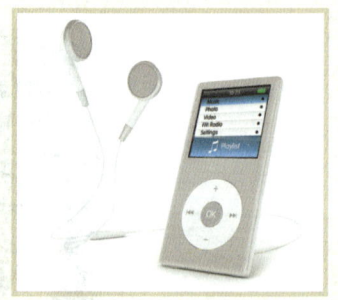

8 音楽の種類 ▶ 音乐类型

ポップス [po p pu su] 名 ———————————— 流行音乐
ジャズ [ja zu] 名 —————————————————— 爵士乐
ラップ [ra p pu] 名 ————————————————— 说唱音乐
クラシック [ku ra shi k ku] 名 ———————————— 古典乐
エレクトロニカ [e re ku to ro ni ka] 名 —— 电子音乐
ロック [ro k ku] 名 ———————————————— 摇滚乐
ブルース [bu ru u su] 名 ————————— 蓝调音乐
フォーク [fo o ku] 名 ——————————————— 民谣
ヒップホップ [hi p pu ho p pu] 名 ———— 嘻哈
オペラ [o pe ra] 名 ——————————————— 歌剧
パンク [pa n ku] 名 —————————————— 朋克摇滚乐

Daily Q&A

〔会话一〕
Q▶ 嵐の新しいアルバムはいつ発売ですか。
岚的新专辑什么时候发售？

A▶ 来週の日曜日です。
下星期日。

〔会话二〕
Q▶ 会員はどんな特典がありますか。
会员有什么特别优惠吗？

A▶ ＣＤが２割引で買えます。
可以以八折购买CD。

〔会话三〕
Q▶ どんな楽器ができますか。
你会什么乐器？

A▶ チェロとバイオリンができます。
会大提琴和小提琴。

地道谚语与惯用语 ｜ 让句子更锦上添花

初回限定版（しょかいげんていばん） 首刷限量版

アイドルの新発売（しんはつばい）ＣＤの初回限定版（しょかいげんていばん）を買（か）うと写真集（しゃしんしゅう）がついているよ。
购买偶像歌手的新专辑首版限量版，就会送写真集哦！

追（お）っかけ 追星

姉（あね）はあるバンドの追（お）っかけをしていて、バンドのスケジュールやプロフィールなど、何（なん）でも把握（はあく）している。
因为姐姐非常迷恋一个乐团，所以把乐团的行程、个人档案等各种讯息全掌握了。

アンコール 再演，再来一个

観客（かんきゃく）はコンサートが終（お）わっても興奮（こうふん）が冷（さ）めず、ずっとアンコールの拍手（はくしゅ）を続（つづ）けていた。
即使演唱会结束了，观众还是热情不减地一直拍手喊再来一个。

ミリオンセラー 百万销售量

ＣＤの発売時（はつばいじ）にミリオンセラーを宣言（せんげん）したバンドが一週間（いっしゅうかん）で達成（たっせい）した。
宣称 CD 发片时要破百万销售量的乐团，一星期就达成了目标。

笛（ふえ）吹（ふ）けど踊（おど）らず 唱独角戏

コンサートが始（はじ）まる前（まえ）に、スタッフの指示（しじ）でステージ上（じょう）の歌手（かしゅ）と一緒（いっしょ）に動作（どうさ）をする練習（れんしゅう）をしたが、結局（けっきょく）笛（ふえ）吹（ふ）けど踊（おど）らずだった。
演唱会开始前，虽然工作人员在舞台上教大家一起练习了配合歌手的动作，但正式表演时却让歌手唱了独角戏。

ＣＤ売（う）り上（あ）げランキング CD 销售排行榜

先週発売（せんしゅうはつばい）された新（あたら）しいＣＤの売（う）り上（あ）げランキングがテレビの番組（ばんぐみ）で発表（はっぴょう）された。
电视节目发表了上星期发行的新 CD 销售的排行榜。

サイン会（かい）・握手会（あくしゅかい） 签唱会；握手会

ＣＤを買（か）うと、歌手（かしゅ）のサインがもらえたり握手（あくしゅ）ができるサイン会（かい）や握手会（あくしゅかい）がファンにとっては大切（たいせつ）な交流（こうりゅう）です。
买 CD 就可以得到歌手的签名，还可以参加跟歌手握手的签唱会或握手会，这对歌迷来说是很重要的交流。

Unit 35 本屋 | 书店

日常对话 | 快速融入超拟真的日常对话

A すみません。芥川賞を受賞した小説を探しているんですが、ベストセラーの棚にはありませんでした。

不好意思。我想找获得芥川奖的小说，但是畅销书的书架上没有。

B 申し訳ございません。今売り切れで、在庫もない状態なんです。

很抱歉，现在卖完了，也没有库存了。

A 増刷予定だと聞きましたが、いつ再入荷する予定ですか。

听说预计会再版，请问什么时候会进货？

B 確定しておりません。入荷次第ご連絡させていただきますので連絡先をご記入いただけますか。

还没确定。请您留下联络方式，一进货会马上通知您，可以吗？

补充单词及短语

- 受賞します 動 得奖
  今年は二人の日本人がノーベル賞を受賞しました。
  今年有两位日本人得到诺贝尔奖。

- 売り切れ 名 售完
  アイフォン6Sはどこの国でも売り切れ続出です。
  不管在哪个国家 iPhone 6S 都是一补货就很快销售一空。

❋ 超高频率使用的句子 | 一分钟学一句不怕不够用

- ビジネスに関する本を探しているんですが、どこにありますか。
  我在找关于商业的书籍，请问在哪个区？

- 言語参考書は通路の突き当たりの文学書籍棚の隣にあります。
  语言工具书在走道尽头的文学书籍区旁边。

- こちらにこの本があるかどうか調べていただけませんか。
  你可以帮我查一下你们店里是否有这本书吗？

- デパートの中に大きい本屋があります。小説や漫画や雑誌だけでなく、子供の絵本の種類も豊富です。
  百货商店里有一家大书店，不仅有小说、漫画、杂志，连小朋友的绘本的种类也很丰富。

- 私の趣味は小説を書くことです。
  我的兴趣是写小说。

- このエッセイはハードカバーはありますが、文庫本は出版されていません。
  这本散文有精装书，但没有出版口袋书。

- どんな本に興味がありますか。
  你对哪种书感兴趣？

- 本屋で地図★¹を買います。
  我要在书店买一张地图。

★ 换个单词说说看 | 用单词积累句子的丰富度，让句子更漂亮！

地図★¹ 可以替换：

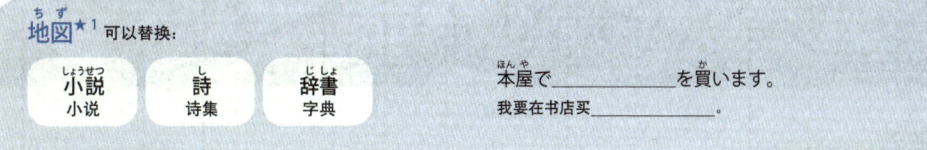

小説 小说　　詩 诗集　　辞書 字典

本屋で＿＿＿＿を買います。
我要在书店买＿＿＿＿。

补充单词及短语

- 通路 图 走道
  辞書は2番の通路にあります。
  字典位于第二个通道。

- 突き当たり 图 路的尽头
  この道をまっすぐ行った突き当たりにおいしいケーキ屋さんがあります。
  这条路一直走到尽头，有家非常好吃的蛋糕店。

✱ **日常单词** | 语言学校都会教的超实用日常单词

1 刊行物 ▶ 刊物

雑志 [za s shi] 名 ---------- 杂志
定期刊行物 [te i ki ka n ko u bu tsu] 名 ---- 期刊
漫画 [ma n ga] 名 ---------- 漫画
新聞 [shi n bu n] 名 ---------- 报纸

2 文学のジャンル ▶ 文学类型

詩 [shi] 名 ---------- 诗
小説 [sho u se tsu] 名 ---------- 小说
ドラマ [do ra ma] 名 ---------- 戏剧
短編小説 [ta n pe n sho u se tsu] 名 ---- 短篇小说
エッセイ [e s se i] 名 ---------- 散文、随笔
自叙伝 [ji jo de n] 名 ---------- 自传

3 言語 ▶ 语言

外国語 [ga i ko ku go] 名 ---------- 外语
日本語 [ni ho n go] 名 ---------- 日语
英語 [e i go] 名 ---------- 英语
中国語 [chu u go ku go] 名 ---------- 中文
韓国語 [ka n ko ku go] 名 ---------- 韩语
スペイン語 [su pe i n go] 名 ---------- 西班牙语
辞書 [ji sho] 名 ---------- 字典

♪ 240

④ 作家(さっか) ▶ 作家

小説家(しょうせつか) [sho u se tsu ka] 名 ------ 小说家	翻訳家(ほんやくか) [ho n ya ku ka] 名 ------ 译者
詩人(しじん) [shi ji n] 名 ------ 诗人	原稿(げんこう) [ge n ko u] 名 ------ 手稿
傑作(けっさく) [ke s sa ku] 名 ------ 名著	

⑤ 本屋(ほんや) ▶ 书店

レジカウンター [re ji ka u n ta a] 名 --- 收银台
ベストセラー [be su to se ra a] 名 ----- 畅销书
新刊(しんかん) [shi n ka n] 名 ------ 新书
在庫(ざいこ) [za i ko] 名 ------ 库存
図書(としょ)カード [to sho ka a do] 名 ------ 图书卡
図書券(としょけん) [to sho ke n] 名 ------ 图书券
倉庫(そうこ) [so u ko] 名 ------ 仓库
点検(てんけん)します [te n ke n shi ma su] 動 ------ 盘点

⑥ 出版社(しゅっぱんしゃ) ▶ 出版社

編集者(へんしゅうしゃ) [he n shu u sha] 名 ------ 编辑
マーケティング [ma a ke thi n gu] 名 ------ 行销
出版(しゅっぱん) [shu p pa n] 名 ------ 出版
着作権(ちょさくけん) [cho sa ku ke n] 名 ------ 版权
印税(いんぜい) [i n ze i] 名 ------ 版税

♫ 241

7 製本 ▶ 装订

ハードカバー [ha a do ka ba a] 名		精装书
文庫本 [bu n ko bo n] 名		口袋书
しおり [shi o ri] 名		书签
無線綴じ [mu se n to ji] 名		胶装书
古本 [fu ru ho n] 名		二手书

8 書籍の種類 ▶ 书籍的种类

ビジネス [bi ji ne su] 名		商业	建築 [ke n chi ku] 名		建筑
哲学 [te tsu ga ku] 名		哲学	教育 [kyo u i ku] 名		教育
社会学 [sha ka i ga ku] 名		社会学	文学 [bu n ga ku] 名		文学
心理学 [shi n ri ga ku] 名		心理学	写真集 [sha shi n shu u] 名		摄影集
デザイン [de za i n] 名		设计	政治 [se i ji] 名		政治
料理 [ryo u ri] 名		烹饪	絵本 [e ho n] 名		绘本

Daily Q&A

〔会话一〕
Q ▶ この本は英語版がありますか。
你有这本书的英文版吗?
A ▶ 調べてみますね。はい、あります。レジカウンターの前にあります。
我查查看。有，它在结账柜台前。

〔会话二〕
Q ▶ 図書カードが使えますか。
可以使用图书卡吗?
A ▶ はい、お使いいただけます。
可以。

〔会话三〕
Q ▶ 新刊はどこですか。
请问新书在哪里?
A ▶ 中央の棚に並べてあります。
在中间的架子上。

地道谚语与惯用语 | 让句子更锦上添花

本の虫 〉书迷；书虫
彼は本の虫で暇があったらいつでもどこでも本を読んでいる。
他是个书迷，只要有空，不论何时何地都在看书。

ゴーストライター 〉代笔人；写手
この作家の小説は実はゴーストライターが書いているらしい。
其实这个作家的小说好像是代笔人写的。

読書の秋 〉阅读之秋
気候が涼しい秋の夜長は本を読むのにとても良い。まさに読書の秋だなあ。
在气候凉爽的秋天长夜里看书最好了。正所谓阅读之秋嘛。

古本屋 〉二手书店
もう読み終わった要らない本は、リサイクルに出したり古本屋へ持って行くのが賢い方法だ。
已经看完不需要的书，最聪明的办法就是回收或是拿到二手书店去。

生き字引 〉活字典
あのクラスメートはどんな難しい英語の単語を質問してもすぐに答えられる。まるで生き字引だ。
不管问那个同学多难的英文单词，他都能马上回答出来，简直像个活字典。

漫画コレクター 〉漫画收藏家
兄は気に入った漫画を全巻買い揃えている漫画コレクターです。
哥哥是只要有喜欢的漫画，就会买齐整套的漫画收藏家。

高等遊民 〉高等游民
最近大学を出ても働かず、読書などをしながら生活をしている「高等遊民」が増えている。
最近即使大学毕业后也不工作，只在家里看闲书过生活的"高等游民"越来越多了。

超高频率会话句 | 语言学校独家传授必备常用好句

- 本を買わなくちゃ！一緒に本屋へ行きませんか。

  我需要买一些书，你要跟我一起去书店吗？

- あなたが本を探している間、私は雑誌を読んで待っているから、帰る時呼びに来てね。

  你找书的时候我看杂志等你，要回去时来叫我哦。

- この棚の本は割引処分になっています。お買い得ですよ。

  这个架子上的书，现在正在打折处理，很值得买哦。

- あの店員さんはいつも笑顔で親切に接客してくれます。

  那位店员总是带着亲切的微笑接待客人。

- 待ち合わせは本屋にしよう。私は雑誌のところにいるはずよ。

  我们约在书店见吧。我应该会在杂志区。

- どんな漫画を集めていますか。

  你在收集什么漫画呢？

- 一番好きな作家は誰ですか。

  你最喜欢的作家是谁？

- 心理学関係の本はどこにありますか。

  请问心理学类的书籍在哪里？

- 村上春樹は日本で一番有名な作家の一人です。

  村上春树是日本最有名的作家之一。

- 東野圭吾は私が一番好きな作家の一人です。

  东野圭吾是我最喜欢的作家之一。

- 今日の午後、あのCDショップで新人歌手のサイン会があるそうです。

  听说今天下午那家唱片店有新人歌手的签唱会。

- 私_{おんがく}はいつも音楽を聞きながら勉強します。

  我经常一边听音乐一边读书。

- 陳さんは亀梨和也のファンで、日本まで会いに行ったそうです。

  听说陈同学是龟梨和也的粉丝，还追星追到日本去了呢！

- 来月クラシックのコンサートがあるんだけど、一緒に行かない？

  下个月有场古典音乐会，要不要一起去呢？

- 林さんはドラムを習っています。

  林同学在学爵士鼓。

- 私は高校の時合唱団に入っていて、パートはソプラノでした。

  我高中时参加过合唱团，在女高音部。

- 最近どんな音楽が流行っていますか。

  最近流行什么样的音乐呢？

- マーカーとクレヨンを使って、ポスターを作ります。

  我要用马克笔和蜡笔做海报。

- はさみはどこに片付けますか。

  剪刀要收拾到哪里？

- これらの資料はちゃんと分類してからフォルダに入れたほうがいいよ。

  最好将这些资料分类整理后放到文件夹里。

- わ～！きれいで可愛いマスキングテープですね。全種類買って帰りたいわ。

  哇！既漂亮又可爱的纸胶带。真想全部买回家。

- シャープペンシルの芯がきれました。文房具屋へ行ったら、ついでに買って来てもらえませんか。

  自动铅笔笔芯用完了，你去文具店时可以顺便帮我买吗？

- 教師節のカードはどんな紙を使って作りますか。
  要用什么纸做教师节的卡片呢？

- このパンチを借りてもいいですか。
  可以把这个打孔机借给我吗？

- 今日は書道の授業があるんだけど、毛筆を持ってきましたか。
  今天有书法课，你带毛笔了吗？

- ヨーロッパの博物館は建物が特別なデザインで、素晴らしいです。
  欧洲博物馆的建筑设计都很特别，很漂亮。

- 故宮へ行ったことがありますか。
  你去过故宫吗？

- あの辺の家はバロック様式の建物です。
  那个区的房子是巴洛克艺术风格的建筑。

- 来週の校外学習は歴史博物館へ見学に行きます。
  我们下星期的校外教学要到历史博物馆参观。

- 本屋は本だけでなく、文房具や生活用品も売っています。
  书店不仅卖书，也卖文具用品及生活用品。

- 「涙そうそう」という歌を聴いたことがある？
  你听过《泪光闪闪》这首歌吗？

MEMO

Chapter 10

エンターテインメント
放松娱乐一下

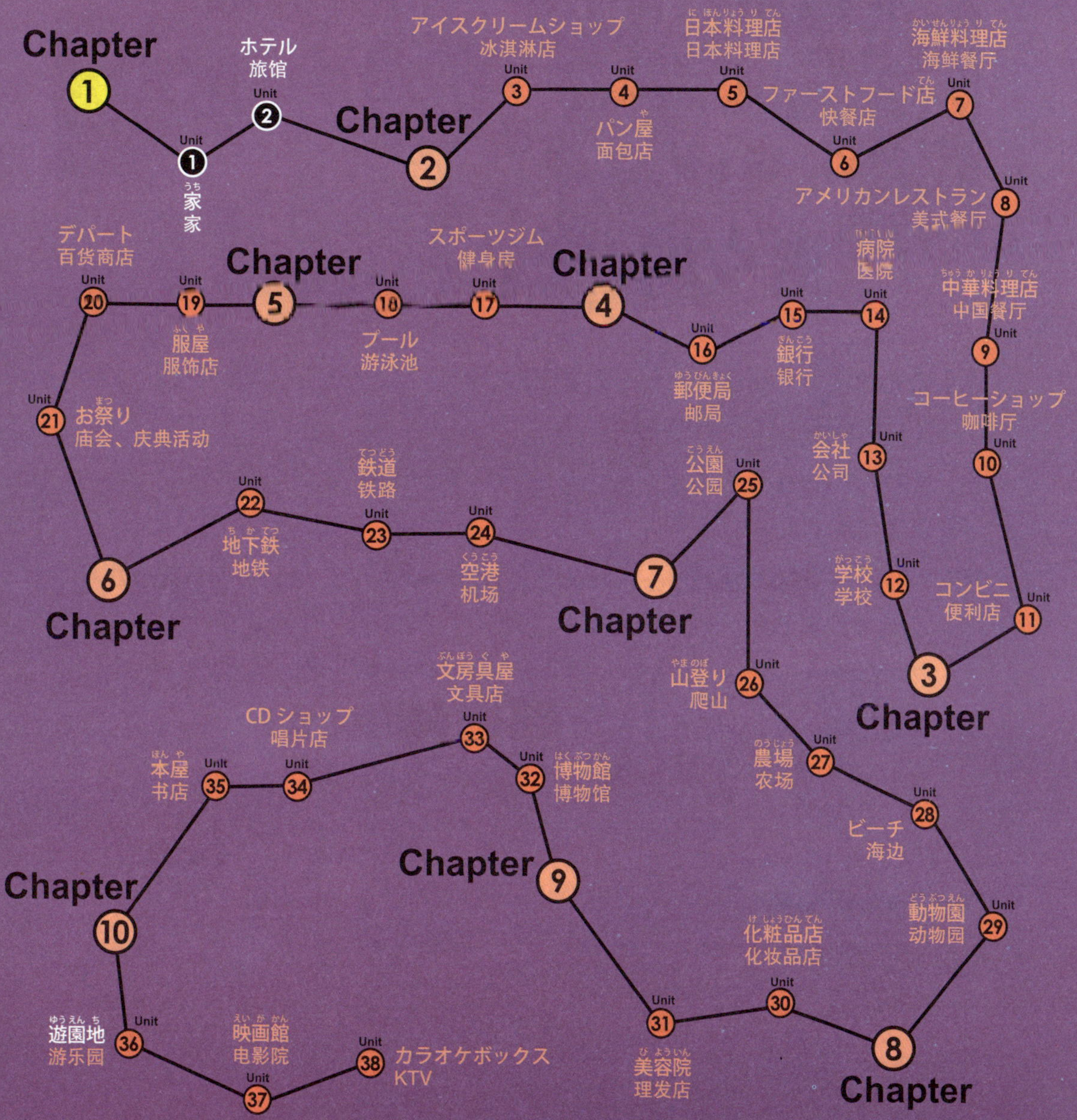

- Chapter 1
- Unit 1 家 家
- Unit 2 ホテル 旅馆
- Chapter 2
- Unit 3 アイスクリームショップ 冰淇淋店
- Unit 4 パン屋 面包店
- Unit 5 日本料理店 日本料理店
- Unit 6 ファーストフード店 快餐店
- Unit 7 海鮮料理店 海鲜餐厅
- Unit 8 アメリカンレストラン 美式餐厅
- Unit 9 中華料理店 中国餐厅
- Unit 10 コーヒーショップ 咖啡厅
- Unit 11 コンビニ 便利店
- Chapter 3
- Unit 12 学校 学校
- Unit 13 会社 公司
- Unit 14 病院 医院
- Unit 15 銀行 银行
- Unit 16 郵便局 邮局
- Chapter 4
- Unit 17 スポーツジム 健身房
- Unit 18 プール 游泳池
- Chapter 5
- Unit 19 服屋 服饰店
- Unit 20 デパート 百货商店
- Unit 21 お祭り 庙会、庆典活动
- Chapter 6
- Unit 22 鉄道 铁路
- Unit 23 地下鉄 地铁
- Unit 24 空港 机场
- Chapter 7
- Unit 25 公園 公园
- Unit 26 山登り 爬山
- Unit 27 農場 农场
- Unit 28 ビーチ 海边
- Unit 29 動物園 动物园
- Chapter 8
- Unit 30 化粧品店 化妆品店
- Unit 31 美容院 理发店
- Chapter 9
- Unit 32 博物館 博物馆
- Unit 33 文房具屋 文具店
- Unit 34 CDショップ 唱片店
- Unit 35 本屋 书店
- Chapter 10
- Unit 36 遊園地 游乐园
- Unit 37 映画館 电影院
- Unit 38 カラオケボックス KTV

Unit 36 遊園地 | 游乐园

✳ **日常对话** | 快速融入超拟真的日常对话

A こんなに早くからパレードの場所取りをしている人が大勢いるね。

这么早就有很多人在游行地点占位置了。

B そうだね。私たちもよく見える場所を探そう。

对啊。我们也去找个好位置吧。

A パレードではお姫様と王子様そしてかわいいキャラクター達が歌ったり踊ったりするんだね。

游行队伍里会有公主和王子，还有可爱的卡通人物唱歌跳舞，对吧。

B 最後には花火もあるからきっと幻想的な世界だろうね。

最后还会有烟花秀，肯定像奇幻世界一样吧。

补充单词及短语

- 幻想的 [な形] 奇幻的、奇异的
  昨日とても幻想的な夢を見ました。
  昨天做了一个非常奇幻的梦。

- 世界 [名] 世界
  鈴木イチローは世界的に有名な野球選手です。
  铃木一朗是世界上有名的棒球选手。

超高频率使用的句子 | 一分钟学一句不怕不够用

- どこで遊園地のチケットが買えますか。
  在哪里可以买到游乐园的票呢？

- メリーゴーランド★¹はどこですか。
  旋转木马在哪里？

- 次は何に**乗る**？
  接下来要乘坐什么？

- お土産を買いたいんですが、お土産ショップまでどうやって行ったらいいですか。
  我想买一些纪念品，我该怎么从这里到纪念品商店呢？

- 遊園地でどのアトラクションが一番人気ですか。
  游乐园里哪个游乐设施最受欢迎呢？

- 海賊船は身長制限がありますよ。
  海盗船有身高限制哦。

- お化け屋敷が嫌いです。だって**暗くて**怖いから。
  我不喜欢鬼屋，因为很暗很恐怖。

- 喉が渇いたね。あそこに店があるよ。ジェットコースターに乗った後、飲み物を買いに行こう。
  我好渴哦。那里有个小商店，我们玩完过山车后，去买点饮料喝吧。

★ 换个单词说说看 | 用单词积累句子的丰富度，让句子更漂亮！

メリーゴーランド★¹ 可以替换：

ジェットコースター	海賊船	お化け屋敷	＿＿＿＿＿はどこですか。
过山车	海盗船	鬼屋	＿＿＿＿＿在哪里？

补充单词及短语

- 乗ります【动】乘坐
  時間がなかったのでタクシーに乗って駅まで行きました。
  因为没时间，所以就坐出租车去车站了。

- 暗い【い形】暗的
  冬になると外は暗くなるのが早い。
  一到冬天，天很快就暗了。

 **日常单词** | 语言学校都会教的超实用日常单词

1 切符売り場(きっぷうりば) ▶ 售票口

チケット [chi ke t to] 名 ────── 入场券
大人(おとな) [o to na] 名 ────── 成人
子ども(こ) [ko do mo] 名 ────── 小孩
団体(だんたい) [da n ta i] 名 ────── 团体
学生(がくせい) [ga ku se i] 名 ────── 学生
無料(むりょう) [mu ryo u] 名 ────── 免费

2 食(た)べ物(もの) ▶ 食物

綿菓子(わたがし) [wa ta ga shi] 名 ────── 棉花糖
ポップコーン [po p pu ko o n] 名 ────── 爆米花
ハンバーガー [ha n ba a ga a] 名 ────── 汉堡
フライドポテト [fu ra i do po te to] 名 ────── 薯条
アイスキャンディー [a i su kya n dhi i] 名 ────── 冰棒
ホットドッグ [ho t to do g gu] 名 ────── 热狗
アイスクリーム [a i su ku ri i mu] 名 ────── 冰淇淋

3 雰囲気(ふんいき) ▶ 气氛

面白い(おもしろ) [o mo shi ro i] い形 ────── 有趣的
楽しい(たの) [ta no shi i] い形 ────── 快乐的
楽しみます(たの) [ta no shi mi ma su] 动 ────── 享受
うれしい [u re shi i] い形 ────── 喜悦的、开心的
怖い(こわ) [ko wa i] い形 ────── 恐怖的
驚きます(おどろ) [o do ro ki ma su] 动 ────── 惊吓
エキサイティング [e ki sa i thi n gu] な形 ────── 刺激的、兴奋的

♪ 250

④ テーマ ▶ 主题

ウォーターパーク [wo o ta a pa a ku] 名 ······ 水上乐园
プレジャーランド [pu ro ja a ra n do] 名 ······ 户外乐园
ファンタジーランド [fa n ta ji i ra n do] 名 ······ 奇幻世界

魔法の王国 [ma ho u no o u ko ku] 名 ······ 魔法王国
動物の王国 [do u bu tsu no o u ko ku] 名 ······ 动物王国

⑤ レクリエーション ▶ 娱乐

お姫様 [o hi me sa ma] 名 ······ 公主
王子様 [o u ji sa ma] 名 ······ 王子
キャラクター [kya ra ku ta a] 名 ······ 卡通人物
パレード [pa re e do] 名 ······ 游行
ショー [sho o] 名 ······ 表演
花火 [ha na bi] 名 ······ 烟火

⑥ サファリ ▶ 野生动物园

ジープ [ji i pu] 名 ······ 吉普车
砂漠 [sa ba ku] 名 ······ 沙漠
ジャングル [ja n gu ru] 名 ······ 丛林
キリン [ki ri n] 名 ······ 长颈鹿
ライオン [ra i o n] 名 ······ 狮子

♪ 251

7 注意 ▶ 注意

メンテナンス [me n te na n su] 名 —— 维修、保养
制限 [se i ge n] 名 —— 限制
禁止 [ki n shi] 名 —— 禁止
休止 [kyu u shi] 名 —— 暂停
緊急事態 [ki n kyu u ji ta i] 名 —— 紧急情况
心臓病 [shi n zo u byo u] 名 —— 心脏病
高血圧 [ko u ke tsu a tsu] 名 —— 高血压

8 アトラクション ▶ 游乐设施

メリーゴーランド [me ri i go o ra n do] 名 —— 旋转木马
ジェットコースター [je t to ko o su ta a] 名 —— 过山车
コーヒーカップ [ko o hI i ka p pu] 名 —— 咖啡杯
観覧車 [ka n ra n sha] 名 —— 摩天轮
お化け屋敷 [o ba ke ya shi ki] 名 —— 鬼屋
海賊船 [ka i zo ku se n] 名 —— 海盗船
フリーホール [fu ri i ho o ru] 名 —— 自由落体
急流すべり [kyu u ryu u su be ri] 名 —— 激流勇进
バンパー・カー [ba n pa a・ka a] 名 —— 碰碰车
ゴーカート [go o ka a to] 名 —— 赛车

Daily Q&A

〔会话一〕
Q▶ このアトラクションの入り口はどこですか。
这个游乐设施的入口在哪里？
A▶ その小さい切符売り場のそばです。
在那个小的售票亭旁边。

〔会话二〕
Q▶ あのアトラクションの出口はどこですか。
那个游乐设施的出口在哪里？
A▶ 指示に沿って行くと見つかります。
跟着标示走，就可以找到出口。

〔会话三〕
Q▶ 長蛇の列だね。
那队伍真长。
A▶ そうだね。30分以上待たなきゃなあ。
对啊，我们至少要等三十分钟以上。

地道谚语与惯用语 | 让句子更锦上添花

目が回る 〉晕眩

コーヒーカップのハンドルを回しすぎてスピードが速くなり、目が回ってしまった。
咖啡杯的方向盘转得太快了，速度变快导致头晕目眩了。

足がすくむ 〉脚变得僵硬

日本一怖いと言われているお化け屋敷に入ろうと決めたものの、足がすくんで動けない。
决定要进入人称日本最恐怖的鬼屋时，脚竟僵硬得一动也不能动。

年間フリーチケット 〉年票

年間フリーチケットは一年に3回以上行けば元が取れるからお得だ。
年票只要一年去三次以上就回本了，很划算的。

高所恐怖症 〉恐高症

高所恐怖症なので、フリーホールはもちろん観覧車に乗るのも怖い。
因为有恐高症，连摩天轮都会害怕，所以自由落体就更不用说了。

絶叫マシン 〉搭乘后会尖叫的游乐设施

急流すべりやジェットコースターのような絶叫マシンは写真撮影サービスがあり、絶叫している様子が写真に写る。
像是激流勇进或过山车这样一定会让人尖叫的游乐设施，有拍照摄影的服务，会拍下游客在尖叫时的照片。

夢から覚める 〉如梦初醒

遊園地から家へ帰る途中、電車の中で自分だけが特別な格好をして大きいお土産の袋を持っているのに気づき、夢から覚めた気持ちがした。
从游乐园回家的途中，发现在电车上只有自己是特殊的装扮，还提着一大袋的纪念品，感觉如梦初醒。

びしょ濡れ 〉湿透；浸泡

急流すべりで落ちた時、髪も服もびしょ濡れになってしまった。
玩激流勇进下来时，头发和衣服都湿透了。

Unit 37 映画館(えいがかん) | 电影院

❋ 日常对话 | 快速融入超拟真的日常对话

A 今週(こんしゅう)はたくさんの新(あたら)しい映画(えいが)が始(はじ)まるね。えっと、次(つぎ)の映画開始時間(えいがかいしじかん)は…

这一周有很多新的电影上映哦。下一场电影的开演时间是……

B ネットで調(しら)べたよ。6時半(じはん)に始(はじ)まるよ。

我在网上查过了，六点半开演。

A もう6時(じ)40分(ぷん)よ。間(ま)に合(あ)わないわ。次(つぎ)の上映(じょうえい)にする？

现在已经六点四十分了，我们已经迟到了。我们要看下一场吗？

B 大丈夫(だいじょうぶ)だよ。どの映画(えいが)も始(はじ)まる前(まえ)に10分(ぷん)ぐらい予告編(よこくへん)があるから。

没关系。每场电影前的预告片通常都会有十分钟长。

补充单词及短语

- 始(はじ)まります【動】开始
  日本(にほん)の学校(がっこう)は毎年四月(まいとしし がつ)から新学年度(しんがくねんど)が始(はじ)まります。
  日本的学校从每年四月开始新的学年度。

- 間(ま)に合(あ)います【動】赶上
  この脚本家(きゃくほんか)は徹夜(てつや)で台本(だいほん)を執筆(しっぴつ)し、やっと締(し)め切(き)りに間(ま)に合(あ)いました。
  这个编剧熬夜写剧本，终于赶在截止日期前交稿了。

超高频率使用的句子 | 一分钟学一句不怕不够用

- インターネットで映画のチケットが予約できますか。
  我们可以在网上预订电影票吗?

- アクション映画*1が好きです。
  我喜欢动作片。

- ホラー映画は RG-12 なので、保護者の同伴が必要です。
  恐怖片是 RG-12 级,必须由家长陪同才能观赏。

- どんな映画が好きですか。
  你喜欢哪种电影?

- 今年の日本アカデミー賞の主演女優賞は誰でしたか?
  今年的日本电影学院奖的最佳女主角是谁呢?

- 主役の俳優は演技が上手で国民的スターです。
  主角的演技很好,是众所皆知且备受喜爱的明星。

- 「ハリーポッター 3」はどの部屋で上映していますか。
  《哈利·波特 3》在哪个厅播放?

- この映画にどんな俳優が出ていますか。
  这部电影里有哪些演员?

★ 换个单词说说看 | 用单词积累句子的丰富度,让句子更漂亮!

アクション映画*1 可以替换:

恋愛映画	コメディ	ホラー映画
浪漫爱情片	喜剧	恐怖片

＿＿＿＿＿が好きです。
我喜欢＿＿＿＿＿。

补充单词及短语

- 保護者【名】监护人、家长
  学校で予防注射を受ける時、保護者の同意のサインが必要です。
  在学校接受疫苗注射时,需要家长签名同意。

- 同伴【名】携伴
  ペット同伴で泊まれるホテルを探しています。
  正在找可以携带宠物住宿的饭店。

※ 日常单词 | 语言学校都会教的超实用日常单词

① 映画の種類 ▶ 电影种类

コメディ [ko me dhi] 名 ———— 喜剧
悲劇 [hi ge ki] 名 ———— 悲剧
恋愛映画 [re n a i e i ga] 名 ———— 爱情片
アクション映画 [a ku sho n e i ga] 名 ———— 动作片
ホラー映画 [ho ra a e l ga] 名 ———— 恐怖片
シットコム [shi t to ko mu] 名 ———— 情境喜剧
メロドラマ [me ro do ra ma] 名 ———— 情节剧

② フードバー ▶ 食物

コーヒー [ko o hi i] 名 ———— 咖啡
炭酸飲料 [ta n sa n i n ryo u] 名 ———— 碳酸饮料
ホットチョコレート [ho t to cho ko re e to] 名 ———— 热可可
ポップコーン [po p pu ko o n] 名 ———— 爆米花
チュロス [chu ro su] 名 ———— 吉事果
フライドポテト [fu ra i do po te to] 名 ———— 薯条

③ 映画館の中 ▶ 电影院里

座席 [za se ki] 名 ———— 座位
観衆 [ka n shu u] 名 ———— 观众
幕 [ma ku] 名 ———— 帘幕
スクリーン [su ku ri i n] 名 ———— 银幕
プロジェクター [pu ro je ku ta a] 名 —— 投影机
上映します [jo u e i shi ma su] 動 ———— 上映
字幕 [ji ma ku] 名 ———— 字幕

♪ 256

④ 予告 ▶ 公告、通知

予告編 [yo ko ku hen] 名 ········ 预告片
宣伝します [se n de n shi ma su] 动 为……宣传
発表します [ha p pyo u shi ma su] 动 ········ 宣布

著作権 [cho sa ku ke n] 名 ········ 著作权
コピーします [ko pi i shi ma su] 动 ···· 拷贝
スポンサー [su po n sa a] 名 ········ 赞助商

⑤ 祭典 ▶ 戏剧节、音乐节

映画 [e i ga] 名 ················ 电影
プログラム [pu ro gu ra mu] 名 ········· 节目
コンテスト [ko n te su to] 名 ······ 角逐、竞赛
テーマ [te e ma] 名 ············· 专题

⑥ 映画の賞 ▶ 电影颁奖

オスカー賞 [o su ka a sho u] 名 ········ 奥斯卡
日本アカデミー賞 [ni ho n a ka de mi i sho u] 名
················ 日本电影学院奖
金馬賞 [ki n ba sho u] 名 ········· 金马奖
レッドカーペット [re d do ka a pe tto] 名 ·· 红毯
スター [su ta a] 名 ············ 明星
トロフィー [to ro fi i] 名 ··········· 奖杯

7 賞のカテゴリー ▶ 奖项分类

最優秀作品賞 [sa i yu u shu u sa ku hi n sho u] 名 -------- 最佳影片
監督賞 [ka n to ku sho u] 名 ------------------------- 最佳导演
主演女優賞 [shu e n jo yu u sho u] 名 ---------------- 最佳女主角
主演男優賞 [shu e n da n yu u sho u] 名 -------------- 最佳男主角
助演女優（男優）賞 [jo e n jo yu u (da n yu u) sho u] 名 --- 最佳女（男）配角
脚本賞 [kya ku ho n sho u] 名 ------------------------ 最佳原著剧本
編集賞 [he n shu u sho u] 名 ------------------------- 最佳剪辑
視覚効果賞 [shi ka ku ko u ka sho u] 名 -------------- 最佳视觉效果
音響編集賞 [o n kyo u he n shu u sho u] 名 ----------- 最佳音效
外国語映画賞 [ga i ko ku go e i ga sho u] 名 --------- 最佳外语片

8 スタッフ ▶ 工作人员

監督 [ka n to ku] 名 -------------------------------- 导演
アシスタント [a shi su ta n to] 名 ------------------ 助理
カメラマン [ka me ra ma n] 名 ----------------------- 摄影师
スタイリスト [su ta i ri su to] 名 ------------------ 造型师
メイクアップアーティスト
[me i ku a p pu a a thi su to] 名 ------------------- 化妆师
ヘアスタイリスト [he a su ta i ri su to] 名
--- 发型设计师

Daily Q&A

〔会话一〕
Q▶ 今どんな映画が上映されていますか。
现在哪部电影正在上映？
A▶ 映画館のパンフレットに紹介がありますよ。
电影院制作的小册子里都有介绍。

〔会话二〕
Q▶ HERO 2はいつから上映されますか。
HERO 2什么时候会上映？
A▶ 来月の一日からです。
下个月一号开始。

〔会话三〕
Q▶ 映画館に食べ物を持ち込んでもいいですか。
我们可以带食物到电影院里面吗？
A▶ いいえ、持ち込み禁止です。
不可以，禁止携带外食。

地道谚语与惯用语 | 让句子更锦上添花

映画の試写会 〉電影试映会

映画の試写会のチケットが抽選で二枚当たったので、一緒に行きませんか。

我抽到两张电影试映会的票，要不要一起去看呢？

映画の日 〉电影日

日本には毎月の一日、誰でも1,100円で映画を見ることができる「映画の日」という嬉しいサービスがある。

日本的每个月一号，有任何人只要花一千一百日元就可以看电影的"电影日"优惠服务。

レディースデー 〉女士日

毎週水曜日はレディースデーで女性は映画のチケットが1,100円になるので来週の水曜日に見に行こうと思っている。

每星期三是女士日，女性只要花一千一百日元就可以看电影，所以下星期三想要去看。

シニア割引 〉敬老折扣

年配の方にも映画を楽しんでもらおうという意向からシニア割引制度があり、60歳以上の方は1,100円で映画が見られます。

敬老优惠的用意是希望上了年纪的人也能享受看电影的乐趣，让六十岁以上的银发族只花一千一百日元就可以看电影。

吹き替え 〉配音

外国の映画を見る時、音声はそのままで字幕つきか、中国語吹き替え版かを選ぶことができます。

看外国电影时，可以选择原音搭配字幕或是中文配音。

Unit 38 カラオケボックス | KTV

🌸 **日常对话** | 快速融入超拟真的日常对话

A さあ、選曲リストの番号を入力しよう。私の声は低いんだけど、どうやってキー調整したらいいのかなあ。

让我把歌曲编号输进去吧。我的声音很低，要怎么调整音调呢？

B リモコンで調節できるよ。音声コントロールの高低音のボタンが分かる？

你可以用遥控器。你看到调音调高低的按钮了吗？

A うん。低音にしたかったら、「低音」のボタンを押すの？

有。如果我要调低音调，我就按"低音调"的按钮吗？

B そうそう。さあ、今日は楽しもう！

对，就是那样！让我们好好享受今天的欢乐时光吧！

补充单词及短语

- 調節します 動 调整
  エアコンの温度を調節します。
  调一下空调的温度。

- ボタン 名 按钮
  最後に確認ボタンを押したら、検定の申し込みは完了です。
  最后按下确认按钮后，检定考试的报名手续就完成了。

超高频率使用的句子 | 一分钟学一句不怕不够用

- どうやって選曲リストから歌を探しますか。
  我要如何在歌单里找到这些歌呢?

- 曲名の字数で探します。
  你可以用歌名的字数来找。

- 十五人の部屋を予約できますか。
  我们可以预约一个十五人的包厢吗?

- もう一人友達が来るので、彼が来たら伝言をお願いできますか。
  我们还有一个朋友会来,他来的时候可以帮我们传话给他吗?

- クレジットカード★1が使えますか。
  可以使用信用卡吗?

- 最低消費額がありますか。
  这里有最低消费吗?

- 何かご用の際は、ベルでお呼びください。
  如果有什么需要的话,请按服务铃呼叫我们。

- どの歌を歌いたい?番号を教えてくれたら、入力してあげるよ。
  你想唱什么歌呢?告诉我号码,我可以帮你输入。

★ 换个单词说说看 | 用单词积累句子的丰富度,让句子更漂亮!

クレジットカード★1 可以替换:

デビットカード	VIP カード	割引券	_____が使えますか。
现金卡	贵宾卡	折扣券	可以使用_____吗?

补充单词及短语

- リスト 图 清单、名单
  同窓会出席者リストを使って同窓会の写真を送ります。
  依照同学会出席名单来寄送照片。

- 入力します 动 输入
  学生達の中間試験の成績を入力します。
  要输入学生们的期中考试成绩。

日常单词 | 语言学校都会教的超实用日常单词

1 サービス ▶ 服务

予約 [yo ya ku] 名	预订
オプション [o pu sho n] 名	选择
注文します [chu u mo n shi ma su] 动	点餐
掃除します [so u ji shi ma su] 动	清洁
貸切り [ka shi ki ri] 名	包厢
延長します [e n cho u shi ma su] 动	延长

2 施設 ▶ 设备

マイク [ma i ku] 名	麦克风
ミラーボール [mi ra a bo o ru] 名	迪斯科球
タンバリン [ta n ba ri n] 名	铃鼓
ミュージックビデオ [myu u ji k ku bi de o] 名	音乐录影带
採点カラオケ [sa i te n ka ra o ke] 名	计分卡拉OK

3 歌を歌います ▶ 唱歌

曲をリクエストします [kyo ku wo ri ku e su to shi ma su] 名	点歌
キャンセルします [kya n se ru shi ma su] 动	取消
割り込み [wa ri ko mi] 名	插入
選曲リスト [se n kyo ku ri su to] 名	歌单
字幕 [ji ma ku] 名	字幕
エコー [e ko o] 名	回音
キー調整 [ki i cho u se i] 名	升降音调
音声コントロール [o n se i ko n to ro o ru] 名	音效控制、声控

4 目的 ▶ 目的

気晴らし [ki ba ra shi] 名 ———— 转换情绪
パーティー [pa a thi i] 名 ———— 聚会、派对
コンテスト [ko n te su to] 名 ———— 比赛
練習 [re n shu u] 名 ———— 练习
楽しみます [ta no shi mi ma su] 動 ———— 享受

5 歌 ▶ 歌曲

歌手 [ka shu] 名 ———— 歌手
作曲家 [sa k kyo ku ka] 名 ———— 作曲家
作詞家 [sa ku shi ka] 名 ———— 作词家
評論家 [hyo u ro n ka] 名 ———— 评论家

6 トーン ▶ 音调

音高 [o n ko u] 名 ———— 音高
メロディー [me ro dhi i] 名 ———— 旋律、主调
高音 [ko u o n] 名 ———— 高音
低音 [te i o n] 名 ———— 低音
声 [ko e] 名 ———— 声音

♪ 263

7 音楽の種類 ▶ 音乐种类

Kポップ [K po p pu] 名 ---------- 韩国流行音乐
Jポップ [J po p pu] 名 ---------- 日本流行音乐
ブルース [bu ru u ou] 名 .... 蓝调
ラップ [ra p pu] 名 ---------- 饶舌
ジャズ [ja zu] 名 ---------- 爵士
演歌 [e n ka] 名 ---------- 日本演歌

8 音楽賞 ▶ 音乐奖项

日本レコード大賞 [ni ho n re ko o do ta i sho u] 名 ---------- 日本唱片大奖
ゴールデンディスク賞 [go o ru de n di su ku sho u] 名 ---------- 韩国金唱片奖
グラミー賞 [gu ra mi i sho u] 名 ---------- 格莱美音乐奖
アメリカン・ミュージック・アワード [a me ri ka n・myu u ji k ku・a wa a do] 名 -- 全美音乐奖
金曲賞 [ki n kyo ku sho u] 名 ---------- 金曲奖

Daily Q&A

〔会话一〕
Q▶ 暇な時、何をしていますか。
你空闲的时候都做什么？

A▶ カラオケに行くのが好きです。
我喜欢去KTV唱歌。

〔会话二〕
Q▶ 歌で点数を競おうか。
我们来唱歌比赛吧。

A▶ いいよ。
好啊。

〔会话三〕
Q▶ どのぐらいカラオケボックスに行きますか。
你多久去一次KTV？

A▶ 一か月に二回行きます。
我一个月去两次。

♪ 264

地道谚语与惯用语　｜　让句子更锦上添花

はめをはずす ＞ 过于得意忘形、开心过了头

やっと大学入試も終わったので、今日はクラスメートとカラオケへ行ってはめをはずそう。
大学入学考试终于结束了，今天和同学去KTV好好放纵一下吧。

マイクの取り合い ＞ 互相争夺麦克风

カラオケがだんだん盛り上がり、みんなマイクの取り合い状態で歌を歌っている。
KTV里气氛越来越高涨，大家都抢着唱歌。

カラオケ選曲ランキング ＞ KTV点歌排名

毎月カラオケ選曲ランキングの上位に入っている歌は、みんなで楽しく歌える元気な歌が多い。
在每月KTV点歌排名上榜的歌曲中，大家可以欢乐地一起唱的歌比较多。

羽を伸ばす ＞ 无拘无束、悠闲

久々の帰国では友達と食事したり、カラオケに行ったり、寺を巡ったりと大いに羽を伸ばしたい。
好久没回国了，想要悠闲地和朋友吃个饭、唱KTV、去寺庙巡礼。

声を限りに ＞ 声嘶力竭

彼は自分の歌が始まると、声を限りに気持ちを込めて熱唱した。
他点的歌一开始，他便投入情感卖力地唱了起来。

紅白歌合戦 ＞ 红白歌会

大晦日には、家族揃って紅白歌合戦を見るのが日本の習慣になっている。
在除夕夜，家人聚在一起看红白歌会已经成了日本的习俗。

ものまね ＞ 模仿

友達は歌手のものまねをしながら歌を歌うのがとても上手で、しかもとても似ている。
朋友会一边模仿歌手一边唱歌，唱得好且惟妙惟肖。

超高频率会话句 | 语言学校独家传授必备常用好句

- 来週カラオケパーティーをしようと思うんだけど、何かアイディアがある？
  下星期我们想举办卡拉OK派对。有什么建议吗？

- 先に歌を練習してから、皆さんに披露したいと思います。
  我想先练习唱一下后，再秀给大家看。

- ABC KTVは学生割引があるから、そこへ行きましょう。
  ABC KTV 有学生优惠，我们去那里唱吧。

- 二人部屋を一部屋予約している川田ですが。
  我是预约一间两人包厢的川田。

- いらっしゃいませ。ご予約はされていますか。
  欢迎光临，你们有预约吗？

- このカラオケボックスは曲数が多いね。
  这家 KTV 的歌曲数很多啊。

- お客様のお部屋は五階の534号室になります。
  你们的包厢是在五楼的五三四号房。

- 平日はフリータイム料金一人650円で、何時間でもカラオケ歌い放題だよ。
  平常的费用是一个人六百五十日元，可以无限欢唱。

- すみませんが、一時間延長をお願いします。
  不好意思，麻烦你帮我们延长一个小时。

- 曲をリクエストする前に、先に飲み物を注文するシステムだよ。
  这个系统在选歌之前，要先点饮料哦。

- 採点カラオケで初めて90点が取れた！
  在计分卡拉OK中，第一次拿到九十分！

- 東京ディズニーシーへ行ったことがありますか。
  你去过东京迪士尼海洋吗？

- 東京ディズニーランドでは夜に素敵な花火が見られますよ。
  东京迪士尼的晚上会有很棒的烟花秀哦。

- 遊園地のキャラクターと一緒に写真を撮りたいです。
  我想和游乐园的卡通人物一起拍照。

- 心臓病なので、ジェットコースターに乗れません。
  我有心脏病，所以不能坐过山车。

- フリーホール、ジェットコースターなどのアトラクションはスリルがあって好きです。
  我喜欢玩自由落体、过山车等游乐设施，感觉很刺激。

- ユニバーサル・スタジオ・ジャパン（USJ）のハリー・ポッターは映画の世界を再現したようだ。
  日本环球影城的哈利・波特园区似乎重现了电影里的世界。

- 夏休みはウォーターパークへ行かない？
  暑假要不要去水上乐园玩呢？

- 一か月に一回ぐらい映画を見に行きます。
  我一个月至少要看一次电影。

- 今年の主演女優賞は私の予想通りだったわ。
  今年的最佳女主角跟我想的一样。

- さっきの映画は音響がすごかったね！
  刚刚那部电影的音效真的太棒了！

- 最近、何かいい映画がある？
  最近有什么好看的电影吗？

- 映画を見る時、ポップコーンは定番でしょう。
  爆米花是看电影必备的吧。

- 宮崎駿監督のアニメ映画はとても有名で、子供だけでなく大人にも人気があります。
  宫崎骏导演的动画电影家喻户晓，不只小朋友，很多大人也爱音。

- 今年の日本レコード大賞は誰がとると思いますか。
  你觉得今年的日本唱片大奖的得主会是谁呢？

- 卒業式が終わったら、一緒にカラオケボックスへ打ち上げに行かない？
  毕业典礼结束后，要不要一起去KTV庆祝一下？

- 好きな歌手は誰ですか。
  你喜欢哪一位歌手？

- 安室奈美恵の歌の中で何が一番好きですか。
  安室奈美恵的歌曲中，你最喜欢哪一首？

- 坂本さんは歌が上手で、聞いていると感動して涙が出ます。
  坂本的歌唱得很好，听到都会感动地流下眼泪。

- 彼女はMaydayのファンで、カラオケボックスに行ったらMaydayの歌ばかり歌っています。
  她是五月天的粉丝，到KTV点的都是五月天的歌。

- 彼は歌が大好きで、よくカラオケボックスへ行く。
  他很喜欢唱歌，所以常常去KTV。

- この歌手の声はとても高音で、最初聞いた時は女性だと思った。
  这位歌手的声音很高，我一开始听到歌声时，还以为是个女生。

MEMO

版权专有　侵权必究

图书在版编目（CIP）数据

日本语语言学校都在教的日语会话课 /（日）冈田麻理，萧意谕著. —北京：北京理工大学出版社，2019.7

ISBN 978-7-5682-7236-0

Ⅰ.①日…　Ⅱ.①冈…②萧…　Ⅲ.①日语—口语—自学参考资料　Ⅳ.①H369.9

中国版本图书馆CIP数据核字（2019）第135676号

北京市版权局著作权合同登记号图字：01-2017-2403
简体中文版由我识出版社有限公司授权出版发行
日本语语言学校都在教的日语会话课，冈田麻理，萧意谕著，2016年，初版
ISBN：9789864070381

出版发行 / 北京理工大学出版社有限责任公司
社　　址 / 北京市海淀区中关村南大街5号
邮　　编 / 100081
电　　话 / (010) 68914775（总编室）
　　　　　(010) 82562903（教材售后服务热线）
　　　　　(010) 68948351（其他图书服务热线）
网　　址 / http://www.bitpress.com.cn
经　　销 / 全国各地新华书店
印　　刷 / 天津久佳雅创印刷有限公司
开　　本 / 710毫米×1000毫米　1/16
印　　张 / 17.75　　　　　　　　　　　　　责任编辑 / 多海鹏
字　　数 / 419千字　　　　　　　　　　　　文案编辑 / 李文文
版　　次 / 2019年7月第1版　2019年7月第1次印刷　责任校对 / 周瑞红
定　　价 / 72.00元　　　　　　　　　　　　责任印制 / 李志强

图书出现印装质量问题，请拨打售后服务热线，本社负责调换